MERCEDES-BENZ & MILLE MIGLIA

Andrea Curami

Giorgio NADA EDITORE

Giorgio Nada Editore

Direzione editoriale / Editorial Manager
Luciano Greggio

Redazione/Editorial
Leonardo Acerbi

Impaginazione e copertina/Layout and Cover
Aimone Bolliger

Traduzione/Translation
Robert Newman

© 2005 Giorgio Nada Editore, Vimodrone
(Milan - Italy)

TUTTI I DIRITTI RISERVATI
All rights reserved. Apart from any fair dealing for the purpose of private study, research, criticism or review, no part of this publication may be reproduced, stored in a retrieval system, or transmitted, by any means, electronic, electrical, chemical, mechanical, optical photocopying, recording or otherwise, without prior written permission. All enquiries should be addressed to:

Giorgio Nada Editore s.r.l.
Via Claudio Treves, 15/17
I – 20090 VIMODRONE - MI
Tel. +39 02 27301126
Fax +39 02 27301454
E-mail: info@giorgionadaeditore.it
www.giorgionadaeditore.it

Allo stesso indirizzo può essere richiesto il catalogo di tutte le opere pubblicate dalla Casa Editrice. | *The catalogue of Giorgio Nada Editore publications is available on request at the above address.*

Mercedes-Benz & Mille Miglia
ISBN: 88-7911-359-3

L'autore e l'editore esprimono viva riconoscenza al Museo della Mille Miglia Città di Brescia, che ha reso possibile la pubblicazione di questo volume grazie ai documenti e agli album fotografici messi gentilmente a disposizione.
Un particolare ringraziamento al dottor Paolo Mazzetti, direttore del Museo, per la collaborazione.

The author and publisher extend their most sincere thanks to the City of Brescia's Mille Miglia Museum, which has made the publication of this book possible by kindly placing at our disposal documents and photographic albums.
A particular word of thanks goes to Dr. Paolo Mazzetti, director of the museum, for his kind collaboration.

Si ringraziano / *We would also like to thank*
Pierre Abeillon, Tony Adriaensen, Arianna Caldera, Dario Campana, Gianni Cancellieri, Francesco Chiolo, Adriano Cimarosti, Francesco Guasti, Giovanni Malvicini, Günther Molter, Mauro Squassoni Negri, Adolfo Orsi, Jean Sage, Gianluigi Tagliabue, Aldo Zana. Inoltre / *In addition, thanks go to* Istituto Delfo e la Fondazione Negri.

Un riconoscimento particolare alla dottoressa Cristina Malatesta, dell'Archivio Storico del Museo Mille Miglia, per la sua preziosa assistenza durante le ricerche svolte presso il Museo.

A special acknowledgement also goes to Dr. Cristina Malatesta of the Archivio Storico del Museo Mille Miglia for her kind assistance during research carried out at the Museum for this book.

Fotografie/Photographs
Centro Documentazione Alfa Romeo, Archivio Adriano Cimarosti, Collezione Andrea Curami, Archivio DaimlerChrysler, Archivio Storico del Museo Mille Miglia, Archivio Giorgio Nada Editore, Archivio Adolfo Orsi, Archivio Fondazione Negri.

Introduzione / *Introduction*	7
La nascita delle grandi prove di durata *Dawn of the great endurance races*	10
IV Coppa delle Mille Miglia 1930	30
V Coppa delle Mille Miglia 1931	48
VI Coppa delle Mille Miglia 1932	72
VII Coppa delle Mille Miglia 1933	78
Vent'anni dopo… / *Twenty years later…*	82
XIX Mille Miglia Coppa Franco Mazzotti	96
XXII Mille Miglia Coppa Franco Mazzotti	118
XXIII Mille Miglia Coppa Franco Mazzotti	136
XXVI Mille Miglia Coppa Franco Mazzotti	150
Tutte le Mercedes-Benz alla Mille Miglia *All the Mercedes-Benz at the Mille Miglia*	154
I libri Giorgio Nada Editore *Giorgio Nada Editore books*	159

INTRODUZIONE   Il 25 ottobre 1929, noto anche come *Black Friday*,[1] segnò l'inizio del crollo del mercato azionario alla borsa di Wall Street a New York e, convenzionalmente, anche l'avvio della *Great Depression* statunitense.

La crisi economica non toccò solamente il "nuovo continente" ma rapidamente varcò l'Oceano Atlantico e colpì anche le nazioni europee. Non interessa qui raccontare tutte le ripercussioni, anche politiche, che afflissero l'Europa, ma solo ricordare il tracollo del mercato automobilistico mondiale che, ovviamente, ne seguì.

Inoltre, la prima guerra mondiale aveva interrotto il processo di diffusione in Europa dell'automobilismo privato, che riprese lentamente nel dopoguerra. Per tale motivo, non essendo la domanda interna in grado di soddisfare l'accresciuta offerta delle industrie meccaniche, notevolmente potenziatesi durante il periodo bellico, grazie anche all'improvvisa apertura d'ingenti commesse aeronautiche e, poi, bruscamente costrette a trovarsi uno sbocco sul mercato civile, molte di queste si affacciarono all'automobilismo,[2] utilizzando le competizioni come veicolo pubblicitario.

Nacque così un certo numero di competizioni di durata, come le prime corse del periodo pionieristico, che nello spirito del proprio regolamento dovevano premiare non solo le prestazioni velocistiche, ma anche l'affidabilità delle autovetture di serie.

[1.] Il termine *Black Friday* fu coniato originariamente per definire il venerdì del crollo del mercato dell'oro statunitense, avvenuto il 24 settembre 1869. Oggi lo stesso termine è usato per definire il giorno dopo il *Thanksgiving Day*, nel corso del quale iniziano gli acquisti natalizi e per i commercianti i bilanci passano dal "rosso" (colore dell'inchiostro usato nel passato per segnare le passività sui libri contabili), al "nero", colore usato un tempo per indicare gli utili.

[2.] Gli esempi più noti per gli appassionati italiani di automobilismo sono costituiti dalla Società Gio. Ansaldo & C e dalla Chiribiri. Negli anni dal 1920 al 1926 la produzione totale annuale italiana di autovetture e di veicoli industriali si triplicò (da 21.080 a 63.800 mezzi). I veicoli in circolazione crebbero, rispettivamente, da 31.466 a 104.882, ma le esportazioni rimasero sempre superiori al 50% dei veicoli prodotti. Cfr. Anfia.

INTRODUCTION   *October 25 1929, better known as* Black Friday,[1] *marked the start of the fall in share prices on the Wall Street stock market in New York and the subsequent* Great Depression *in the United States.*

But the economic crisis did not affect the new world alone; it soon crossed the Atlantic Ocean and hit Europe. We have no interest in listing all the repercussions - political included - that this disastrous breakdown in the U.S. economy caused, except to highlight the collapse of the world car market that inevitably followed the U.S. crash. To make matters worse, the First World War had stopped the diffusion of the private car in Europe, where it was slowly picking up momentum once more. There was not the internal demand able to absorb the increasing number of cars being produced by a motor industry, which had flourished during the war due to a sudden influx of aeronautical orders. When the war ended, though, the manufacturers were just as suddenly forced to find themselves a civilian market outlet, so many of them turned to motor racing,[2] using the sport as a publicity vehicle.

That is how a number of endurance races came into being as the first events of their kind in this pioneering period, which, in the spirit of their regulations, were to benefit not only the speed but also the reliability of normal production cars.

[1.] *Black Friday was originally coined to define the Friday on which the United States' gold market crashed on 24 September 1869. Today, the same term is used to describe the day after Thanksgiving, during which Christmas shopping began and the budgets of the shop keepers went from "red", the colour of ink used in the past to show a loss in the accounts ledgers, to "black", the colour once used to indicate earnings.*

[2.] *The best-known examples among Italian motor racing enthusiasts are Società Gio. Ansaldo & C. and Chiribiri. Between 1920 and 1926, total annual car and truck production in Italy tripled from 21,080 to 63,800 units. Vehicles on the Italian roads increased from 31,466 to 104,882, but exports were always over 50% of production. Cfr Anfia.*

Gli anni Trenta - *The Thirties*

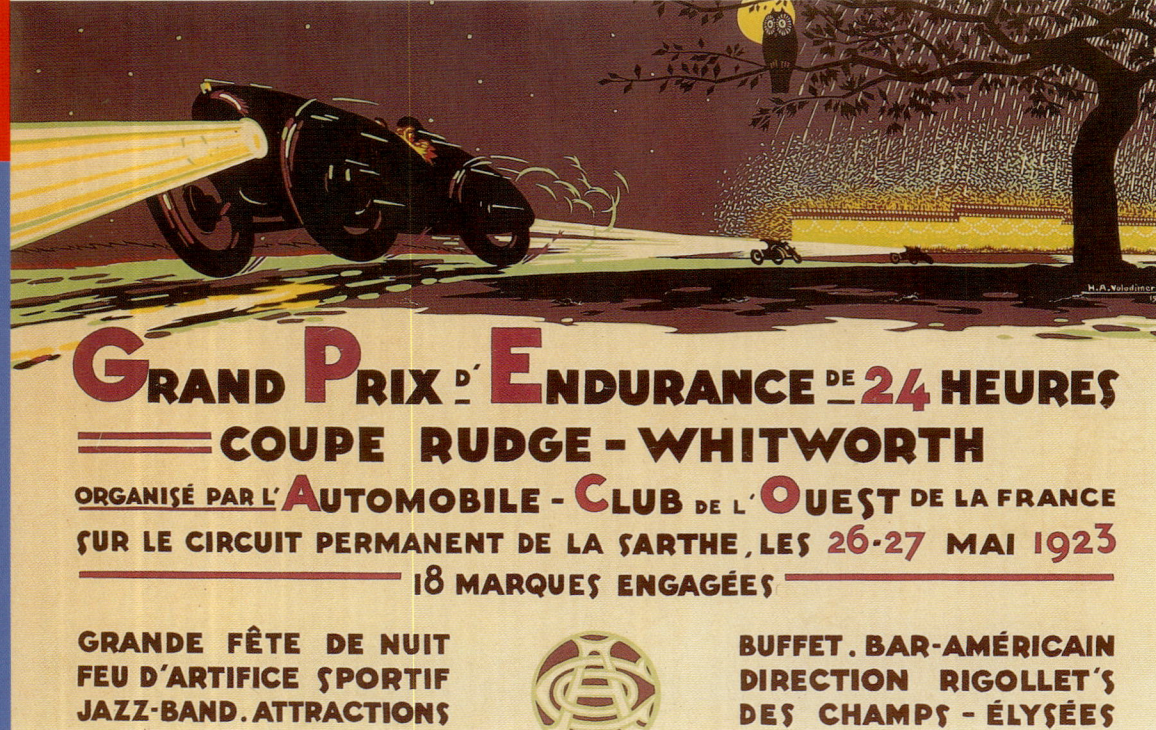

Fra le prime prove di durata, a partire dal 1923, si disputò anche il "Gran Prix d'Endurance de 24 Heures", negli anni successivi divenuto famoso come 24 Ore di Le Mans. La prima edizione della classica corsa si disputò sul circuito chiuso di 17,262 km.

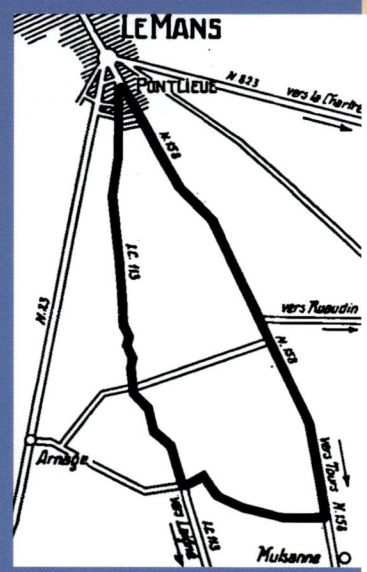

Among the early endurance races was the "Gran Prix d'Endurance de 24 Heures" in 1923. The first of the classic races was run over a closed circuit of 17.262 km. In later years, the event became famous as the 24 Hours of Le Mans.

LA NASCITA DELLE GRANDI PROVE DI DURATA

La prima di queste gare sorte nel dopoguerra e disputatesi con una certa continuità, fu la *Bol d'Or*, la cui prima edizione si tenne il 29 maggio 1922. Si correva su un circuito stradale lungo solo 5,1 km ma molto impegnativo, nella foresta di Saint Germain, alla periferia di Parigi, tra Vaujours, Clichy-sous-Bois e Livry-Gargan. La manifestazione, la prima in Europa della durata di 24 ore, fu originariamente riservata alle *voiturettes* della categoria Corsa e Sport fino a 1.100 cc e alle *cyclecar*. La formula ispirò il *Grand Prix d'Endurance de 24 Heures* "Coupe Rudge Whitworth", organizzato dall'*Automobile Club de l'Ouest de la France*, il 26 e 27 maggio del 1923 sul circuito semi-permanente de La Sarthe di 17,252 km, ricavato anch'esso su normali strade chiuse al traffico.

Il 20 luglio 1924 si tenne la prima edizione del *Grand Prix de Belgique des 24 Heures*, risposta belga alle 24 ore francesi. Quella corsa si disputò sul triangolo stradale che congiunge Francorchamps, Malmédy e Stavelot nella foresta delle Ardenne.

Nel 1925 si tenne il Gran Premio Guipozcoa sul circuito di Lasarte-San Sebastian (lungo 17,6 km), situato sulla costa atlantica spagnola in prossimità dell'omonima celebre località di soggiorno.

Anche quella gara era riservata, come le due precedenti, alle vetture turismo, ovvero conformi alle caratteristiche riportate sui cataloghi di vendita, e della durata di 24 ore. Si disputò a partire dal 1926 fino all'ultima edizione del 1929, sulla durata di sole 12 ore. L'ultima ripetizione della manifestazione vide la vittoria dell'americana Chrysler series 75 (o più semplicemente "75"), dotata di freni idraulici e pilotata dal francese Henri Stoffel.

Fin dal 1924, in mezzo a una pletora di vetture francesi, era apparsa a Le Mans l'inglese Bentley e l'anno successivo il suo esempio era stato imitato dalla squadra inglese Sunbeam, dalla Diatto e dall'OM, marche entrambe italiane.

DAWN OF THE GREAT ENDURANCE RACES

The first of these post-war races held with reasonable continuity was the Bol d'Or, *which took place for the first time on 29 May 1922. It was an extremely demanding event that was run over a 5.1 kilometre road circuit through the forest of St. Germain on the outskirts of Paris, between Vaujours, Clichy-sous-Bois and Livry-Gargan. The race was the first in Europe with a 24-hour duration and was originally for* voiturettes *in the racing and sports categories of up to 1100 cc, and for cyclecars. This formula inspired the* Grand Prix d' Endurance de 24 Heures "Coupe Rudge Whitworth", *organised by the* Automobile Club de l'Ouest de la France *and held for the first time on 26 and 27 May 1923 on the semi-permanent, 17.252 km La Sarthe circuit, another that comprised normal roads closed to traffic.*

On 20 July 1924, the first Grand Prix de Belgique des 24 Heures, *Belgium's answer to the French event of the same duration, was run over a public road triangle that linked Francorchamps, Malmédy and Stavelot in the Ardenne Forest.*

In 1925, the Grand Prix of Guipozcoa took place in the 17.6 km Lasarte-San Sebastian circuit on Spain's Atlantic coast, close to the holiday resort of the same name.

Like the other two, this race was also for touring cars that conformed to the characteristics described in their sales brochures, and lasted 24 hours. But from 1926 until the last in the series, the race was run over 12 hours. The final event saw victory go to America's Chrysler 75 series – or, simply, the 75 – with hydraulic brakes and driven by Frenchman Henri Stoffel.

The British Bentleys appeared at Le Mans in the midst of a plethora of French cars for the first time in 1924, and the following year Sunbeam, another English team, followed suit, as did the two Italian manufacturers, Diatto and OM.

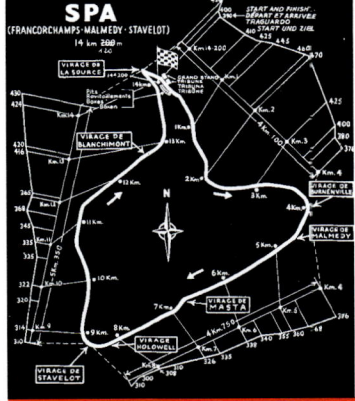

La prima pista di Spa-Francorchamps si sviluppava lungo un tracciato di oltre 14 chilometri, che collegava le località di Malmédy, Stavelot e Blanchimont.

The first Spa-Francorchamps circuit was over 14 km of roads that connected Malmédy, Stavelot and Blanchimont.

John Duff al volante della Bentley 3 Litri con cui si aggiudicò, in coppia con Frank Clément, la seconda edizione della 24 Ore di Le Mans, nel 1924.

John Duff at the wheel of the three-litre Bentley in which he won the second 24 Hours of Le Mans in 1924, with co-driver Frank Clément.

Le case produttrici di vetture di grossa cilindrata, che ora chiameremmo da Gran Turismo, allora ben più di oggi riservate a una ristretta cerchia di clienti dalle notevoli possibilità economiche, avevano infatti iniziato a confrontarsi in pista proprio in queste manifestazioni di durata, che avevano presto assunto la caratteristica di internazionalità. Tuttavia, le Case statunitensi iscrittesi a Le Mans a partire dal 1925, preferirono affidare i loro prodotti ai piloti europei, giudicati di maggiore esperienza nelle competizioni su strada.

Ultima tra le classiche di durata europee, nel 1927, nacque la *Coppa delle Mille Miglia*, che si distingueva dalle precedenti per essere una corsa in linea di circa 1.600 km da Brescia a Brescia, passando per Roma.

Ben più difficile, quindi, per i piloti che dovevano imparare un tracciato lunghissimo, programmando i rifornimenti, i cambi di pneumatici e gli eventuali turni di guida con il copilota, che viaggiava anch'esso in vettura e non riposava, come nelle 24 ore, su un lettino di fortuna ai box. Inoltre, come ricordava il regolamento di gara, la manifestazione si svolgeva a traffico aperto, passaggi a livello compresi, rispettando le regole del codice della strada italiano dell'epoca, in deroga al Codice Sportivo internazionale e nazionale, che richiedevano "l'obbligo della chiusura dei percorsi al traffico nelle manifestazioni di velocità".[3]

Il successo internazionale della manifestazione bresciana fu immediato e nell'edizione del 1928 presero il via la squadra Bugatti, con tre T43, affidate rispettivamente a Tazio Nuvolari, Gastone Brilli Peri e Pietro Bordino.

Si presentarono anche due squadre di vetture statunitensi: una formata da due LaSalle[4] e una da quattro Chrysler "72".

La prima edizione della Coppa delle 1000 Miglia si disputò il 26-27 marzo 1927 su un percorso stradale chiuso che, partendo da Brescia, raggiungeva Roma, toccando Bologna e Firenze, per ritornare nel capoluogo lombardo via Ancona, Bologna, Ferrara e Padova.

The first Coppa delle 1000 Miglia took place on 26-27 March 1927 on a closed road route. The race started in Brescia and went on to Rome, calling in at Bologna and Florence before returning to Brescia again via Ancona, Bologna, Ferrara and Padua.

Tre delle quattro OM 665 Sport che disputarono la prima Mille Miglia, nel 1927: Mario Danieli–Archimede Rosa (n. 12); Ferdinando Minoja–Giuseppe Morandi (n. 14), vincitori della corsa, e Timo Danieli–Renato Balestrero (n. 13).

Three of the four works O.M. 665 Sports that competed in the first Mille Miglia in 1927: Mario Danieli-Archimede Rosa (12), winners Ferdinando Minoja-Giuseppe Morandi (14) and Timo Danieli-Renato Balestrero (13).

[3]. RACI, pag.171.

[4]. Le LaSalle erano costruite dalla Cadillac ed erano state introdotte nel marzo del 1927 nel tentativo, operato dalla General Motors, di creare una gamma di vetture di prezzo intermedio, compreso tra quello delle auto prodotte dalla controllata Buick e quelle d'alto pregio della parimenti controllata Cadillac. La fama della LaSalle fu subito notevole, per il record conquistato il 20 giugno 1927 da Willard Rader e Gus Bell che, guidando un modello roadster sulla pista ovale di prova della GM a Milford, percorsero in 10 ore 1.532 km, compiendo il giro più veloce a quasi 160 km/h. Per raffronto, quell'anno, George Souders vinse la 500 Miglia di Indianapolis alla guida di una Duesenberg alla media di 156,99 km/h.

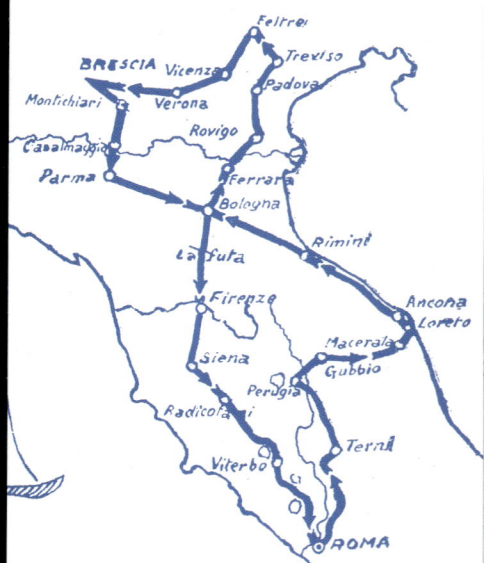

The manufacturers of big capacity cars, which are now called Gran Turismo, were the preserve of a small circle of rich customers much more so than today, and they started to compete against each other in endurance events. The races soon took on an international identity, even if the U.S. manufacturers, who entered Le Mans as early as 1925, preferred to entrust their cars to European drivers, because they believed the Continentals were more experienced at road racing.

The last in this list of classic European endurance races was first held in 1927 and was the Coppa delle Mille Miglia or Mille Miglia for short: it differed from its predecessors, because it was run over a route of about 1,600 km, from Brescia to Brescia via Rome. A much more difficult race for the drivers, who had to learn an extremely long route, organise re-fuelling stops, tyre changes and drive stints with the co-driver, who also travelled in the car instead of resting on an improvised bed in the pits, as was the case in the 24 hour races. In addition, as the regulations reminded drivers, the event took place on roads that were still open to traffic – railway level crossings included – respecting the Italian Highway Code of the period. That was a departure from the national and international Sporting Codes, which required "the obligation of the closure of the routes to traffic during high speed events".[3]

The international success of the Brescian race was immediate, so much so that a Bugatti team competed in the 1928 marathon with three T43s, driven by Tazio Nuvolari, Gastone Brilli Peri and Pietro Bordino. There were also two teams from the United States, one of two LaSalles[4] and another of four Chrysler 72s.

Renzo Castagneto wrote: "Like Bugatti, the two American manufacturers, who sold more in the Italian market, invested their money in men. Local drivers were needed for the Brescian race and LaSalle even engaged the previous year's winner, Nando Minoja, as well as Mario Danieli and Renato Balestrero, who had come

Al Tourist Trophy del 1928 presero parte anche tre Bugatti T43: una di queste (n. 48), era guidata dal pilota Louis Dutilleux, impegnato durante una sosta ai box.

Three Bugatti T43s also competed in the 1928 Tourist Trophy: number 48 was driven by Louis Dutilleux, who was photographed in the pits.

---

[3]. RACI, page 171.

[4]. The LaSalles were built by Cadillac and were introduced in March 1927 in an attempt by General Motors to create a range of cars of intermediate price, strategically slotted in between those of their Buick subsidiary at one end of the scale and Cadillac at the other. The LaSalles became famous immediately, due to the record established on 20 June 1927 by Willard Rader and Gus Bell, who drove a roadster from the range on GM's oval test track at Milford to cover 1,532 km in 10 hours and set a fastest lap at almost 160 km/h. By way of comparison, that year George Souders won the 500 Miles of Indianapolis in a Duesenberg at an average speed of 156.99 km/h.

Fra i piloti iscritti alla prima Mille Miglia figurava lo stesso Aymo Maggi, uno degli organizzatori della corsa, che gareggiò con un'Isotta Fraschini 8ASS, in coppia con Bindo Maserati, concludendo sesto assoluto e aggiudicandosi la classe B.

Aymo Maggi was one of the drivers who entered for the first Mille Miglia, the race he helped organise, at the wheel of an Isotta Fraschini 8ASS co-driven by Bindo Maserati. They came sixth overall and won class B.

Scriveva Renzo Castagneto: «Come Bugatti, le due Case americane che allora vendevano di più sul mercato italiano avevano puntato sugli uomini. Ci volevano uomini di casa sulle strade della corsa bresciana, e mentre la LaSalle aveva ingaggiato addirittura il vincitore dell'anno precedente, Nando Minoja, oltre a Mario Danieli e a [Renato] Balestrero, giunti rispettivamente 3. e 2. assoluti con la OM, la Chrysler si era assicurata la guida di Emilio Materassi, campione [italiano] assoluto del 1927, e la popolare e bravissima Antonietta Avanzo, che avrebbe formato equipaggio con Manuel de Teffé, figlio dell'ambasciatore del Brasile a Roma, molto noto negli ambienti automobilistici e corretto guidatore».[5]

Ribadiva Giovanni Lurani: «Erano anche gli anni in cui le Case americane tentavano di estendere la loro rete commerciale in Europa nel settore delle vetture di classe. Come la Stutz e la Chrysler a Le Mans. Anche in Italia due Case americane decisero di partecipare con i loro modelli di serie, più o meno truccati, sapendo che nessun palcoscenico migliore della Mille Miglia avrebbe potuto portare alla ribalta i loro prodotti».[6]

Si aggiudicò la classe C (fino a 5.000 cc) la LaSalle di Minoja-Balestrero, precedendo la Chrysler di Leonardi-Ciriaci e battendo sonoramente, con il tempo 21h17'24"6, sia il record della classe C (stabilito nel 1927 da una più modesta Fiat 519) sia quello della classe B (fino a 8.000 cc), detenuto dalla prestigiosa Isotta Fraschini 8A SS di Franco Mazzotti, figlio del presidente e maggiore azionista della società milanese. La vettura era stata affidata per l'occasione ad Aymo Maggi, ideatore con Franco Mazzotti, Renzo Castagneto e Giovanni Canestrini della gara bresciana, e a Bindo Maserati, all'epoca collaudatore dell'Isotta Fraschini.

L'aggressiva politica commerciale delle Case americane portò la Stutz e la Chrysler a gareggiare il 16-17 giugno alla 24 Ore di Le Mans con ottimi risultati. La Stutz BB *Black Hawk* fu seconda, dietro alla Bentley 41/2 litre di Barnato-Rubin, precedendo due Chrysler series 72, classificatesi al terzo e quarto posto assoluto, e la Bentley 41/2 litre "privata" di Birkin-Chassagne.

Ulteriore conferma delle buone qualità delle Chrysler si ebbe l'8 luglio, in occasione della 24 Ore di Spa, dove le sei cilindri americane si classificarono seconde, terze, seste e dodicesime assolute. Mentre Edouard Brisson e la sua Stutz, carrozzata da Charles T. Weymann che ne era anche il concorrente, giunsero terzi al Gran Premio di Francia disputatosi a Comminges.

[5.] G. Canestrini, pag.57. In realtà, Nando Minoja si era associato con Renato Balestrero nel commercio di automobili americane.
[6.] G. Lurani, pag.34.

third and second overall respectively for OM. Chrysler secured the services of Emilio Materassi, the top 1927 Italian champion, and the extremely popular Antonietta Avanzo, who partnered Manuel de Teffé, the son of the Brazilian ambassador to Rome, well-known in motor racing circles and a correct driver».[5]

«They were also the years in which the American manufacturers attempted to extend their sales network in Europe in the high class car sector, Giovanni Lurani asserted, like Stutz, and Chrysler at Le Mans. The two American car makers decided to compete in Italy, too, with their more or less modified normal production cars, knowing there was no better showcase than the Mille Miglia in which to flaunt their products».[6]

The LaSalle driven by Minoja-Balestrero won Class C (up to 5,000 cc), ahead of the Chrysler of Leonardi-Ciriaci. Their time of 21.17'24".6 shattered both the Class C record set in 1927 by a more modest Fiat 519, and the Class B (up to 8,000 cc) recorded by the prestigious Isotta Fraschini 8A SS of Franco Mazzotti, son of the president and majority shareholder of the Milanese car maker. The car had been assigned for the event to Aymo Maggi - creator of the Mille Miglia with Franco Mazzotti, Renzo Castagneto and Giovanni Canestrini - and Bindo Maserati, who was an Isotta Fraschini test driver at the time.

The Americans' aggressive sales policy led Stutz and Chrysler to compete in the 24 Hours of Le Mans on 16-17 June, with excellent results. The Stutz BB Black Hawk *came second to the Barnato-Rubin Bentley 41/2* litre, *preceding two 72-series Chryslers that came third and fourth overall, and the private Bentley 41/2* litre *of Birkin-Chassagne.*

Further confirmation of the Chryslers' quality came on 8 July during the 24 Hours of Spa, where the American six-cylinders came second, third, sixth and 12th overall. Edouard Brisson and his Stutz bodied by Charles T. Weymann, who entered the car, came third in the Grand Prix of France at Comminges.

Alla sesta edizione della 24 Ore di Le Mans, disputata nel 1928, protagonisti della corsa furono: Edouard Brisson Robert Bloch su Stutz BBC1-SV16 Black Hawk (n. 1), che chiusero al secondo posto assoluto; Henry 'Tim' Birkin-Jean Chassagne (n .3), che giunsero al 5° posto; Woolf Barnato-Bernard Rubin su Bentley 41/2 (n. 4), vincitori della gara e Henri Stoffel-André Rossignol su Chrysler "72" (n. 8).

The protagonists of the sixth 24 Hours of Le Mans in 1928 were Edouard Brisson and Robert Bloch in a Stutz BBC1-SV16 Black Hawk (1), which finished second; Henry 'Tim' Birkin-Jean Chassagne (3), who came fifth; Woolf Barnato-Bernard Rubin in a Bentley 41/2 (4), who won, and Henri Stoffel-André Rossignol in a Chrysler 72 (8).

[5.] *G. Canestrini, page 57. In reality, Nando Minoja was an associate of Renato Balestrero in the sale of American cars.*
[6.] *G. Lurani, page 34.*

Una delle prime affermazioni di prestigio ottenuta da una vettura Mercedes risale addirittura al 1903, quando Camille Jenatzy si aggiudicò la Coppa Gordon Bennett, organizzata dal RAC, che quell'anno si disputava sul tracciato di Athy in Irlanda, su una distanza totale di 527 km.

One of the first prestige victories of a Mercedes-Benz car goes way back to 1903, when Camille Jenatzy won the Gordon Bennett Cup organised by the RAC, which was run that year over a 527 km route near Athy in Ireland.

LA REGOLAMENTAZIONE TECNICA DELL'EPOCA

Le origini dei regolamenti sportivi si possono far risalire alla Coppa Gordon Bennett, istituita nel 1899 da James Gordon Bennett, magnate statunitense della carta stampata. Era una gara automobilistica internazionale riservata a squadre iscritte da Automobile Club nazionali, ciascuna formata da tre vetture di produzione nel Paese rappresentato, che doveva disputarsi ogni anno tra il 15 maggio e il 15 agosto su un percorso lungo da 550 a 650 km. Le vetture bi-posto dovevano avere un peso a vuoto compreso tra 400 e 1.000 kg. L'equipaggio, che aveva l'obbligo di rimanere a bordo per tutta la gara, doveva essere formato dal pilota e da un meccanico, entrambi aderenti all'Automobile Club concorrente, che dovevano, inoltre, pesare almeno 70 kg ciascuno. Se qualche membro dell'equipaggio non raggiungeva questo valore, la differenza doveva essere colmata con una corrispondente zavorra.

L'Automobile Club vincitore doveva organizzare l'edizione successiva e tutte le vetture di una Nazione dovevano essere contraddistinte dal medesimo colore: bianco per la Germania, rosso per gli Stati Uniti, giallo per il Belgio, blu per la Francia e verde per la Gran Bretagna.

Dopo il predominio francese nelle prime due edizioni (1900 e 1901), nel 1902 si aggiudicò il trofeo l'inglese Selwyn Edge al volante di una Napier su un

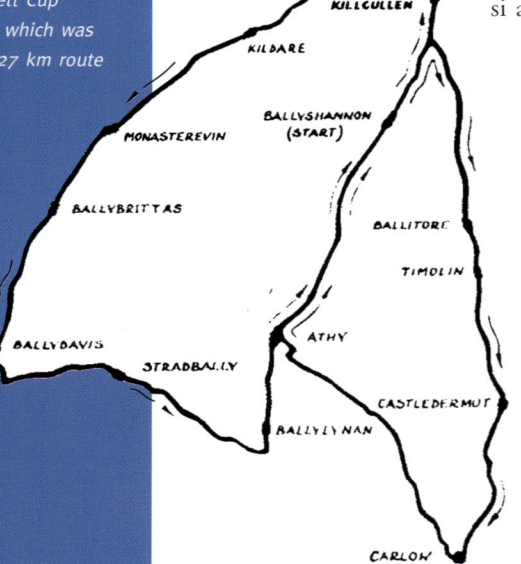

percorso che partiva da Parigi e raggiungeva Vienna, interrotto a Innsbuck. L'anno successivo il RAC organizzò la manifestazione in Irlanda per aggirare la legge britannica che vietava le competizioni su strada sul territorio della madrepatria e, per raggiungere la distanza minima imposta, la fece disputare su un circuito stradale vicino a Dublino, prima gara in circuito nella storia automobilistica.

Il belga Camille Jenatzy (su Mercedes 85hp) si aggiudicò la gara, per cui la successiva edizione si disputò in Germania sul circuito del Taunus, vicino a Bad Homburg.

Quest'immagine, scattata sulla pista del Nürburgring, il 19 giugno 1927, consente di apprezzare la sostanziale diversità di altezza fra la Mercedes-Benz Tipo S di Caracciola (n. 1) e Adolf Rosenberger (n. 2), rispetto al più anziano modello K (n. 3) del pilota non ufficiale von Mosch.

This picture taken at the Nurburgring on 19 June 1927 shows the substantial difference in height between the Mercedes-Benz Type S of Rudolf Caracciola (1) and Adolf Rosenberger (2) and the older non-works K model (3) driven by von Mosch.

TECHNICAL REGULATIONS OF THE PERIOD

The origins of motor sport regulations can be traced back to the Gordon Bennett Cup races, instituted in 1899 by James Gordon Bennett, the American press magnate. His was a series of international motor races for teams entered by national Automobile Clubs, each made up of three cars built in the countries they represented. The races were to take place between 15 May and 15 August every year over a 550-650 km course and the two-seater cars had to have a kerb weight of between 400 and 1,000 kg. The crews, who had to stay aboard for the entire race, were made up of a driver and a mechanic, both members of the competing club and each of them had to weigh at least 70 kg. If a crew member weighed less than that minimum, the difference had to be made up with a corresponding amount of ballast.

The winning Automobile Club had to organise the following year's race and the cars had to be painted in a specified colour: white for Germany, red for the United States, yellow for Belgium, blue for France and green for Great Britain.

After the dominance of France in the first 1900 and 1901 Gordon Bennett Cup races, Britain's Selwyn Edge and his Napier won the trophy in 1902 in a race from Paris to Vienna, the Gordon Bennett segment of which ended in Innsbruck.

The following year, Britain's Royal Automobile Club organised its Gordon Bennett Cup counter in Ireland to get around the English law that prohibited racing on the United Kingdom's public roads. To ensure the event's obligatory minimum distance, the event took place on a road circuit near Dublin and became the first race ever to be held on a closed circuit in the history of motor racing. The Belgian Camille Jenatzy won in a Mercedes 85 hp, so that the following year's event was held in Germany on a Taunus circuit, near Bad Homburg.

After the German race, delegates from the participating Automobile Clubs – Great Britain, France, Austria, Belgium, Italy and Switzerland – were invited by the AC Kaiserliche to a meeting in Bad Homburg on 20

Tre Mercedes-Benz Tipo SS sullo schieramento di partenza del Gran Premio di Germania, il 19 luglio 1928: Otto Merz (n. 1), Christian Werner (n. 5) e Adolf Rosenberger (n. 4).

Three Mercedes-Benz SS on the starting grid of the Grand Prix of Germany on 19 July 1928. The drivers are Otto Merz (1), Christian Werner (5) and Adolf Rosenberger (4).

Il 20 giugno 1904, sempre a Bad Homburg, dopo lo svolgimento della gara, i delegati degli Automobile Club partecipanti (Gran Bretagna, Francia, Austria, Belgio, Italia e Svizzera) furono invitati dall'AC Kaiserliche a una riunione presieduta da Victor zu Hohenlohe-Schillingsfürstl, duca di Ratibor, nel corso della quale si decise di dar vita a un'associazione internazionale tra gli Automobile Club nazionali, il cui obiettivo era anche quello di stabilire regolamenti sportivi unici per le competizioni automobilistiche. Oltre ai sette fondatori dell'AIACR[7] (Association Internationale des Automobile Clubs Reconnus) ne fu, inizialmente, aperta l'associazione ad altri sei Paesi. Nel 1922 l'AIACR istituì la Commissione Sportiva Internazionale (CSI), formata da un rappresentante di ogni nazione aderente, ma solo nel 1925 fu approntata la prima edizione del *Code Sportif International* che doveva regolamentare, anche attraverso i suoi Allegati (*Annexes*), dal 1° gennaio 1926, tutte le manifestazioni internazionali, non solo in tema di vetture, ma anche di piloti e di circuiti, sostituendosi a ogni norma precedente.

Nell'ottobre del 1927 ne fu emanata una nuova edizione, valida a partire dal 1° gennaio 1928: «L'allegato C al Codice anzidetto, approvato nello stesso periodo, e che ha quasi radicalmente mutato il precedente Annesso, specialmente abolendo i pesi minimi per la Categoria Corsa, modificando il peso minimo e il numero dei posti per la Classe D della Categoria Sport, e modificando i requisiti richiesti per questa ultima categoria, fra l'altro con l'abolizione dell'obbligo di pedane e parabrise".[8]

La nuova classificazione dei veicoli della categoria Sport avveniva secondo la seguente tabella:[9]

Classe	Cilindrata	Peso minimo	Numero minimo delle persone e dei posti
A	al di sopra di 8.000 cc	1.800 kg	4 persone
B	al di sopra di 5.000 cc fino a 8.000 cc	1.680 kg	4 persone
C	al di sopra di 3.000 cc fino a 5.000 cc	1.200 kg	4 persone
D	al di sopra di 2.000 cc fino a 3.000 cc	860 kg	2 persone
E	al di sopra di 1.500 cc fino a 2.000 cc	780 kg	2 persone
F	al di sopra di 1.100 cc fino a 1.500 cc	660 kg	2 persone
G	al di sopra di 750 cc fino a 1.100 cc	420 kg	1 persona
H	al di sopra di 500 cc fino a 750 cc	330 kg	1 persona
I	al di sopra di 350 cc fino a 500 cc	*ad lib.*	1 persona
J	fino a 350 cc	*ad lib.*	1 persona

«i *passeggeri* potranno essere rimpiazzati con della sabbia, in ragione di un sacco del peso di 60 kg a persona».

Peso — Il peso s'intende per l'insieme dei materiali e dei pezzi concorrenti alla costruzione del veicolo; esso non potrà pertanto essere completato da una zavorra qualsiasi. — I veicoli saranno pesati con le carrozzerie e le ruote munite dei pneumatici o rivestimenti con cui prenderanno la partenza, senza acqua,

---

[7.] Per una storia dell'AIACR (FIA dal 1946), si veda il testo multimediale del centenario *Fia. Milestones for 100 Years* sul sito ufficiale www.fia.com.
[8.] RACI, pag.171.
[9.] Ivi, pag.174. La prima edizione del Codice Sportivo, in vigore nel 1927 all'atto della prima Coppa delle Mille Miglia, prevedeva per le vetture della Classe D un peso minimo di 960 kg e 4 passeggeri a bordo, ovvero 220 kg in più (100 + 2x60 kg).

June 1904, presided over by Victor zu Hohenlohe-Schillingsfurstl, Duke of Ratibor, during which it was decided to form an international association of national Automobile Clubs, the objective of which was also to draw up regulations for motor racing. As well as the seven founder countries of the Association Internationale des Automobile Clubs Reconnus[7], membership was initially open to the organisations of six other nations. In 1922, the AIACR formed an International Sports Commission (CSI) made up of representatives of each member country, but it was not until 1925 that the first edition of the Code Sportif International *and its Appendices were ready to be used to regulate all international events. They were to come into play from 1 January 1926 and affected not only the competing cars, but also the drivers and circuits, superseding all previous rules.*

In October 1927, a new edition of the regulations was published to come into effect from 1 January the following year.

"Appendix C of the previously mentioned code approved during the same period has all but radically changed the previous Annex. In particular, it abolished minimum weights for the Racing Category, modifying the minimum and the number of seats for Class D of the Sport Category and the requirements of that category, among other things abolishing the obligation to have running boards and windscreens".[8]

The new vehicle classification in the Sport Category was the following:[9]

Class	Cubic capacity	Minimum weight	Minimum number of people and seats
A	over 8,000 cc	1,800 kg	4 people
B	5,000-8,000 cc	1,680 kg	4 people
C	3,000-5,000 cc	1,200 kg	4 people
D	2,000-3,000 cc	860 kg	2 people
E	1,500-2,000 cc	780 kg	2 people
F	1,100-1,500 cc	660 kg	2 people
G	750-1,100 cc	420 kg	1 person
H	500-750 cc	330 kg	1 person
I	350-500 cc	ad lib	1 person
J	up to 350 cc	ad lib	1 person

"Passengers can be replaced with sacks of sand weighing 60 kg for each person".

*Weight – The weight has to consist of an entity of materials and components concurrent to the construction of the vehicle, which cannot, therefore, be completed by any form of ballast – The vehicles must be weighed with the body and wheels fitted with tyres or covering materials with which they are to come under starter's orders, but without water, fuel, tools, lubricants or replacement spare parts, wheels, tyres or covers – After subsequent discussion by the International Sports Commission, it has, however, established that the vehicles (Sport) can be weighed without draining lubricant from the sumps (*sic*); and, however, in that case the minimum weight established by*

[7.] *For the history of the AIACR (FIA from 1948), see the multi-media centenary text FIA. Milestones of a 100 Years on the official site, www.fia.com*

[8.] *RACI, page 171*

[9.] *In page 174. The first edition of the Sporting Code in force in 1927 during the first Coppa Mille Miglia, stipulated that cars in Class D should be of a minimum weight of 960 kg with four people aboard, in other words 220 kg more (100 + 2x60 kg).*

combustibile, utensileria, lubrificanti, né pezzi, ruote, pneumatici o rivestimenti di ricambio. — Con deliberazione recente della C.S. Internazionale, è stato però stabilito che i veicoli (Sport) potranno essere pesati senza togliere i lubrificanti dai carters [*sic*]; e però in tal caso i pesi minimi stabiliti dalla tabella innanzi pubblicata s'intenderanno aumentati di: 20 kg per le Classi A e B; 15 per le Classi C e D; 10 per le Classi E, F e G».

E ancora:

«Disposizioni speciali per la categoria sport. – La carrozzeria dovrà rispondere ai seguenti requisiti: Larghezza (minima) di ciascun sedile: 40 cm – Larghezza (minima) per il collocamento delle gambe e dei piedi, per ciascun posto: 30 cm. Altre dimensioni minime a = 30 cm; b = 20 cm; c = 40 cm; d = 40 cm – Tenendo ferme tali misure minime per le dimensioni indicate, è stabilito altresì che: a + b + c devono avere la dimensione di m.1,10 al minimo.

Il nuovo Allegato prevede, cioè, una misurazione minima complessiva di m. 1,10, che si giudica corrispondente al minimo di comodità indispensabile per chi prenda posto in automobile; misurazione che comprende: la profondità dello spazio per il collocamento di gambe e piedi (a); l'altezza del sedile (b); la profondità del cuscino (c). A parte le misure minime per ciascuna stabilite, le singole dimensioni possono notevolmente variare, purché la loro somma raggiunga il minimo di m.1,10, infatti, chiaro che, se il sedile è più alto, la profondità dello spazio per il collocamento delle gambe e dei piedi può essere minore, oppure, se il sedile è più profondo, esso può esser meno alto: e così via.

L'Allegato stabilisce il modo come debbono essere prese le singole misure.

Sono obbligatori parafanghi, della larghezza di almeno 15 cm pei veicoli delle classi G, H, I, J., e di almeno 20 per le altri Classi. Essi debbono coprire efficacemente le ruote per almeno un terzo della loro circonferenza. Nel caso in cui i parafanghi saranno ricoperti in tutto o in parte da elementi della carrozzeria, l'insieme dei parafanghi e della carrozzeria oppure la carrozzeria sola dovrà soddisfare ugualmente a tale condizione di protezione.

Per tutte le vetture non chiuse è obbligatoria la capote, che deve essere interamente chiusa nella parte posteriore (parete di fondo e pareti laterali). – Le pareti dovranno proteggere i due viaggiatori delle vetture a due posti, e i viaggiatori seduti nei posti posteriori nelle vetture a quattro posti. L'altezza minima della capote deve essere di m. 0,80 al disopra del cuscino posteriore, senza che su questo sia seduta alcuna persona né esercitata alcuna pressione. – Durante le manifestazioni le capotes potranno essere alzate o abbassate, secondo le prescrizioni dei regolamenti particolari.

Sono anche obbligatori: la messa in marcia automatica, con divieto di usare altro sistema; avvertitori e illuminazione secondo il Codice della Strada del Paese in cui la manifestazione si svolga; uno specchio retroscopico; un silenziatore efficace, per cui lo scappamento dovrà dare la sensazione di un rumore sordo e fuso, nel quale le esplosioni di ciascun cilindro non siano bruscamente udite; una ruota di ricambio gommata, posta all'esterno dei posti riservati ai viaggiatori».

Ne deriva che l'abitacolo di una vettura Sport delle classi da A, B e C non poteva essere più corto di 140 cm (lunghezza, con riferimento alla figura dell'Allegato C, pari a 2a + 2c) e conseguentemente l'obbligo a una dimensione del passo imponente.

the table published earlier has to be increased by 20 kg for the Classes A and B, 15 kg for C and D, 10 kg for E, F and G".
And again:

"Special disposition for the Sport Category
The body must meet the following requirements: Minimum width of every seat: 40 cm – Minimum width of each seating area for the accommodation of legs and feet: 30 cm. Other minimum dimensions: a = 30 cm; b = 20 cm; c = 40 cm; d = 40 cm – Maintaining those minimum measurements for the dimensions indicated, it is likewise established that: a+b+c must have minimum dimensions of 1.1 metres.

The new Appendix provides, therefore, for a minimum overall measurement of 1.10 metres, which was judged correspondent to the minimum of indispensable comfort for those who take their seat in a car, measurements that include the depth of the space for the accommodation of the legs and feet (a); the height of the seat (b); depth of the cushion (c). Despite the minimum measurements for each area being established, the individual dimensions could vary notably, provided their sum total came to the minimum 1.10 metres. For example, it is clear that, if the seat is higher, the depth of the space for the accommodation of the legs and feet could be less, or, if the seat is deeper, it could be less high: and so on.

The Appendix established the way in which the individual measurements have to be taken.

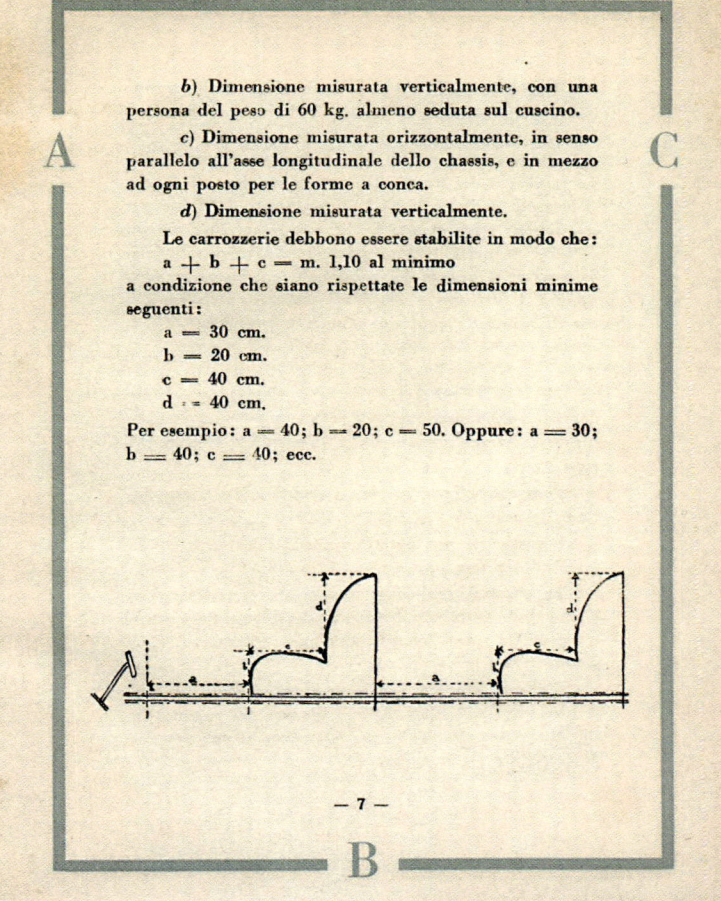

Pagina tratta dal Regolamento Particolare di Gara della Coppa delle Mille Miglia (1927), che riproduce integralmente l'Allegato C per quanto riguarda le dimensioni dell'abitacolo per le vetture della categoria Sport.

A page of the Special Race Regulations of the 1927 Coppa delle Mille Miglia, which fully reproduces Appendix C concerning cockpit dimensions for Sport Category cars.

Mudguards of at least 15 cm in length are obligatory for vehicles in classes G, H, I and J and at least 20 cm for the other classes. They had to cover the wheels effectively for at least one third of their circumference. In cases where the mudguards are completely or partially covered by body elements, the whole of each mudguard and the body or the body alone still had to satisfy those conditions of protection.

A hood is obligatory for all open cars and had to be entirely closed off at the rear (rear and sides) – The sides had to protect the two travellers in two-seater cars and travellers seated in the back of four-seaters. The minimum height of the hood is 0.80 metres above the rear cushion, without it being occupied by a person and without pressure being exerted on it – Hoods could be raised or lowered during races, in line with Supplementary Regulations.

The automatic starter was also obligatory and all other systems are banned; horns and illumination had to be in line with the Highway Code of the Country in which the race took place; a rear view mirror; an effective silencer, for which the exhaust pipe had to give the sensation of a suppressed or quiet noise, in which the explosion of each cylinder is not suddenly heard; a spare wheel with tyre located outside the areas in which the travellers would sit".

That meant the cab of Sport cars in Classes A, B and C could not be shorter than 140 cm (length, with reference to the graph in Appendix C, equal to 2xa plus 2xc) and, consequently, the obligation to have a significant wheelbase.

Anche una nutrita schiera di Bugatti T35B e C prese il via del Gran Premio di Germania 1928, vinto dall'equipaggio composto da Rudolf Caracciola e Christian Werner su Mercedes-Benz SS.

A large entry of Bugatti T35Bs and Cs also competed in the 1928 Grand Prix of Germany, won by Rudolf Caracciola and Christian Werner in a Mercedes-Benz SS.

LA COMPETIZIONE SI ESTENDE

L'audace "Tim" Birkin ebbe l'impudenza di andare a sfidare con la sua Bentley 41/2 litre la Mercedes-Benz al Gran Premio di Germania del 15 luglio 1928, da disputarsi su 8 giri del tracciato del Nürburgring. Le Mercedes-Benz finirono prima, seconda, terza e quinta, mentre le Bugatti T35B e C terminarono al quarto, al sesto, al settimo, al nono e al decimo posto assoluto. Birkin si classificò solo ottavo assoluto e a fine gara ammise:
«We were hopelessly outclassed in the un-supercharged Bentleys by the giant supercharged Mercs. I finished eighth and was congratulated on all sides for my car's performance; the chairman of the Mercedes-Benz Company said that its running was so accurate, and its lapping so regular, that people almost set their watches by it».[10]

Nonostante i molti anni passati, poche sono le informazioni ufficiali disponibili sulle caratteristiche di queste vetture Sport, e ancor meno i dati affidabili. Tuttavia, non solo le Mercedes-Benz SS erano dotate di compressore, ma anche le otto cilindri Bugatti T35B e C, giunte davanti alla Bentley. Le vetture francesi potevano vantare un passo di soli 2,2 m e, nella versione T35B dalla cilindrata di 2.261 cc, una velocità prossima alla mitica soglia dei 200 km/h, grazie a una potenza stimata di circa 135 CV. Ottime erano anche le accelerazioni grazie al peso a vuoto totale di poco meno di 1.170 kg, prossimo a quello del solo autotelaio della Bentley, che permetteva un rapporto peso potenza di poco più di 8,5 kg/CV. La potenza della quattro cilindri monoalbero britannica era confrontabile, ma le sue prestazioni erano penalizzate da un peso a vuoto di circa 1.900 kg, per un rapporto peso/potenza di oltre 14 kg/CV.[11]

"Le Camion le plus vite", così sembra che Ettore Bugatti abbia definito, non a torto, le vetture inglesi. Con l'aiuto tecnico di Clive Gallop e dello specialista di compressori Armherst Villiers e quello economico di Dorothy Paget, Birkin modificò le sue 41/2 litre dotandole di un compressore di tipo Roots, raggiungendo così una potenza di circa 200 CV. Alla stessa potenza era giunto anche W.O. Bentley che, sostenendo che "there was no substitution for cubic inches" ("non vi era nulla che potesse sostituire la cilindrata"), aveva perseguito la via di preparare per le corse di durata la *Speed Six*, dotata del motore sei

---

[10]. Michel M. Hay, pag.17. «Le nostre Bentley con motore aspirato erano schiacciate senza speranza dalle Mercedes-Benz con compressore. Sono arrivato ottavo, raccogliendo ovunque complimenti per le prestazioni della mia vettura; il presidente della Mercedes-Benz commentò che la nostra corsa era così regolare che ad ogni passaggio gli spettatori potevano sincronizzare gli orologi».

[11]. Laurence L. Pomeroy, pagg.189 e 195.

THE COMPETITION EXTENDS

The audacious "Tim" Birkin had the impudence to challenge Mercedes-Benz with his Bentley 4 1/2 litre *on 15 July 1928 in the Grand Prix of Germany, which took place over eight laps of the Nurburgring. Mercedes-Benz won and came second, third and fifth, the Bugattis T35B and C fourth, sixth, seventh, ninth and tenth overall, while Birkin could only manage eighth.*
At the end of the race, the Briton said, "We were hopelessly outclassed in the un-supercharged Bentleys by the giant supercharged Mercs. I finished eighth and was congratulated on all sides for my car's performance; the chairman of the Mercedes-Benz Company said that its running was so accurate and its lapping so regular, that people almost set their watches by it".[10]
Despite the fact that many years have passed, there is little official information available about the characteristics of these Sport cars and even less reliable data. Regardless, the Mercedes-Benz SS was not the only one fitted with a supercharger: the eight-cylinder Bugatti T35B and C had them and took the chequered flag before the Bentley. The French cars also had the advantage of a wheelbase of just 2.2 metres and the 2,261 cc T35B could reach a speed close to the mythical 200 km/h barrier with its power output estimated at about 135 hp. Acceleration was excellent, because the car's total kerb weight was just under 1,170 kg, close to the Bentley's chassis alone, and that produced a power to weight ratio of a little over 8.5 kg/hp. The power generated by the four-cylinder, single camshaft British car compared well, but its performance was penalised by its kerb weight of about 1,900 kg and that produced a power/weight ratio of over 14 kg/hp.[11]
"Le camion le plus vite", is how it seems Ettore Bugatti defined the English cars and he was not wrong. *With the help of technician Clive Gallop, supercharger specialist Armherst Villiers and financial assistance from Dorothy Paget, Birkin modified his 4 1/2 litre* by fitting a Roots supercharger to it that increased the car's power output to around 200 hp. W.O. Bentley had achieved the same amount of power, saying, "There is no substitution for cubic inches". He continued along that road and prepared the Speed Six *for endurance racing, into which he lowered a six-cylinder engine of over six litres. But he still had to accept the need to build 50 examples of the* Birkin Blower Bentley *so that he could compete in Sport races for normal production Touring cars, as mentioned. The Italian* Annuario dell'Automobile *said of this situation: "Both the new Appendix C of the Internation-*

Negli anni Venti, il futuro, emblematico direttore sportivo delle "Frecce d'Argento", Alfred Neubauer, si distinse anche come pilota, spesso con vetture dalla Casa di Stoccarda. L'immagine in alto a destra, lo ritrae al volante della Mercedes-Benz PP che portò in gara alla Targa Florio del 1924, classificandosi quindicesimo assoluto. La gara fu vinta dal compagno di squadra Christian Werner, impegnato in corsa nella foto in alto a sinistra.

Alfred Neubauer, the future emblematic motor sport director of the 'Silver Arrows', distinguished himself as a racing driver in the Twenties, often with one of the Stuttgart manufacturer's cars. The picture above right shows him at the wheel of a Mercedes-Benz PP, which he took to the 1924 Targa Florio and came 15th. The race was won by his team mate Christian Werner, shown competing in the event in the picture above left.

[10.] M. Hay, page 17.
[11.] L. Pomeroy, pages 189 and 195.

Già nella prima parte degli anni Venti Christian Werner aveva conquistato importanti successi con la Mercedes-Benz. Una delle vittorie più eclatanti fu quella ottenuta alla Targa Florio del 1924. Nell'immagine, il campione tedesco è ai box di Cerda durante una sosta per rifornimento e cambio gomme.

Christian Werner had already won major races for Mercedes-Benz during the first half of the Twenties. One of the most exciting was the 1924 Targa Florio. The picture shows the German champion in the pits at Cerda refuelling and having new tyres fitted.

cilindri di oltre sei litri di cilindrata. Aveva tuttavia dovuto accettare di costruire 50 esemplari della *Blower* di Birkin per permettergli di correre nelle gare Sport, riservate come detto alle vetture da Turismo ovvero costruite in serie.

Commentava in merito l'Annuario dell'automobilismo: «Sia il nuovo Allegato C al Codice Internazionale Sportivo, con la prescrizione dei requisiti della Categoria Sport, sia il vecchio Allegato con le sue prescrizioni relative alla Categoria Turismo, non hanno fatto che tenere presenti alcune caratteristiche, per così dire, esteriori (dimensioni di posti, di parafanghi, di capote, ecc.), ed imporre dei requisiti che nulla hanno da vedere con gli elementi essenziali delle macchine. Si è visto così che vetture di carattere eccezionale, vetture costruite espressamente per correre, hanno potuto partecipare a manifestazioni per macchine Sport, solo mercè le cure di abili carrozzieri».

E ancora: «D'altro canto, mentre sempre più si è accresciuto il sentimento della necessità di manifestazioni per vere e proprie vetture da turismo, sono apparse del tutto inadeguate allo scopo le formule e le prescrizioni adottate da taluni regolamenti particolari: "vetture di serie", oppure completamente "vetture di serie da turismo", oppure obbligo della corrispondenza delle vetture a dati di cataloghi. Il Comm. Florio ha quindi inteso che ai Commissari Sportivi deve essere sottratto il giudizio su un "tipo" di vettura, giudizio che con criteri uniformi e con valore generale può essere dato solo da una Commissione Sportiva Nazionale, mentre l'opera dei Commissari Sportivi in simili manifestazioni dovrebbe limitarsi (ed è già abbastanza) a verificare se una singola vettura corrisponda nei suoi elementi a quelli di un tipo esaminato ed approvato in più alta e stabile sede».[12]

Erano stati posti da Vincenzo Florio, vice-presidente della Commissione Sportiva dell'AIACR, i presupposti di riservare la partecipazione alle gare Sport alle sole vetture, il cui autotelaio fosse stato omologato da una Commissione Sportiva Nazionale.

La Mercedes-Benz SS vittoriosa al Gran Premio di Germania, guidata da Rudolf Caracciola e da Christian Werner, utilizzava un motore di reminiscenze aeronautiche, derivato dal Daimler 24/100/160PS progettato da Ferdinand Porsche nel 1925. Era un sei cilindri in linea, la cui cilindrata era progressivamente arrivata a 7.069 cc con il rialesaggio delle canne a 100 mm, mantenendo invariata la distribuzione monoalbero a camme in testa, soluzione adottata tanto dalla Bugatti quanto dalla Bentley.

Nel 1927, dopo la fondazione del Daimler-Benz AG, iniziò un ampio programma di sviluppo, nel corso del quale il motore a sei cilindri fu rielaborato così ampiamente da essere rinominato con la sigla interna di M06. Lo sviluppo del motore continuò anche dopo le dimissioni di Porsche, alla fine di ottobre del 1928, e la sua sostituzione con Hans Nibel.

Quel propulsore raggiunse così una potenza di 160 CV a 2.800 giri/minuto (senza il compressore) e di 200 CV a 3.000 giri/minuto con la sovralimentazione inserita. Il passo della vettura era di 3,4 m, anch'esso degno di un autocarro, così come il peso a vuoto pari a 1.738 kg. Il rapporto peso/potenza, tuttavia, era confrontabile con quello delle Bugatti T35B.

Secondo Karl Ludvigsen,[13] le versioni da corsa sarebbero state più leggere di 50 kg mentre il motore venne preparato con un nuovo albero a camme che permise di elevare la potenza a 170 CV a 3.200

[12.] RACI, pag. 164.
[13.] K. Ludvigsen, pag. 93.

al Sporting Code, with the requirements of the Sport Category, and the old Appendix with its rule relative to the Touring Category, did nothing but take account of some characteristics for, so to say, exteriors (dimensions of traveller accommodation, mudguards, hood etc) and impose requirements that had nothing to do with the essential elements of the car. That is why cars of exceptional character built expressly for racing were able to compete in events for Sport cars, only thanks to the care taken by able body builders".

And again:

"On the other hand, while the feeling of the event's necessity always grew more for real touring cars, the purpose of the formulae and the rules adopted by some regulations in particular appeared completely inadequate: 'production cars' or, in full, 'production touring cars', or obligation of the correspondence of the cars to catalogue data. Comm. Florio meant, therefore, that the Sporting Commissioners should be deemed judges of the 'type' of car, a judgement which, with uniform criteria and general values, could only be given by a National Sporting Commission, while the work of the Sporting Commissioners at similar events must be limited (and that was already enough) to verifying whether or not an individual car corresponded in its elements to those of a type examined and approved at higher and more stable levels».[12]

The prerequisite to restrict participation in Sport races to cars the chassis of which were homologated by a National Sporting Commission was proposed by Vincenzo Florio, vice-president of the AIACR's Sporting Commission.

An engine reminiscent of an aeronautical unit, derived from the Daimler 24/100/160PS designed by Ferdinand Porsche in 1925, powered the winning Mercedes-Benz SS in the Grand Prix of Germany, driven by Rudolf Caracciola and Christian Werner. It was a six-cylinder in line motor, the cubic capacity of which grew

[12]. *RACI, page 164.*

16 settembre 1928, Günther von Wentzel-Mosau impegnati con la Mercedes-Benz SS nella corsa in salita Semmering.

16 September 1928: Guenther von Wentzel-Mosau driving a Mercedes-Benz SS in the Semmering hillclimb.

Nürburgring, 17 luglio 1927, Gran Premio di Germania. Christian Werner affronta una delle numerose curve che, già all'epoca, caratterizzavano l'impegnativo tracciato, al volante di una Mercedes-Benz S. Si classificò secondo assoluto, dietro al compagno di squadra Otto Merz.

Nürburgring, 17 July 1927, Grand Prix of Germany: Christian Werner taking one of the circuit's many corners, which already characterised the demanding Eifel circuit, driving a Mercedes-Benz S. He came second behind his team mate Otto Merz.

Lo chassis della Mercedes-Benz K, progettata dall'ingegner Ferdinand Porsche nel 1926 (artefice anche del motore M06 con compressore di 7.069 cc, raffigurato nella sezione trasversale e longitudinale), rappresentò il primo passo verso le successive evoluzioni SS con passo di 3.400 mm (n. 4) e SSK (2.950 mm). Da quest'ultima versione, in vista di un impiego sportivo, derivò il modello SSKL alleggerito nell'intero chassis, come si evidenzia dalla serie di fori circolari, nelle due immagini in basso.

The chassis of the Mercedes-Benz K designed by engineer Ferdinand Porsche in 1926: he was also the creator of the supercharged, 7,069 cc M 06 engine, shown in transverse and longitudinal sections. The car was the first step toward the subsequent evolutions, the SS with a 3,400 mm long wheelbase (4) and the SSK (2,950). The SSKL was derived from the latter in readiness for a forthcoming motor sport commitment, with its chassis lightened throughout as is shown by the series of circular holes in the two pictures below.

giri/minuto ad alimentazione atmosferica e a 225 CV a 3.300 giri/minuto con il compressore. Con un compressore più grosso, la potenza salì a circa 275 CV e con un altro ancora più grande, soprannominato "Elefant", sviluppato nel 1929 dal Motoren-Abteilung sotto la guida di Albert Heeß, si riuscì a sfiorare i 310 CV.

Il limitato alleggerimento di soli 50 kg, ricordato da Ludvigsen, trova quindi spiegazione nel peso minimo imposto dall'Allegato C, peso che doveva essere rispettato senza l'aggiunta di "una zavorra qualsiasi". Ricorda ancora Ludvigsen che la popolarità in Germania delle gare in salita era notevole, tanto che nell'estate del 1928, apparve una versione della SS (o S) con telaio a passo corto (denominata SSK), che esordì con Rudolf Caracciola al volante nella cronoscalata di Gabelbach, il 29 luglio.

Il passo fu ridotto a 2,95 m e il peso dichiarato della nuova versione era pari a 1.700 kg. Tuttavia, poiché la carrozzeria era a due soli posti nella versione commercializzata dalla Casa, la vettura non era utilizzabile nelle competizioni internazionali che obbedivano ai dettami dell'Allegato C, nonostante nell'inverno 1928-29 fosse iniziata la produzione di 31 autotelai, numero comunque insufficiente per l'omologazione.

progressively to 7,069 cc with the cylinders re-bored to 100 mm, retaining the single overhead camshaft valve gear, a system used considerably as much by Bugatti as by Bentley.

In 1927, after the establishment of Daimler-Benz AG, a substantial development programme was put in hand during which the six-cylinder engine was reworked so much that it was re-designated with the internal code M 06. After Porsche left the company at the end of October 1928, the power plant's development was continued by his replacement, Hans Nibel. The unit eventually aspired to a power output of 160 hp at 2,800 rpm without a supercharger and 200 hp at 3,000 rpm with the blower in action. The car's wheelbase was 3.4 metres, truck dimensions, as was the kerb weight of 1,738 kg, But the power to weight ratio conformed to that of the Bugatti T35B.

According to Karl Ludvigsen,[13] the racing versions were 50 kg lighter, while the engine had a new camshaft that generated a higher 170 hp at 3,200 rpm with atmospheric pressure and 225 hp at 3,300 rpm in case of supercharging. A bigger supercharger increased the power output to about 275 hp and an even bigger unit, nicknamed the elephant and developed in 1929 by Motoren-Abteilung under the guidance of Albert Heess, put out close to 310 hp.

[13]. K. Ludvigsen, pag. 93.

Tra la fine degli anni Venti e l'inizio dei Trenta, uno dei maggiori piloti con le Mercedes-Benz SSKL fu, oltre a Rudolf Caracciola, Hans Stuck, che ottenne i risultati di maggior rilievo nelle corse in salita, divenendo un vero e proprio asso in quella disciplina. L'immagine lo ritrae durante la vittoriosa corsa in salita dello Stelvio (Stilfserjoch), il 28 agosto 1932.

Apart from Rudolf Caracciola, one of the major stars at the wheel of the Mercedes-Benz SSKL between the end of the Twenties and the beginning of the following decade, Hans Stuck achieved outstanding results in hillclimbs and soon became a real ace at that particular discipline. The picture shows Stuck during his victorious climb up the Stelvio (Stilfserjoch) on 28 August 1932.

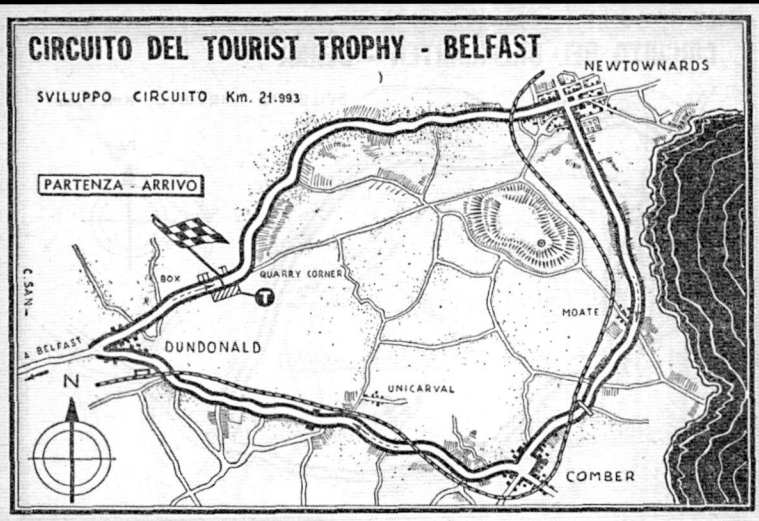

Per tale motivo Rudolf Caracciola nella sua vittoriosa gara all'International Tourist Trophy in Irlanda, disputato il 17 agosto 1929 sul circuito di Ards a Belfast, utilizzò una vettura con carrozzeria torpedo a quattro posti, probabilmente una SS o una SSK, come molti oggi citano, con un'inedita carrozzeria realizzata per l'occasione.

Fu una gara memorabile, nel corso della quale il pilota tedesco non solo umiliò le Bentley *Speed Six* e *Blower*, ma anche riuscì a recuperare, sotto la pioggia battente, l'handicap di 5 giri che gli era stato imposto nei confronti delle Austin 750 della classe H e di due giri con le Alfa 1500 della classe F.

L'edizione 1929 del celebre Tourist Trophy si disputò il 17 agosto sul circuito di Ards, a Belfast. Protagonista fu ancora una volta Rudolf Caracciola che, grazie a una corsa magistrale, si impose (al volante di una Mercedes SS o SSK, probabilmente appositamente allestita per l'occasione), infliggendo una sonora sconfitta alle Bentley *Speed Six* e *Blower*.

The 1929 running of the celebrated Tourist Trophy took place on 17 August on the Ards circuit near Belfast. The unquestioned protagonist was Rudolf Caracciola once more: he drove a magisterial race to win the TT at the wheel of a Mercedes SS or SSK, probably set up especially for the occasion, and inflicted a crushing defeat on the Bentley SPEED SIXES *and* BLOWERS.

Federico Caflish alla partenza della VI Coppa Acerbo, disputatasi il 17 agosto 1930 su 10 giri del Circuito di Pescara. Il pilota napoletano si classificò sesto assoluto.

Federico Caflish at the start of the VI Coppa Acerbo, which took place on 17 August 1930 over 10 laps of the Circuito di Pescara. The Neapolitan driver came sixth.

Lo schieramento di partenza della terza batteria, riservata alle vetture oltre 3.000 cc, del II Gran Premio di Monza (15 settembre 1929). In "pole" s'intravede la Maserati V4 di Alfieri Maserati con, alla sua sinistra, la Mercedes-Benz SS di Federico Caflish e le due più anziane vetture di August Rosenberger e August Momberger, che si classificò primo della manche.

The starting grid of the third heat of the II Grand Prix of Monza, which took place on 15 September 1929 and was for cars of over 3,000 cc. Pole position was taken by the Maserati V4 of Alfieri Maserati, to the left of whom is the Mercedes-Benz SS of Federico Caflish and the two older cars of August Rosenberger and August Momberger, who won the heat.

The limited weight saving of only 50 kg recalled by Ludvigsen found its explanation, therefore, in the minimum weight imposed by Appendix C, which had to be met without adding " any kind of ballast".
Ludvigsen says that, at one point, hillclimbs were so popular in Germany that a version of the SS (or S) appeared in the summer of 1928 with a short wheelbase chassis and was called the SSK. That car was raced for the first time by Rudolf Caracciola in the Gabelbach hillclimb on 29 July of the same year. Its wheelbase had been reduced to 2.95 metres and the weight declared for the new version was 1,700 kg. However, because the body of the version sold by the company only had two seats, the car could not be used in international competitions that complied with Appendix C, despite the fact that production began in the winter of 1928-29 of 31 rolling chassis, even though that was insufficient to earn homologation.
That is why Caracciola used a car with a four-seater touring body to win the International Tourist Trophy on the Ards circuit near Belfast, Northern Ireland, on 17 August 1929: the car was probably either an SS or an SSK, as many state today, with a new body built especially for the event.
The race was a memorable one, during which the German driver not only humiliated the Speed Six *and Blower* Bentleys. *In heavy rain, he was also able to recoup his five- lap handicap imposed on him in relation to the Class H Austin 750s, plus the two laps over the Alfa 1,500 in Class F.*

1930

IV COPPA DELLE MILLE MIGLIA

Nonostante l'Allegato C fosse di recente approvazione e alla sua stesura avesse notevolmente contribuito l'italiano Vincenzo Florio, vice-presidente della Commissione Sportiva Internazionale dell'AIACR, fu proprio una gara italiana quale la Mille Miglia a tradirne per prima gli scopi per i quali era stato redatto. Come già detto, con questo regolamento, non solo si voleva uniformare i regolamenti tecnici e sportivi delle gare di durata internazionali, ma anche riservarle alle vetture turismo costruite in serie, anche se i minimi di produzione richiesti erano risibili prevedendo solo 50 autotelai identici.

Con una mossa "a sorpresa", probabilmente derivante da richieste ben precise da parte di alcune case costruttrici, all'articolo 6 del Regolamento particolare di gara (RPG) della IV Coppa delle Mille Miglia si poteva leggere:

«Art. 6. - Le automobili concorrenti dovranno rispondere a tutti i requisiti richiesti dall'Annesso C del Codice Sportivo Internazionale per tutto quanto riguarda i pesi minimi e le carrozzerie dei veicoli della categoria Sport. Le automobili concorrenti dovranno comportare almeno due posti. Le macchine delle classi B e C dovranno però recare il peso di quattro persone».

Era dunque richiesto il rispetto dell'Allegato C solo per quanto riguardava la scala dei pesi e le dimensioni interne dei posti anteriori, anche se le vetture con cilindrata superiore a 3.000 cc dovevano, tuttavia, recare una zavorra di 120 kg che simulava la presenza dei due passeggeri mancanti. Gli organizzatori bresciani non solo già prefiguravano la successiva evoluzione del regolamento AIACR della categoria Sport, ma anche sancivano, a differenza delle 24 Ore di Le Mans e di Spa, l'apertura della loro manifestazione alle vetture prototipo. Tale era infatti da considerarsi la Maserati Tipo 26M Sport, guidata da Luigi Arcangeli e da Cesare Pastore: "un'autentica Grand Prix capace di 180 km all'ora".[1]

Più sfumato era il commento di Giovanni Canestrini:

«Grazie alle sue caratteristiche "corsaiole", la Maserati di cm^3 2.000, affidata a Gigi Arcangeli e a Pastore, vantava, sulla carta, non poche probabilità di vittoria, per le doti di potenza e di velocità; ma si sapeva che la vettura difettava di preparazione, come del resto rivelò poi in corsa».[2]

Ricordava, ancora, il noto giornalista sportivo:

«Fu in questo periodo che il regolamento della Mille Miglia cominciò a diventare oggetto di appassionate discussioni: da una parte c'erano i "liberisti", cioè quelli che non volevano ammettere restrizioni di sorta alle norme regolamentari per l'ammissione delle macchine, sia pure nei limiti della categoria internazionale Sport; dall'altra, coloro che intendevano mantenere la manifestazione bresciana nei confini della produzione di serie, soprattutto per conservare integro l'interesse delle case costruttrici per la gara e richiamare sempre di più l'interesse degli appassionati della guida».[3]

Per animare ancor più l'interesse della competizione, i "quattro moschettieri"[4] accolsero il consiglio di Giovanni Lurani di invitare alla gara bresciana la Bentley, vincitrice delle ultime tre edizioni della 24 Ore di Le Mans. Così scriveva Giovanni Canestrini a Renzo Castagneto:

«Le accludo i due moduli delle Bentley. Ora è necessario trovarsi con lei e Mazzotti per definire le questione dell'impegno con il cap. Biricin [Birkin], il quale in una lettera a parte scrive che desidera che gli

---

[1.] G. Lurani, pag.43.
[2.] G. Canestrini, pagg.83-84. Il modulo d'iscrizione della vettura (in Archivio Storico del Museo della Mille Miglia Città di Brescia, d'ora in poi ASMM) riporta una cilindrata di 3.000 cc, mentre tutti i resoconti giornalistici contemporanei indicano una cilindrata di due litri. Ci atteniamo ai più recenti volumi sulla storia della Casa per quanto concerne l'identificazione del tipo di vettura iscritta dalla Maserati.
[3.] Ivi, pag.87.
[4.] Così erano soprannominati Giovanni Canestrini, Renzo Castagneto, Aymo Maggi e Franco Mazzotti che, nell'inverno del 1926-27 avevano inventato la gara bresciana.

IV COPPA DELLE MILLE MIGLIA

Even though Appendix C had only recently been approved and Italy's Vincenzo Florio, vice-president of the AIACR's Sporting Commission, had contributed notably to its wording, it was an Italian race – the Mille Miglia - that was the first to fly in the face of the purpose for which it had been drawn up. As previously mentioned, this regulation was intended not only to make the technical and sporting rules of international endurance races uniform, but also to run them for normal production touring cars, even if the minimum number that had to be built was laughable at just 50 identical rolling chassis.

With a "surprise" move, probably derived from the requests by a number of car manufacturers, article 6 of the Supplementary Regulations (RPG) for the IV Coppa delle Mille Miglia read:

"Art. 6 – The competing cars must respond to all the requirements demanded by Appendix C of the International Sporting Code in every respect regarding Sport Category's minimum weight and the vehicle's body. The competing cars must have at least two seats. The cars of classes B and C must, however, withstand the weight of four people".

Respect was only required for Appendix C as far as the weight scale and interior dimensions of the front seats were concerned, even if an over 3,000 cc car had to carry a ballast of 120 kg anyway, simulating the presence of the two missing passengers. The Brescian organisers not only foreshadowed the subsequent evolution of the AIACR regulation for the Sport Category, unlike the 24 Hours of Le Mans and Spa, they also sanctioned the opening of their event to prototype cars. And a prototype is exactly what the Maserati Tipo 26M Sport was, driven by Luigi Arcangeli and Cesare Pastore - " a real Grand Prix car capable of 180 km/h".[1]

Journalist Giovanni Canestrini's comment was even more vague:

[1] *G. Lurani, page 43.*

6 luglio 1930, III Coppa Principe di Piemonte: la Maserati Tipo 26 M condotta da Cesare Pastore passa in velocità accanto alla Mercedes-Benz SS di Federico Caflisch, ferma sul bordo della strada.

6 July 1930, III Coppa Principe di Piemonte: The Maserati Tipo 26 M driven by Cesare Pastore flashing past Federico Caflish's Mercedes-Benz SS at high speed after the Neapolitan had stopped at the side of the track.

organizzatori mandino la assicurazione delle facilitazioni promesse. A me pare che si debbano fare tutti gli sforzi per avere qui gli inglesi. Il duello Bentley-Alfa-OM è del massimo interesse, e d'altra parte la partecipazione estera non solo assicura l'avvenire della corsa ma spingerà le nostre case e scendere in campo con forze maggiori e più preparate. Ed è quello cui dobbiamo tendere».[5]

Principesche erano le condizioni[6] offerte al team finanziato da Miss Dorothy Paget,[7] che avrebbe dovuto portare due Bentley *Blower*, una per "Tim" Birkin in coppia con Woolf Barnato, e l'altra da affidare a un equipaggio italiano che Mazzotti aveva suggerito essere formato da Antonio Brivio e dallo sconosciuto Giorgio Rubietti. Purtroppo a un laconico telegramma di rinuncia, fece seguito una lettera nel corso della quale Birkin affermava:

«I have arranged a very comprehensive programme for my team of Supercharged 41/2 litre 1itre "Bent1eys" this year, but through circumstances beyond my control, I find it impossible to leave with the cars in time to learn something of your circuit and to compete in this famous race».[8]

La squadra inglese, diretta da "Bertie" Kensington-Moir, non si presentò così a Brescia, ma del fatto Giovanni Canestrini fornisce una romantica versione, citando una lettera che non abbiamo trovato:

«La Bentley aveva annunciato la sua iscrizione ufficiale con Harry Birkin e Barnato, trionfatori della 24 Ore di Le Mans del-

La IV Coppa delle Mille Miglia (12-13 aprile 1930) si disputò su un nuovo tracciato che toccava Cremona e tale rimase per i due anni successivi. La piantina qui riprodotta è tratta dal programma ufficiale del 1931 e indica i punti lungo il tracciato ove erano collocati i controlli a timbro e quelli a firma. In alto, la locandina originale della Mille Miglia 1930.

The IV Coppa delle Mille Miglia (12-13 April 1930) was run over a new route that passed through Cremona and continued to do so for another two years. The map reproduced here is from the official programme of the 1931 event and indicates the points along the route at which controls for stamps and signatures were located. Above: the original poster of the 1930 Mille Miglia.

[5.] ASMM, da G. Canestrini a R. Castagneto, Milano, lettera, 24.2.VIII (1930).

[6.] Era stato promesso un premio di partenza di 25.000 Lire per un team di due vetture. La cifra attualizzata al 2003, secondo i coefficienti forniti dall'Istat, è pari a poco meno di 21.000 Euro.

[7.] La Hon. Dorothy Paget era la ricchissima figlia di Lord Queensborough. A dir poco, molto eccentrica, estremamente superstiziosa e accanita scommettitrice sulle corse di galoppo, era anche proprietaria di una delle più note scuderie britanniche di purosangue.

[8.] ASMM, da HRS Birkin a F. Mazzotti, Londra, lettera, 28.3.1930. "Ho elaborato un programma completo per la nostra squadra di Bentley sovralimentate da 4 litri ma, a causa di eventi fuori dal mio controllo, ritengo impossibile partire con le vetture in tempo per poter apprendere a grandi linee le caratteristiche del percorso e partecipare a questa famosa competizione".

"Thanks to its 'racing' characteristics, the 2,000 cc Maserati driven by Gigi Arcangeli and Pastore had, on paper, no small chance of winning for its characteristics of power and speed; but one knew that the car lacked preparation, as it revealed during the race".[2]

Canestrini recalled once more:

"It was in this period that the regulations of the Mille Miglia started to become the subject of passionate discussion: on the one hand, there were the 'free spirits' who wanted no restrictions of any kind in the regulations on the basis of which to admit cars that were within the limits of the international Sport categories; on the other hand, there were those who intended to keep the Brescian event within the confines of normal production, specifically to fully preserve the interest of the car manufacturers in the race and to increasingly attract the interest of driving enthusiasts".[3]

To generate even more interest in the race, the 'Four Musketeers'[4] accepted Giovanni Lurani's advice to invite Bentley, winners of the last three 24 Hours of Le Mans, to the Brescian event. This is what Giovanni Canestrini wrote to Renzo Castagneto:

"I enclose the two forms from Bentley. Now, it is necessary to meet you and Mazzotti to define the question of the commitment with the capt. Birkin, who in a separate letter writes that he would like the organisers to send assurance of the facilities promised.

"It seems to me that we must make every effort to have the English here. The Bentley-Alfa-OM duel is of maximum interest and, in addition, outside participation will not only ensure the future of the race, it will also push our manufacturers to compete with greater strength and be better prepared. And it is that to which we must aspire".[5]

The terms[6] offered to the team, financed by Miss Dorothy Paget,[7] were princely. They were to bring two Blower Bentleys, one for Tim Birkin and Woolf Barnato and the other to be driven by an Italian crew, which Mazzotti suggested should be Antonio Brivio and the unknown Giorgio Rubietti. Unfortunately, a laconic telegram declining involvement was followed by a letter in which Birkin affirmed:

"I have arranged a very comprehensive programme for my team of Supercharged 4½ litre Bentleys this year,

Nello scenario delle competizioni automobilistiche della fine degli anni Venti, la Bentley rivestiva un ruolo di primo piano avendo vinto, tra l'altro, tre edizioni consecutive della 24 Ore di Le Mans. Giovanni Lurani cercò con ogni mezzo di avere alla Mille Miglia del 1930 la compagine inglese (auspicando un mirabile duello con Alfa Romeo e OM). Nonostante fosse stato accordato alla Bentley un premio di partenza di ben 25.000 lire, le vetture inglesi non figurarono al via della Mille Miglia. La lettera, qui pubblicata, proviene dall'archivio storico del Museo Mille Miglia.

Bentley played a leading role in motor racing at the end of the Twenties, having won the 24 Hours of Le Mans three times in succession, among other things. For that reason, Giovanni Lurani tried everything to bring them to the 1930 Mille Miglia, hoping for a great duel with Alfa Romeo and O.M. Despite the fact that start money of no less than 25,000 lire had been agreed with Bentley, the British cars were not among the event's starters. The letter published here comes from the Mille Miglia Museum archives.

[2.] G. Canestrini, pages 83-84. The entry form of the car (in the Archivio Storico della Mille Miglia Città di Brescia, from now on the ASMM) includes a cubic capacity of 3,000 cc, while all the contemporary press articles indicate one of two litres. We concur with the most recent books on the history of Maserati on the identification of the type of car entered by that manufacturer.

[3.] See page 87.

[4.] That was the nickname given to Giovanni Canestrini, Renzo Castagneto, Aymo Maggi and Franco Mazzotti, who invented the Brescian race in the winter of 1926-27.

[5.] ASMM from G. Canestrini to R. Castagneto, Milan, letter 24.2.VIII (1930)

[6.] Starting money of Lit 25,000 was offered for one team of two cars. The amount was worth just under Euro 21,000 in 2003, according to the exchange rate provided by ISTAT.

[7.] The Hon. Dorothy Paget was the extremely rich daughter of Lord Queensborough. She was very eccentric, to say the least, was extremely superstitious, an avid gambler at horse trotting races and the owner of one of the best-known British thoroughbred stables.

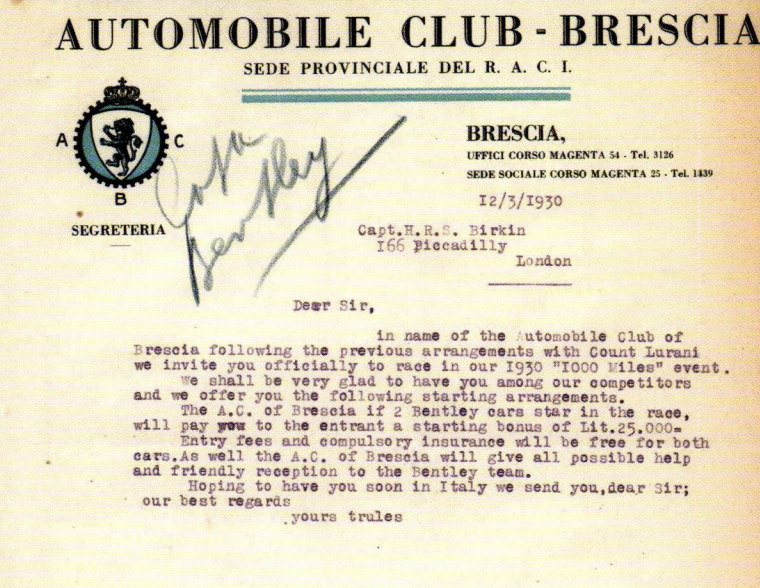

Fra gli attesi protagonisti della Mille Miglia 1930 figurava anche la Maserati Tipo 26M di Luigi Arcangeli, che numerose fonti moderne sostengono fosse equipaggiata con un nuovo 8 cilindri di 2.495 cc. Tuttavia, mentre la scheda di iscrizione (a destra) indica una cilindrata generica di 3.000 cc, la classifica provvisoria stilata dopo il controllo di Bologna (a fianco), riporta Arcangeli come primo della classe E fino a 2.000 cc.

Luigi Arcangeli and his Maserati Tipo 26M were among the expected protagonists of the 1930 Mille Miglia. Many modern sources maintain that the car was equipped with a new eight-cylinder, 2,495 cc engine, but its entry form (right) shows a generic cubic capacity of 3,000 cc, there again the provisional results compiled after the Bologna control (opposite) show Arcangeli as first in class E for cars of up to 2,000 cc.

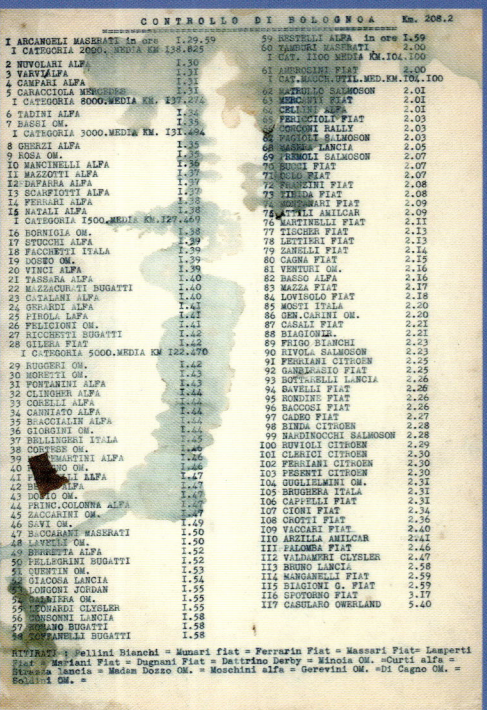

l'anno prima. Ciò costituiva, dopo il tentativo ufficiale della Bugatti [del 1928], la riprova della popolarità raggiunta dalla corsa bresciana anche oltre i confini; e preludeva a quella che divenne poi l'annuale «calata» di corridori e case costruttrici di altri paesi.

[…] Birkin invece alla vigilia aveva scritto che non gli era umanamente possibile partecipare alla Mille Miglia, neppure con una sola vettura, se non altro per «non ingannare le speranze degli amici italiani, che desideravano vedere la Bentley figurare tra i concorrenti della famosa gara». E aggiungeva: "Vorrei specialmente far menzione dello spirito altamente sportivo dell'Alfa Romeo e dell'Isotta Fraschini, per avere posto incondizionatamente a mia disposizione tutte le risorse e tutta l'assistenza delle loro officine, qualora avessi voluto servirmene».[9]

Altra novità dell'ultimo momento fu costituita dal cambio del percorso, che da Brescia puntò fino a Cremona, città dove dominava il sempre potente Roberto Farinacci,[10] già segretario del Partito nazionale fascista dal 1925 al 1926.

L'abile Renzo Castagneto si affrettò a comunicare telegraficamente la notizia al "ras", nonostante questi fosse caduto in disgrazia dopo l'assassinio di Giacomo Matteotti e l'atteggiamento tollerante verso alcune violenze squadriste in un periodo politicamente difficile per il regime.

Ritornando ai fatti sportivi automobilistici, va notato che il regolamento, emanato per tempo, prevedeva ancora il percorso dell'anno precedente (la piantina pubblicata a pag.32 è quella allegata al regolamento del 1931, che peraltro illustra il tracciato effettivamente utilizzato nella IV edizione della Coppa delle Mille Miglia).

Dal punto di vista tecnico, le vetture favorite per la vittoria assoluta erano le Alfa Romeo 6C 1750 Gran Sport. La Casa aveva iscritto due squadre per partecipare al Gran Premio Brescia: una formata dagli equi-

[9.] G. Canestrini, *cit.*, pag.80.
[10.] Roberto Farinacci (Isernia, 16 ottobre 1892 – Vimercate, 28 aprile 1945), secondo il profilo biografico a introduzione al suo archivio, conservato alla Biblioteca Braidense di Milano, "fu uno dei più importanti gerarchi fascisti, noto per le sue posizioni dure ed estreme. Fu tra i sostenitori della Repubblica Sociale Italiana e venne arrestato e giustiziato dai partigiani". Aveva partecipato alla Mille Miglia del 1928 alla guida di una Ceirano S150, ritirandosi.

but through circumstances beyond my control, I find it impossible to leave with the cars in time to learn something of your circuit and to compete in this famous race".[8]

So the British team, managed by "Bertie" Kensington-Moir, did not present itself at Brescia, but Giovanni Canestrini provided a romantic version of the truth, citing a letter that we have not found:

"Bentley had announced its official entry with Harry Birkin and Barnato, winners of the 24 Hours of Le Mans last year. After the official attempt by Bugatti (in 1928), that constituted the confirmation of the popularity achieved by the Brescian race, even across frontiers, and introduced that which then became the annual 'invasion' of racing drivers and car manufacturers of other countries.

(…) Instead, Birkin wrote on the eve of the race that it was not humanly possible to compete in the Mille Miglia, not even with a single car, if for no other reason than to 'not mislead the hopes of my Italian friends, who wanted to see Bentley appear among the competitors of the famous race'. He added, 'I would especially like to mention the highly sporting spirit of Alfa Romeo and Isotta Fraschini for having placed unconditionally at my disposal all the resources and all the service of their garages, in the case that they could have been useful to me'"[9].

Another last minute new development was a route change from Brescia to Cremona, a city in which the powerful Roberto Farinacci[10] dominated more and more. He had already been secretary of the National Fascist Party from 1925 to 1926.

The able Renzo Castagneto hurried to communicate the news to the 'ras', despite the fact that Farinacci had fallen from grace after the assassination of Giacomo Matteotti and the tolerant attitude toward some members of the Fascist Party violence in a politically difficult period for the regime.

Returning to motor sport matters, it should be noted that the Supplementary Regulations, which had been printed some time before, included the route of the previous year once more and, if you will forgive the liberty, the map that we publish here (page 32) is the one attached to the Supplementary Regulations for 1931, which also illustrates the route used for the fourth Coppa delle Mille Miglia.

From the technical point of view, the favourites to win the race were the Alfa Romeo 6C 1750 Gran Sports, whose manufacturer had entered two teams in the Grand Prix of Brescia. One was made up of Varzi-Canavesi, Ghersi-Cortese and Mazzotti-Maggi; the other Campari-Marinoni, Nuvolari-Guidotti and Pirola-Guatta, the latter in a 6C 1500 Super Sport. The debutante

Il verbale della prima riunione del neonato consiglio d'amministrazione della Scuderia Ferrari.

The minutes of the first meeting of the newly formed Scuderia Ferrari board of directors.

---

[8]. ASMM, from HRS Birkin to F. Mazzotti, London, letter 28.3.1930.

[9]. G. Canestrini, cit, page 80.

[10]. Roberto Farinacci, Isernia, 16 October 1892 – Vimercate, 28 April 1945. According to a biographical profile of introduction of his file held by the Biblioteca Braidense in Milan, Roberto Farinacci "was one of the most important members of the Fascist hierarchy, noted for his hard and extreme positions. He was among the supporters of the Italian Social Republics and was arrested and executed by partisans". He competed in the 1928 Mille Miglia driving a Ceirano S150, but retired.

In un raro filmato dell'epoca, fornito dal Museo Mille Miglia, relativo alla premiazione dell'edizione 1929, avvenuta in Piazza Venezia a Roma, il 9 maggio dello stesso anno, si vede un primo piano di una Mercedes-Benz SS con targa tedesca. Non vi sono testimonianze in grado di suffragare un'eventuale ricognizione da parte della Mercedes-Benz lungo il tracciato di gara, in vista dell'edizione 1930, ma sulla base di questo prezioso documento, non la si può escludere a priori.

In a rare film furnished by the Mille Miglia Museum of the 1929 race's prize giving, which took place in Piazza Venezia, Rome, on 9 May of the same year there is a close up of the Mercedes-Benz SS with a German number plate. There are no witnesses able to confirm they recognised the Mercedes along the route of the Mille Miglia in readiness for the 1930 race, but on the basis of this valuable film its presence cannot be excluded.

paggi Varzi-Canavesi, Ghersi-Cortese e Mazzotti-Maggi; l'altra era composta da Campari-Marinoni, Nuvolari-Guidotti e Pirola-Guatta, questi ultimi alla guida di una 6C 1500 Super Sport. La scuderia Ferrari, debuttante,[11] si affidava invece a Scarfiotti-Carraroli, Tadini-Siena e Caniato-Sozzi. Tadini e Caniato, membri del consiglio d'amministrazione della Scuderia, "[...]per non aggravare di oneri eccessivi la Società e non ravvisando in tale corsa il Consigliere Delegato e Direttore tecnico, Ferrari cav. Enzo, notevoli possibilità di riuscita e per altre molteplici ragioni", si erano assunti in proprio "le spese inerenti all'allenamento, meccanici ecc, derivanti da tale partecipazione".[12]

Anche le 1750 GS del Portello avevano adottato la "testa fissa", come già le 1500 SS e le Bugatti, per ovviare ai problemi di tenuta della guarnizione della testata, e un rapporto diretto tra l'albero motore e la girante del compressore centrifugo, per aumentare la pressione di alimentazione. Si racconta che le macchine ufficiali disponessero di circa 110 CV a 5.000 giri/minuto, dieci in più di quelle dei privati, per un peso a vuoto di 840 kg.[13] Ne derivava un rapporto peso/potenza a vuoto di poco inferiore a 8 kg/CV, superiore a quello della Maserati Tipo 26M Sport che, sempre si racconta, vantava un rapporto di circa 5,5 kg/CV, grazie a una potenza prossima ai 190 CV per un peso a vuoto di circa una tonnellata. Questo nell'ipotesi, ormai diffusa, che la vettura fosse un ibrido, dotato di "un vecchio telaio della serie Mille Miglia rigenerato",[14] sul quale sembra sia stato installato il nuovo motore a otto cilindri a compressore di 2.495 cc.

Le nostre perplessità sul tipo di motore effettivamente utilizzato nascono dal fatto che la scheda d'iscrizione laconicamente indica in 3.000 cc la cilindrata della vettura, ma nella classifica provvisoria stilata dopo il controllo di Bologna, Arcangeli compare come primo della classe E, fino a 2.000 cc, davanti all'Alfa Romeo 1750 GS di Nuvolari.

Quasi a livello della Maserati era la Mercedes-Benz SSK con i suoi 225 CV per un peso di circa 1.600 kg, si attestava a poco più di 7,1 kg/CV, sempre che il compressore fosse quello di serie, altrimenti con il motore da 275 CV il rapporto scendeva a 5,8 kg/CV. La partecipazione germanica era, tuttavia, penalizzata dal rilevante peso a vuoto che i piloti e i freni dovevano dominare, dal consumo elevato, che costringeva o a un maggior numero di soste o a un ulteriore aggravio di peso a causa della benzina imbar-

---

[11]. Era stata fondata a Modena, come noto, il 16 novembre 1929, con lo scopo sociale della "compera di automobili da corsa di marca Alfa Romeo e partecipazione colle stesse alle Corse incluse nel calendario nazionale sportivo e nel calendario della Associazione Nazionale Automobil Clubs [sic, leggi AIACR]". Il capitale di L 200.000, pari a 200 azioni, era stato sottoscritto dai fratelli Alfredo e Augusto Caniato (commercianti di tessuti per 130 azioni), da Enzo Ferrari (50 azioni), dall'Alfa Romeo (10), dalla Pirelli (5) e da Ferruccio Testi (commerciante di bevande e appassionato fotografo.
[12]. Così il verbale del primo consiglio di amministrazione della Società anonima, tenutosi a Bologna il 15 gennaio 1930, nei locali della "Agenzia Alfa Romeo".
[13]. Ovvero 80 kg in più del minimo regolamentare per la classe E. Così L. Fusi, pag.163.
[14]. L. Orsini e F. Zagari, pag.101.

Scuderia Ferrari[11] ran Scarfiotti-Carraroli, Tadini-Siena and Caniato-Sozzi. Tadini and Caniato, members of the Scuderia board, personally assumed "the expense inherent in practice, mechanics etc derived from that participation[12] (…) in order not to compound the excessive burden on the Company and the Managing Director and Technical Director, Ferrari, Cav. Enzo, not recognising notable possibility of success in that race and for a multiplicity of other reasons".

Portello's 1750 GSs were also given a fixed head like the 1500 SS and Bugattis, to obviate cylinder head gasket sealing problems, and a direct ratio between the drive shaft and the centrifugal supercharger to increase inlet pressure. They said the works cars would generate around 110 hp at 5,000 rpm, 10 hp more than those of the privately entered competitors, and had a kerb weight of 840 kg.[13] That produced a power to weight ratio of nearly 8 kg/hp, superior to the Maserati Tipo 26M Sport which, it was said, had a ratio of about 5.5 kg/hp due to its power output of almost 190 hp, and a kerb weight of about a ton. This, in the now widespread hypothesis that the car was a hybrid with "the chassis of the old Mille Miglia series that had been regenerated",[14] in which it seems a new 2,495 cc eight-cylinder, supercharged engine had been installed.

Our perplexity concerning the kind of engine effectively used comes from the fact that the entry form laconically indicates the car's cubic capacity as 3,000 cc. Yet in the provisional results put together after the Bologna control, Arcangeli appears as the leader of Class E, which was for cars of up to 2,000 cc, ahead of Nuvolari's Alfa 1750 GS.

Almost at the Maserati level was the Mercedes-Benz SSK, which put out 225 hp to power a weight of around 1,600 kg: that came down to a little more than 7.1 kg/hp, providing the supercharger was of normal production, otherwise the 275 hp ratio dropped to 5.8 kg/hp. German participation was penalised, however, by the relevant kerb weight that the drivers and brakes had to dominate, by high fuel consumption, which dictated either a greater number of re-fuelling stops or a further weight problem due to the fuel taken

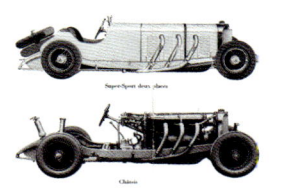

Alla quarta edizione della Mille Miglia, la Mercedes-Benz partecipò con una sola vettura in veste ufficiale, una SSK affidata a due assi di prima grandezza: Rudolf Caracciola e Christian Werner. Alla scheda di iscrizione era obbligatoriamente allegato anche il dépliant del modello, riportante le principali caratteristiche tecniche di motore e chassis.

Mercedes-Benz competed in the fourth Mille Miglia with just one works car: it was an SSK, driven by two aces of the highest level, Rudolf Caracciola and Christian Werner. A brochure of the model was obligatorily attached to the entry form, showing the principal technical characteristics of the engine and chassis.

---

[11]. It was founded in Modena, as is well known, on 16 November 1929 for the purpose of "buying Alfa Romeo racing cars and competing with them in the races included in the national sporting calendar and the calendar of the Associazione Nazionale Automobile Clubs (sic, read AIACR)". A capital of Lit. 200,000, equal to 200 shares, was underwritten by brothers Alfredo and Augusto Caniato (textile merchants, 130 shares), Enzo Ferrari (50 shares), Alfa Romeo (10 shares), Pirelli (5 shares) and Ferruccio Testi (beverages merchant and enthusiastic photographer, 5 shares)

[12]. Those were the minutes of the first board meeting of the joint stock company, held in Bologna on 15 January 1930 in the offices of the Agenzia Alfa Romeo.

[13]. In other words, 80 kg more than the minimum permitted by Class E regulations. L. Fusi, page 163.

[14]. L. Orsini and F. Zagari, page 101.

Fra la documentazione ufficiale pervenuta all'ACI di Brescia in vista dell'iscrizione della Mercedes-Benz di Werner e Caracciola, figurava anche una lettera, su carta intestata Daimler-Benz, che indica la SSK portata a Brescia di proprietà dello stesso Rudolf Caracciola. Il forte campione tedesco, nell'immagine in basso, è al volante della vettura, alla partenza della Mille Miglia del 1930.

Among the official documentation received by the A.C. of Brescia with a view to entering the Werner-Caracciola Mercedes there was also this letter on Daimler-Benz headed paper, which indicates that the SSK taken to the Italian city was the property of Rudolf Caracciola. The photograph below shows the great German champion at the wheel of the car at the start of the 1930 Mille Miglia.

cata, e dalla probabile inferiore conoscenza del lungo percorso di gara. È vero tuttavia che in un filmato dell'Istituto Luce relativo alla premiazione della III Coppa delle Mille Miglia, avvenuta in Piazza Venezia a Roma, il 9 maggio 1929, appare chiaramente il muso di una bianca Mercedes-Benz SS con targa tedesca. Non si sono trovati tuttavia elementi che possano suffragare l'ipotesi di una partecipazione programmata così in anticipo, ma neppure può essere esclusa una preliminare ricognizione sul tracciato, conoscendo l'abilità strategica e organizzativa di Alfred Neubauer, che era solito non tralsciare nulla.

La già menzionata crisi economica che seguì può avere anche contribuito a modificare i piani della Casa tedesca e così sembra di capire che il gravoso impegno finanziario sia stato sopportato dal pilota tedesco,[15] il quale, in un telegramma del 28 marzo 1930,[16] preannunciando la sua iscrizione, la subordinava a una significativa richiesta agli organizzatori bresciani di una "contribution frais" ("contributo spese"). A margine del telegramma inviato dal corridore è apposto a matita un altrettanto indicativo "Accordo poss", cui seguì un sibillino telegramma dell'Automobil Club di Brescia.

«Attendons retour Commissaire Course [Renzo Castagneto] télégraphéron domain conditions votre partecipation Mille Miglia dont nous félicitons».[17]

Per questa partecipazione non sono state trovate tracce di una "contribution" da parte degli organizzatori a Caracciola, mentre il pilota tedesco, in una lettera sempre del 28 marzo, aveva avanzato la richiesta di un chiarimento in merito a un punto del regolamento tecnico, per cui non è ben chiaro quali siano le "condictions votre partecipation" ("condizioni Vostra partecipazione"): quelle tecniche o quelle economiche. Caracciola, infatti, aveva anche scritto:

«L'article 7 page 8 contient la condition que le voitures classe B et C sont obligés d'être lestées de sept sacs de sable 60 kg chacun. Cette condition se trouve en opposition à règlement International pour 1930 qui permet à l'Annexe C un lest composé de plaques de plomb ayant un poids minimum de 30 kg cha-

---

[15]. Risultava ufficialmente anche il proprietario della vettura come da una dichiarazione della Casa, acclusa alla domanda d'iscrizione.
[16]. ASMM, da Rudolf Caracciola ad Automobile Club Brescia. telegramma, 28 marzo 1930.
[17]. "Attendiamo rientro Commissario di Corsa [Renzo Castagneto] telegraferemo domani condizioni Vostra partecipazione Mille Miglia, di cui ci felicitiamo".

on board, and the probable inferior knowledge of the Mille Miglia's route. It is true, though, that in a film by Istituto Luce linked to the promotion of the III Mille Miglia and shot in Piazza Venezia, Rome, on 9 May 1929, the nose of a white Mercedes-Benz SS can clearly be seen, with its German number plate. We were able to find nothing, however, to support our hypothesis of such an early planned participation in the race, but reconnoitring the route cannot be ruled out, knowing the strategic and organisational ability of Alfred Neubauer.
The economic crisis that followed and to which we have already referred could have also contributed to the German manufacturer modifying its plans and it seems that the burdensome financial commitment was supported by the German driver,[15] who, in a telegram of 28 March 1930[16] pre-announced his entry and submitted a significant request to the Brescian organisers for a "contribution frais". In the margin of the telegram sent by Caracciola is the pencilled the equally indicative comment. "Agreement possible", which is followed by an enigmatic telegram from the Automobile Club of Brescia:
«Attendons retour Commissaire Course [Renzo Castagneto] télégraphéron domain condictions votre partecipation Mille Miglia dont nous félicitons».[17]

Personaggi di spicco attorno alla Mercedes-Benz di Rudolf Caracciola durante le verifiche tecniche della Mille Miglia 1930: in primo piano, a destra, si riconoscono: Enzo Ferrari (evidentemente accortosi del fotografo) e Renzo Castagneto, con la fascia di commissario.

Prominent people around Rudolf Caracciola's Mercedes-Benz during scrutineering for the 1930 Mille Miglia; in the foreground on the right are Enzo Ferrari (evidently having noticed the photographer) and Renzo Castagneto wearing an official's sash.

[15.] *Also found to be the official owner of the car, as contained in a statement by the manufacturer, attached to the entry application form.*
[16.] *ASMM from Rudolf Caracciola to the Automobile Club of Brescia, telegram, 28 March 1930.*
[17.] *"We await the return of the Clerk of the Course (Renzo Castagneto). Will telegraph tomorrow conditions your participation Mille Miglia, about which we are delighted".*

cune. Ma voiture, possédant deux places seulement, ne peut pas recevoir un lest de 6 sacs de sable. Puisque vous autorisez à la participations 1000 Miglia (Art.5, page 6) des voitures catégorie Sport conformes à l'annexe C du règlement international je suis de l'avis que les conditions prévues dans ce règlement sont valables pour votre course des 1000 Miglia c.à dire que les sacs de sable de 60 kg peuvent être remplaces par de plaques de plomb de 30 kg. Je vous serais extrêmement obligé si vous vouliez confirmer mon point de vue afin d'éviter tout malentendu».[18]

Com'era ragionevolmente prevedibile, il tratto pianeggiante di 208,2 km tra Brescia e Bologna fu appannaggio della Maserati di Luigi Arcangeli, che impiegò 1h29'59" alla media record di 138,825 km/h. Tazio Nuvolari fu staccato di un secondo dal *leader*, mentre Achille Varzi, Giuseppe Campari e Rudolf Caracciola seguivano a pari merito a 1'1" dal primo, segno che probabilmente la Maserati era partita con il meno potente motore due litri, come è riportato nelle classifiche al controllo di Bologna. Infatti, il primo della classe D (fino a 3.000 cc) risulta Angelo Bassi su OM 665 SS MM, settimo assoluto con il tempo di 1h35' alla media di 131,5 km/h.

Dopo Bologna il percorso s'inerpicava rapidamente per raggiungere i 968 m sul livello del mare del passo della Raticosa per poi mantenersi in quota fino al passo della Futa e quindi scendere in picchiata sul controllo di Firenze, distante solo 107 km dal capoluogo felsineo. Il tratto di percorso era particolarmente ostico e il primo a farne le spese fu Arcangeli, costretto al ritiro per un'uscita di strada, senza conseguenze fisiche, causata, sembra, da una carenza ai freni.[19]

Nel tratto Bologna-Firenze, Achille Varzi e Tazio Nuvolari impiegarono lo stesso tempo (1h23', media 77,349 km/h), precedendo di due minuti Giuseppe Campari e di tre la OM di Antonio Bassi. Rudolf Caracciola, poco a suo agio sulle carrarecce appenniniche, segnò solo il quindicesimo tempo assoluto a otto minuti dal duo di testa, precipitando al settimo posto assoluto.

Al controllo di Roma, dopo 605 km di strada, Varzi e Nuvolari passarono con il medesimo tempo di 6h2'. Precedevano di sette minuti Campari e di 16' Bassi, sorprendentemente quarto assoluto, e di 31' Caracciola, decimo assoluto.

A Terni, Varzi passò in testa seguito da Nuvolari a un minuto, mentre il distacco della Mercedes-Benz, risalita all'ottava posizione assoluta per il rallentamento dell'Alfa Romeo di Stucchi e della OM di Bornigia, aumentava a 37'. Al controllo di Perugia, il pilota tedesco riusciva a ridurre di un minuto il suo distacco dal duo di testa che passava con il medesimo tempo impiegato.

A Gubbio, sempre perfetta parità tra Varzi e Nuvolari, con Caracciola che aveva rosicchiato altri due minuti all'Alfa Romeo, avendo segnato il miglior tempo assoluto sul tratto Perugina-Gubbio.

La Mercedes-Benz di Caracciola e Werner soffrì in particolare nella parte centrale di gara, lungo i difficili e tortuosi tratti appenninici, dove accumulò il maggior distacco dagli avversari (39 minuti al controllo di Macerata su Nuvolari, in quel momento leader della corsa). Qui è ritratta sulla Raticosa nel tratto da Bologna a Firenze.

The Caracciola-Werner Mercedes-Benz suffered in particular in the central part of the race along the difficult and tortuous Apennine sections, where it accumulated its biggest time deficit -39 minutes behind Nuvolari, who was the race leader at the Macerata control. The car is pictured here on the Bologna-Florence section of the Raticosa.

[18.] ASMM, da Rudolf Caracciola ad Automobile Club Brescia. lettera, 28 marzo 1930. "L'articolo 7, pagina 8 contiene la norma secondo cui le vetture classe B e C sono obbligate a essere zavorrate con sette sacchi di sabbia di 60 kg ciascuno. Questa norma è in contrasto con il regolamento internazionale per il 1930, che consente, in base all'allegato C, una zavorra composta di placche di piombo aventi ognuna un peso minimo di 30 kg. La mia vettura, essendo solamente a due posti, non può ricevere una zavorra di 6 sacchi di sabbia. Poiché Voi ammettete a partecipare alla Mille Miglia (Art. 5, page 6) vetture categoria Sport conformi all'allegato C del regolamento internazionale, sono dell'avviso che le condizioni previste in questo regolamento sono valide per la corsa delle Mille Miglia, vale a dire che i sacchi di sabbia da 60 kg possono essere rimpiazzati con placche di piombo di 30 kg. Vi sarei infinitamente grato se voleste confermare il mio punto di vista, in modo da evitare spiacevoli malintesi".
[19.] Secondo Canestrini (pag.85), Arcangeli "scomparve dalla scena per la rottura di un pistone".

No trace of a "contribution" made to Caracciola for his participation was found by the organisers, while in a letter of 28 March the German driver put forward his request for a clarification in relation to a point in the technical regulations, as a result of which it is not clear what were "the conditions your participation": technical or financial. In fact, Caracciola also wrote:

"Article 7, page 8 contient la condition que le voitures classe B et C sont obligés d'être lestées de sept sacs de sable 60 kg chacun. Cette condition se trouve en opposition à règlement International pour 1930 qui permet à l'annexe C un lest composé de plaques de plomb ayant un poids minimum de 30 kg chacune. Ma voiture, possédant deux places seulement, ne peut pas recevoir un lest de 6 sacs de sable. Puisque vous autorisez à la participations 1000 Miglia (Art.5, page 6) des voitures catégorie Sport conformes à l'annexe C du règlement international je suis de l'avis que les conditions prévues dans ce règlement sont valables pour votre course des 1000 Miglia c.à dire que les sacs de sable de 60 kg peuvent être remplaces par de plaques de plomb de 30 kg. Je vous serais extrêmement obligé si vous vouliez confirmer mon point de vue afin d'éviter tout malentendu".[18]

As could be reasonably expected, the 208.2 km flat section of the race between Brescia and Bologna was the preserve of Luigi Arcangeli's Maserati, which covered the distance in 1h29'59" at a record average speed of 138.825 km/h. Tazio Nuvolari was one second behind the leader, while Achille Varzi, Giuseppe Campari and Rudolf Caracciola followed, all tied at 1'1" from the leader, probably a sign that the Maserati started the race with the less powerful two-litre engine, as shown in the classification at the Bologna control. In fact, the first car in Class D (up to 3,000 cc) and seventh overall was Angelo Bassi's OM 665 SS MM with a time of 1h35' and an average speed of 131.5 km/h.

After Bologna, the route quickly climbed to 968 metres above sea level to the Raticosa Pass and remained at that high altitude until the Futa, after which it corkscrewed down to the Florence control, only 107 km from the previous control. That part of the route was particularly unpleasant and the first to come a cropper was Arcangeli, who was forced to retire after going off due, it seems, to a lack of the brakes.[19] The driver was unhurt. Achille Varzi and Tazio Nuvolari set the same time on the Bologna-Florence section (1h23, average speed 77.349 km/h), preceding Giuseppe Campari by two minutes and Antonio Bassi in an OM by three minutes. Uneasy on the rutted Apennine tracks, Rudolf Caracciola could only manage the 15th fastest time overall at eight minutes behind the leading duo, dropping to seventh place overall.

At the Rome control after 605 km of racing, Varzi and Nuvolari went through with the same time: 6h2'. They were seven minutes ahead of Campari and 16' in front of Bassi, a surprising fourth overall, and 31' up on Caracciola, 10th overall.

Varzi moved into the lead at Terni, with Nuvolari a minute behind him, while the deficit of the Mercedes-Benz, which climbed to eighth overall after Stucchi's Alfa Romeo and Bornigia's OM had slowed, increased to 37'. At the Perugia control, the German driver was able to reduce his distance by one minute from the two leaders, who went through with the same time again.

Ancora un'immagine della Mercedes-Benz SSK di Caracciola-Werner, impegnata in corsa.

Another picture of the Caracciola-Werner Mercedes-Benz SSK competing in the race.

---

[18] ASMM from Rudolf Caracciola to the Automobile Club of Brescia, letter, 28 March 1930. "Article 7, page 8 contains the rules according to which cars of classes B and C are obliged to be ballasted with seven sacks of sand, each of 60 kg. This norm is in conflict with the international regulations for 1930, which permit, on the basis of Appendix C, ballast to be composed of lead plates, each having a minimum weight of 30 kg. Being only a two-seater, my car cannot accommodate ballast of six sacks of sand. Therefore you admit Sport Category cars to compete in the Mille Miglia (Art. 5, page 6) that conform to Appendix C of the international regulations, I am of the opinion that the conditions stipulated in these regulations are valid for the Mille Miglia race, which means sacks of sand weighing 60 kg may be replaced by plates of lead of 30 kg. I would be infinitely grateful if you would confirm my point of view, to avoid any unpleasant misunderstandings."

[19] According to Canestrini (page 85) Arcangeli "disappeared from the scene due to a broken piston".

Nonostante le difficoltà incontrate lungo il percorso, Caracciola e Werner chiusero la gara al sesto posto assoluto dopo 17 ore 20'e 17" di gara. L'immagine, scattata in parco chiuso dopo la corsa, mostra anche la Fiat 509 S (n. 39) di Montanari–Bondini (prima a destra) e la Salmson 1100 di Matrullo–Giannini (n. 27), al centro.

In spite of the difficulties they encountered along the route, Caracciola and Werner still came sixth after 17 hours 20' and 17" of racing. This picture, taken in parc fermé after the race, also shows the Montanari-Bondini Fiat 509 S (39) first on the right and the Matrullo-Giannini Salmson 1,100 (27) in the centre.

A Tolentino, il distacco di Caracciola da Nuvolari, che aveva sopravanzato Varzi di un minuto, aumentava a 38'. A Macerata, la Mercedes-Benz aveva accumulato un ritardo di 39' da Nuvolari che precedeva Varzi con il medesimo vantaggio.

La lotta tra il mantovano e il galliatese è stata celebrata da molti, sottolineando anche il vantaggio strategico di cui godeva Nuvolari, partito dieci minuti dopo Varzi e in grado quindi di regolare la propria corsa su quella del compagno di Marca, potendo conoscere a ogni controllo la propria effettiva posizione in classifica e del ritmo di marcia del rivale.

Se ne lamenterà Varzi a fine gara, affermando anche di essere stato ingannato dalla propria Scuderia. A Bologna, Nuvolari passò con sette minuti di vantaggio. Racconta Canestrini:

«Varzi e Canavesi avevano dovuto cambiare due ruote per foratura, quanto bastava per interrompere il ritmo della loro cavalcata e togliere al giovane Varzi ogni speranza di potere sostenere l'attacco di Nuvolari. Ormai per lui non si trattava che di continuare, mantenendo la seconda onorevolissima posizione».[20]

Come è noto, Nuvolari raggiunse e superò il rivale alle prime luci dell'alba nei pressi di Desenzano,[21] marciando a fari spenti per non farsi scorgere dal rivale, come racconterà il co-pilota Gianbattista Guidotti molti anni dopo.

[20.] G. Canestrini, pag.86.

[21.] Il 13 aprile il sole sorge a Brescia intorno alle 4:35 e Nuvolari tagliò il traguardo alle 5:40. Poiché Desenzano dista circa 30 km da Brescia, il sorpasso dovrebbe essere avvenuto approssimativamente verso le 5:15, quindi in condizioni di discreta luminosità. La leggenda del sorpasso a fari spenti è stata raccontata una seconda volta da Giovan Battista Guidotti in *Varzi nella notte beffato dai fari spenti*, pubblicato in "Ferrari racconta", P. Allievi, pagg.32-33. Sullo stesso episodio scrisse anche Canestrini: "Fu nei pressi di Peschiera, e cioè verso le 5 e 20 del mattino, che avvenne il superamento di Varzi da parte di Nuvolari, proprio mentre il sole sorgeva all'orizzonte, rendendo perciò inutile la famosa manovra dello spegnimento dei fari di cui spesso si è parlato e scritto". Cfr. G. Canestrini, "Una vita per l'Automobile", E. Calderini, 1967.

Ad aggiudicarsi quell'edizione della Mille Miglia furono Tazio Nuvolari e Giovanni Battista Guidotti con l'Alfa Romeo 6C 1750 GS.

Winners of the 1930 Mille Miglia were Tazio Nuvolari and Giovanni Battista Guidotti in an Alfa Romeo 6C 1750 GS.

Varzi and Nuvolari were still on the same time at Gubbio, with Caracciola, who had chipped away another two minutes from the Alfa Romeos, fastest on the Perugia-Gubbio section.
At Tolentino, the gap between Caracciola and Nuvolari, who moved a minute ahead of Varzi, increased to 38'. By Macerata, the Mercedes-Benz had accumulated a deficit of 39' from Nuvolari, who was ahead of Varzi with the same advantage.
Many people, who also underlined the strategic advantage enjoyed by Nuvolari, praised the battle between the Mantuan and Gallarate drivers. Nuvolari started 10 minutes after Varzi and, therefore, was able to regulate his race in relation to his team mate, getting to know his own position on the leader board at every control as well as the competitive rhythm of his rival.
Varzi would complain at the end of the race, also saying that his own Scuderia duped him. Nuvolari went through Bologna with seven minutes' advantage and Canestrini wrote:
"Varzi and Canavesi had to change two wheels due to punctures, enough to interrupt the rhythm of their race and take all hope from the young Varzi of being able to resist Nuvolari's attack. By that time, it was a case of Varzi simply continuing the race, administering an honourable second place".[20]
As we know, Nuvolari caught and overtook Varzi at first light near Desenzano,[21] driving with his lights off so that his rival could not see him coming up from behind, as co-driver Gianbattista Guidotti recounted many years later.

18 maggio 1930, II Circuito di Caserta. La mole della bianca Mercedes-Benz SS di Federico Caflish domina la griglia di partenza. Alla fine si aggiudicò la gara, precedendo l'OM di Archimede Rosa (n. 10). In pole position la Maserati Tipo 26 Sport (n. 2) di Luigi Fagioli, quarto all'arrivo.

18 May 1930, the Circuito di Caserta. The bulk of the white Mercedes-Benz SS of Federico Caflish dominates the start line. The car won the race from Archimede Rosa's O.M. (10). In pole position was the Maserati Tipo 26 Sport (2) driven by Luigi Fagioli, who came fourth.

[20.] *Canestrini, page 86.*
[21.] *The legend of the overtaking manoeuvre with headlights switched off was told a second time by Giovan Battista Guidotti in 'Varzi on the guileful night of no lights' on pages 32-33 of 'Ferrari Racconta" by Pino Allievi. Canestrini wrote of the same episode and said, "It was in the Pescara area, so about 5.20 am, when Varzi was overtaken by Nuvolari, just when the sun was rising over the horizon, so making the famous manoeuvre of switching off his headlights useless, a matter that has often been talked and written about". Cfr. G. Canestrini, "Una Vita per l'Automobile"Edizioni Calderini, 1967.*

Locandina della IV Cuneo-Colle della Maddalena (29 giugno 1930).

The poster of the IV Cuneo-Colle della Maddalena (29 June 1930).

La sola Mercedes-Benz iscritta alla 24 Ore di Le Mans del 1930 fu quella di Rudolf Caracciola e Christian Werner, costretta al ritiro all'85° giro.

The only Mercedes-Benz entered for the 1930 24 Hours of Le Mans was that of Rudolf Caracciola and Christian Werner, who were forced to retire on the 85th lap.

Caracciola arrivò con la luce del sole alle 7:07, avendo accumulato un ritardo 1h1'18" nei confronti del vincitore. Fu comunque sesto assoluto alla media di 94,531 km/h e primo e unico della classe B, dopo aver ottenuto il miglior tempo assoluto anche nel tratto Macerata-Porto Recanati.

La presenza nelle corse italiane del 1930 di vetture Mercedes-Benz fu oltremodo limitata, se si esclude la saltuaria partecipazione della SS di Federico "Fritz" Caflish, della famiglia proprietaria dell'antica e rinomata pasticceria di via Toledo a Napoli, vincitore del II Circuito di Caserta, il 18 maggio 1930.

Un'altra vittoria per la Casa tedesca fu conquistata il 29 giugno 1930 da Rudolf Caracciola nella gara in salita Cuneo-Colle della Maddalena (o Col de Larche per i francesi, a una quota di 1.996 m), seconda prova per il neonato Campionato europeo della Montagna,[22] vinto, per la categoria Sport, dal pilota tedesco, con sette vittorie su sette partecipazioni.

In quegli anni, oltre alla Mille Miglia (all'epoca Coppa delle Mille Miglia), si disputavano anche le due 24 Ore, quella di Le Mans e quella di Spa, e il Tourist Trophy.

Va detto che, nonostante lo sforzo dell'AIACR, l'Allegato C, come già visto, era stato recepito in modo diverso in Italia, in Francia, in Belgio e in Gran Bretagna. Già si sono ricordate le modifiche introdotte al regolamento particolare di gara della Coppa delle Mille Miglia del 1930. Le altre tre gare erano invece riservate alle vetture da turismo.

Il 21 e 22 giugno a Le Mans, solo 19 vetture si schierarono per la partenza, tre delle quali di costruzione francese (una Bugatti e due Tracta) con remote possibilità di vittoria. A salvare la gara dal fallimento totale contribuirono i concorrenti inglesi che iscrissero ben dodici vetture, tra le quali tre Bentley *Speed Six* ufficiali e tre Bentley 41/2 litre *Blower* della scuderia di Dorothy Paget. Contro di loro, la solitaria bianca Mercedes-Benz[23] di Caracciola e Werner e due Stutz DV32 Bearcat, guidate da equipaggi francesi, ma mai in lizza per la testa della corsa.

Secondo i commentatori inglesi dell'epoca, "Tim" Birkin, alla guida di una Bentley *Blower*, fu incaricato di portare l'attacco alla Mercedes-Benz con una condotta di gara suicida e con l'obiettivo di far "rom-

---

[22.] Dopo il Campionato del Mondo per le vetture della Formula Corsa del 1925, vinto dall'Alfa Romeo, l'AIACR introdusse nel 1930 il Campionato europeo della Montagna, articolato su dieci prove, una per nazione. Questo campionato durò fino al 1933 compreso mentre, dopo la stasi del 1934, nel 1935, l'AIACR organizzò un Campionato europeo riservato ai piloti di Formula Corsa.

[23.] La vettura è citata in bibliografia ora come SS, ora come SSK. Le foto disponibili la mostrano con una carrozzeria torpedo a quattro posti, simile a quella della SS.

Caracciola finished the race in sunlight at 07.07, 1h1'18" behind the winner. He was, however, sixth overall with an average speed 94.531 km/h and the first and only car in Class B, having also set the fastest time on the Macerata-Porto Recanati section.

The presence of Mercedes-Benz cars in the Italian race in 1930 was extremely limited, if we exclude the irregular participation of the SS driven by Federico "Fritz" Caflish, owner of the renowned old cake shop in Via Toledo, Naples, and winner of that year's III Circuito di Caserta on 18 May.

Rudolf Caracciola scored another victory for the German manufacturer on 29 June in the Cuneo-Colle della Maddalena (or Col de Larche in French) 1,996 metre hillclimb, the second round in the newly minted European Mountain Championship,[22] the Sport Category of which was won by the German driver to give him seven victories in seven attempts.

As well as the Mille Miglia – called the Coppa delle Mille Miglia in those days – other endurance events included the 24 Hours of Le Mans and of Spa, plus the Tourist Trophy.

It should be said that, despite the efforts of the AIACR, as has been seen already, Appendix C was implemented differently in Italy, France, Belgium and Great Britain. We have already talked of the modifications introduced to the regulations of the 1930 24 Hours of Le Mans, but the other three races were for touring cars.

On 21-22 June at Le Mans, just 19 cars started the Coppa delle Mille Miglia, three of them French – one Bugatti and two Tractas – with only a remote chance of victory. The race was saved from total failure by the British competitors, who entered no less than 12 cars. Among them were three works Bentley Six Speeds and three Bentley 4½ litre Blower of the Dorothy Paget Stable. They faced the solitary white Caracciola-Werner Mercedes-Benz[23] and two Stutz DV32 Bearcats, which were driven by Frenchmen but were never in the running for the lead.

According to British commentators of the period, Tim Birkin and his Blower Bentley were given the task of taking the attack to the Mercedes-Benz with a suicidal racing strategy. The objective was to break the fearsome German car, which would be forced to continually bring its supercharger into use in order that the British "hare" did not escape. That strategy bore the fruit hoped for and during the 85th lap, the Mercedes-Benz dropped down the leader board and was out. The German firm's Motor Sport director, Alfred Neubauer, said that the retirement was

Nella stagione 1930, l'Alfa Romeo non conobbe avversari neppure alla 24 Ore di Spa-Francorchamps, dove tre 1750 GS si classificarono ai primi tre posti. Nell'ordine: Attilio Marinoni–Pietro Ghersi, Franco Cortese–Boris Iwanowsky e Goffredo Zehender–Carlo Canavesi.

Alfa Romeo had no worthy adversaries during the 1930 season, not even at the 24 Hours of Spa-Francorchamps, where 1750 GSs took the first three places in this order: driven by Attilio Marinoni-Pietro Ghersi, Franco Cortese-Boris Ivanowski and Goffredo Zehender-Carlo Canavesi.

---

[22] After the World Championship for Racing Formula cars in 1925, which was won by Alfa Romeo, the AIACR introduced the European Mountain Championship in 1930, made up of 10 counters, one per nation. This championship lasted until 1933 inclusive, but after the stagnation period of 1934 the AIACR introduced a European championship for drivers of Racing Formula cars in 1935.

[23] The car is sometimes cited in a bibliography as an SS and on other occasions as an SSK. The available photographs show it with a four-seater tourer body, similar to that of the SS.

Il duello fra la Bentley e la Mercedes-Benz si rinnovò in occasione del Gran Premio d'Irlanda a Phoenix Park (18-19 luglio 1930), corsa alla quale la Casa di Stoccarda si presentò in forze: oltre a Rudolf Caracciola su SSK (n. 3), furono al via anche Earl Howe e Malcom Campbell, entrambi su Mercedes-Benz SS.

The duel between Bentley and Mercedes-Benz was renewed at the Grand Prix of Ireland at Phoenix Park on 18-19 July 1930, a race at which the Stuttgart manufacturer turned up in force: as well as Rudolf Caracciola in an SSK (3), there were Earl Howe and Malcolm Campbell, both in Mercedes SS models.

pere" la temibile vettura tedesca, costretta a inserire con continuità il compressore per non lasciare scappare la "lepre" britannica.

La strategia adottata diede i risultati sperati e nel corso del 85° giro la Mercedes-Benz fu costretta al ritiro. Il direttore sportivo Alfred Neubauer affermò che il ritiro era stato causato da un guasto alla batteria, ma alcuni commentatori dell'epoca riportarono la notizia che diversi concorrenti, durante le ore serali della corsa, avevano visto più volte accendersi la spia rossa che indicava l'insufficiente pressione dell'olio sulla vettura tedesca.[24]

Nessuna Mercedes-Benz prese il via alla 24 Ore di Spa, vinta ancora dalle Alfa Romeo 1750. Lo scontro con le Alfa Romeo e le Bentley fu quindi rimandato alle prove britanniche.

Nel giro di due settimane si corsero la gara in salita di Shelsley-Walsh[25] (12 luglio), il Gran Premio d'Irlanda a Phoenix Park (il 18 luglio la Saorstat Cup, riservata alle vetture Sport fino a 1.500 cc, e il sabato 19 la Èireann Cup per le vetture oltre 1.500 cc) e il Tourist Trophy a Belfast (il 23 luglio).

Rudolf Caracciola e la sua SSK si affermarono tanto a Shelsley-Walsh, valida per il Campionato europeo della Montagna, quanto all'Irish Grand Prix (nonostante la gara fosse a handicap), precedendo l'Alfa Romeo 1750 GS di Giuseppe Campari, la Mercedes-Benz SS[26] di Earl Howe, la Bentley Bentley 41/2 litre *Blower* di "Tim" Birkin e la Mercedes-Benz SS di Malcom Campbell.

Gli handicap imposti alle vetture di maggiore cilindrata risultarono invece insormontabili sui 30 giri, pari a circa 660 km, del Tourist Trophy. Fu un trionfo per le tre Alfa Romeo 1750 GS[27], avvantaggiate

dal fatto che dovevano compiere un giro in meno delle Mercedes-Benz (decima con Campbell) e delle Bentley 41/2 litre (undicesima e dodicesima), precedute al quinto posto dall'Austin Seven ufficiale di Gunnar Poppe, che di giri ne doveva compiere solo 25, pari a quasi 550 km.

Rudolf Caracciola non fu ammesso alla partenza per non conformità tecnica della sua Mercedes-Benz. I commissari tecnici contestarono, nelle verifiche ante-gara, l'utilizzo di un compressore maggiorato, diverso da quello indicato nel catalogo della Casa.[28]

[24]. In questo senso i resoconti apparsi sulla rivista inglese «Motor» del 24 giugno e del 1 luglio 1930, ripubblicati in R.M. Clarke, pagg.71-82.

[25]. Un'atipica gara in salita per gli standard europei: una lunghezza di soli 914 m, un dislivello di circa 100 m e due sole curve.

[26]. Le vetture di Howe e di Campbell, che aveva iscritto a proprio nome tutte e tre le Mercedes-Benz, sembrano identiche a quella usata da Caracciola a Le Mans, mentre quest'ultimo era alla guida, in quell'occasione, della solita SSK.

[27]. Si classificarono, nell'ordine, Tazio Nuvolari, Giuseppe Campari e Achille Varzi.

[28]. Cosi ha commentato il fatto W. Boddy (pag.99): "Egli [Caracciola] iscrisse al Tourist Trophy 1930 una Mercedes-Benz SS ma i commissari tecnici rilevarono che sulla vettura era stato montato un compressore normale e in cui il collettore di uscita misurava 70x111 mm invece di 64x107 mm; la vettura venne pertanto esclusa dalla gara, con Caracciola che si rifiutò di sostituire il motore nella notte. Si sostenne all'epoca che erano cinque gli esemplari di SSKL costruiti e venduti, ma si mise anche in evidenza che si erano prodotti cinque compressori, tutti forniti a Caracciola".

caused by a battery problem, but some commentators reported at the time that various competitors had seen a tell-tale red light come on a number of times during the night, signalling the German car's[24] lack of sufficient oil pressure.

The winner was Tazio Nuvolari in an Alfa Romeo 1750 Gran Sport.

No Mercedes-Benz came under starter's orders at the 24 Hours of Spa, won again by an Alfa Romeo 1750, so the clash between the Italian cars and the Bentleys was postponed to the British event.

In a period of just two weeks, a cluster of races took place: the Shelsley Walsh hillclimb[25] on 12 July, the Grand Prix of Ireland at Phoenix Park on the 18th, the Saorstat Cup for Sport Category cars of up to 1,500 cc, the Eireann Cup for cars of over 1,500 cc on Saturday the 19th and the Tourist Trophy at Belfast on 23 July.

Rudolf Caracciola and his SSK won Shelsley Walsh, a round in the European Mountain Championship, as well as the Irish Grand Prix despite the fact that the race was a handicap. He beat Giuseppe Campari's Alfa Romeo 1750 GS, the Mercedes-Benz SS[26] of Earl Howe, Tim Birkin's Bentley 41/2 litre Blower and Malcolm Campbell's Mercedes-Benz SS.

The handicap imposed on the biggest cubic capacity cars in the Tourist Trophy, however, turned out to be insurmountable over 30 laps, which totalled about 660 km. The race was a triumph for the three Alfa Romeo 1750 GSs,[27] which had the advantage of having to run one lap less than the Mercedes-Benz-Benz, the highest placed of which was the Campbell car in 10th, with the Bentley 41/2 litres in 11th and 12th places. They were even beaten home by fifth placed Gunnar Poppe in a works Austin Seven, which only had to cover 25 laps or about 550 km. Rudolf Caracciola was not permitted to start the race, because his Mercedes-Benz did not conform technically. At pre-race scrutineering, the marshals objected to the fact that the car was fitted with a bigger supercharger than the one shown in the Mercedes-Benz-Benz catalogue.[28]

[24.] *In that sense, the accounts that appeared in the British magazine Motor of 24 June and 1 July 1930, re-published in R.M. Clarke, pages 71-82.*

[25.] *An atypical hillclimb by European standards: a distance of only 914 metres, a height difference of about 100 metres and only two corners.*

[26.] *The cars of Howe and Campbell, who had entered all three Mercedes-Benz under his own name, seem identical to the one used by Caracciola at Le Mans, while the German was at the wheel of the usual SSK on that occasion.*

[27.] *They finished in this order: Tazio Nuvolari, Giuseppe Campari and Achille Varzi.*

[28.] *Cosi ha commentato il fatto W. Boddy (pag.99): "He [Carcciola] brought over an SS. Mercédès-Benz for the 1930 TT but the scrutineers discovered that it had an SSKL blower - which was 317-mm. high compared with 283-mm. of the normal blower and had an outlet port of 70 x 111-mm., against 64 x 107-mm.—and the car was excluded, Caracciola declining to change engines over-night. It was argued at the time that five SSKLs had been made and sold, but the facts pointed to five superchargers having been made, all supplied to Caracciola!"*

Fu Caracciola a imporsi in Irlanda, bissando il successo ottenuto pochi giorni prima (il 12 luglio) nella corsa in salita Shelsley-Walsh, valida per il Campionato europeo della Montagna.

Caracciola won again in Ireland, repeating his success of a few days earlier on 12 July in the Shelsley Walsh hillclimb, a round in the European championship.

1931

Nella pagina a fronte
In vista della stagione di corse 1931 (dopo una prima fase in cui sembrava che anche la Mercedes-Benz si sarebbe astenuta dalle gare), il rapporto tra il campione Caracciola e la Casa di Stoccarda divenne ancor più solido, con la creazione di una squadra quasi "ad hoc" solo per il pilota tedesco (nell'immagine in alto, a fianco della moglie Charly). Oltre a uno sbalorditivo stipendio di 1.500 RM al mese, la Mercedes-Benz forniva al campione una lussuosa Mercedes-Benz SS cabriolet 4 posti con carrozzeria Sindelfingen per uso personale (in basso).

Opposite page
After it had initially seemed Mercedes-Benz would retire from motor racing, the relationship between Rudolf Caracciola and the Stuttgart manufacturer became even firmer as the 1931 motor racing season came into view. An almost ad hoc team was created especially for the German driver, pictured above with his wife, Charly. As well as an astonishing salary of 1,500 RM a month, Mercedes provided their champion with a luxurious four-seater Mercedes-Benz SS cabriolet bodied by Sindelfingen for his personal use (below).

V COPPA DELLE MILLE MIGLIA

Nel 1930 gli effetti del *crollo di Wall Street* iniziarono a sentirsi pesantemente anche in Europa. In primo luogo, le difficoltà economiche portarono la Bentley sull'orlo del fallimento e, nel novembre 1931, l'azienda si salvò passando sotto il controllo della Rolls Royce, ma abbandonando le competizioni automobilistiche.

Analoghe difficoltà economiche coinvolsero anche la Daimler-Benz, seppure con conseguenze non così drammatiche, e anche la Casa tedesca decise, nel novembre del 1930, il ritiro dalle gare.

Alfred Neubauer, nelle sue memorie, racconta che alla notizia Charly, la moglie di Rudolf Caracciola, abbia esclamato: "If you can't drive for Mercedes, then you can drive without them".[1]

Aldo Giovannini, direttore sportivo dell'Alfa Romeo, aveva infatti offerto al pilota tedesco un ingaggio per il 1931. Neubauer racconta di aver proposto a Caracciola la creazione di una scuderia privata che avrebbe gestito a proprie spese una SSK acquistata dalla Mercedes-Benz a un prezzo di favore (20.000 RM) in cambio di metà di tutti i premi conquistati.

Grazie anche all'abile intermediazione di "Don Alfredo" (soprannome con cui Neubauer era conosciuto nell'ambiente delle corse) con il dottor Wilhelm Kissel, direttore generale della Daimler-Benz, il 29 novembre 1930, fu firmato il contratto che legava Caracciola alla Mercedes-Benz anche per la stagione sportiva successiva fino al 31 ottobre 1931.

Le principali clausole dell'accordo erano le seguenti:[2]
- Rudolf Caracciola s'impegnava a correre nel 1931 in esclusiva solo per la Daimler-Benz, partecipando a 24 gare, stabilite da un programma, parte integrante dell'accordo;
- la Daimler-Benz avrebbe messo a disposizione del pilota per l'attività sportiva una SSK aggiornata. La vettura sarebbe rimasta di proprietà della Casa;
- la Daimler-Benz avrebbe pagato tutti i costi connessi con la partecipazione della vettura (compresi i trasporti, le iscrizioni, le assicurazioni e l'assistenza tecnico-sportiva in pista);
- Caracciola avrebbe sostenuto tutte le spese personali, trattenendo tutti i premi d'ingaggio, di partenza e di arrivo;
- la Daimler-Benz avrebbe corrisposto ogni mese al pilota 1.500 RM, quale contributo forfettario delle spese da lui sostenute;
- per gli allenamenti e il trasporto personale, Caracciola avrebbe avuto in uso gratuito temporaneo una Mercedes-Benz SS cabriolet, alla cui manutemzione, bollo e assicurazione, avrebbe dovuto provvedere il pilota stesso.

Non male per un "privato", come il libro di Neubauer tende a presentare Caracciola.[3] Secondo il cambio medio annuale del 1930, 1.500 RM corrispondono a circa 5.000 Euro odierni, in base anche al coefficiente di rivalutazione pubblicato dall'Istat. Il *fringe benefit*, costituito da una lussuosa Mercedes-Benz SS cabriolet a quattro posti carrozzeria Sindelfingen, aveva un prezzo d'acquisto di circa 44.000[4] RM, pari a poco meno di 150.000 Euro.

[1.] Alfred Neubauer, pag.16. "Se non puoi gareggiare con la Mercedes-Benz, continua a correre senza di loro!"
[2.] Il contratto è stato pubblicato integralmente da Günther Molter, pag.60.
[3.] Per un confronto, il contratto che legava in esclusiva Tazio Nuvolari alla Scuderia Ferrari per il biennio 1930-31 prevedeva solo che al pilota mantovano venissero "rimborsate tutte le spese di viaggio e soggiorno per le corse, allenamenti, prove nonché a carico Scuderia Ferrari avrà l'assicurazione infortuni pilota per L.50.000. Al Cav. Nuvolari competerà quale premio per la sua opera una percentuale del 30%" su tutti i premi e gli ingaggi (la copia fotografica del contratto in Lino Cascioli, pag.185). Secondo « La Gazzetta dello Sport» (cfr. Giulio Schmidt, pag.167), Nuvolari avrebbe vinto nel 1930 nelle gare in Italia e all'estero una somma pari a L.215.000, delle quali solo L.64.500 (circa 54.000 Euro di oggi) sarebbero finite nelle mani del pilota in base al citato contratto.
[4.] Werner Oswald, pag.204 e 220.

V COPPA DELLE MILLE MIGLIA

In 1930, the effects of the Wall Street crash *began to make themselves painfully felt in Europe, too. To begin with, financial difficulties took Bentley to the brink of failure and in November 1931, the company was saved by placing itself under the control of Rolls Royce, abandoning motor racing.*

Similar financial difficulties hit Daimler-Benz, even if with less dramatic consequences, and the German manufacturer also decided to retire from racing in November 1930.

In his memoirs, Alfred Neubauer said that Charly, Rudolf Caracciola's wife, exclaimed, "If you can't drive for Mercedes, then you can drive without them"[1].

Aldo Giovannini, motor sport director of Alfa Romeo, had offered the German driver a contract for 1931. But Neubauer says he proposed the creation of a private team to Caracciola, which would have run an SSK at its own expense, bought at the favourable price of 20,000 Reich Marks from Mercedes-Benz, in exchange for half the prize money won with the car.

As a result of the able negotiation of "Don Alfredo", the nickname by which Neubauer was known in the business, with Dr. Wilhelm Kissel, managing director of Daimler-Benz, a contract was signed on 29 November 1930. The agreement also linked Caracciola to Mercedes-Benz for the next motor racing season until 31 October 1931, the principal clauses of which were:[2]

• *Rudolf Caracciola committed himself to racing exclusively for Daimler-Benz in 1931, competing in 24 races established by a programme that was the integrated part of the agreement.*

• *Daimler-Benz would make an updated SSK available to the driver for his sports activities. The car would remain the property of the manufacturer.*

• *Daimler-Benz would pay all costs related to competing with the car (including transport, entry, insurance and technical-sports service at the track).*

[1]. *Alfred Neubauer, page 16.*
[2]. *The contract was published in full by Gunther Molter, page 60.*

Per l'immaginario collettivo era nata la microscopica squadra per un solo uomo: Rudi Caracciola. Era composta dalla moglie Charly, che svolgeva anche la mansione di cronometrista, dal co-pilota Wilhelm Sebastian,[5] dal meccanico Willy Zimmer e dal direttore sportivo Alfred Neubauer.

Fra le 27 corse messe in programma nell'accordo di novembre, vi erano 11 delle 12 prove valide per il Campionato europeo della Montagna, oltre alla 24 Ore di Le Mans, concomitante con la cronoscalata europea di Kesselberg in Germania, al Tourist Trophy e alla 500 km di Brooklands. La Coppa delle Mille Miglia non rientrava nei piani iniziali concordati tra Caracciola e Kissel.

Dopo la Bentley e la Mercedes-Benz, anche l'Alfa Romeo stava meditando di limitare l'attività agonistica diretta per abbassare i costi di gestione, affidandola sempre più alla Scuderia Ferrari.[6]

Nel frattempo, Achille Varzi, dopo la IV Mille Miglia, aveva lasciato l'Alfa Romeo ed era passato alla Maserati con la quale aveva conquistato il titolo di Campione italiano assoluto. Per la stagione 1931 aveva optato per la squadra ufficiale Bugatti, probabilmente attratto dai nuovi motori che Bugatti aveva dotato di doppio albero a camme in testa sull'esempio della Miller.[7] Al Salone di Parigi, nell'ottobre 1930, era stata infatti presentata la Bugatti T51, che altro non era che la versione bialbero in testa della T35B, e contemporaneamente era stata consegnata la prima T50, una grossa cinque litri bialbero a compressore che si annunciava estremamente potente.

A nostro avviso, è più probabile che sia stata la paventata presenza di Achille Varzi e delle Bugatti alle Mille Miglia ad accelerare la preparazione delle prime due Alfa Romeo 8C 2300.[8]

Una conferma alla nostra ipotesi giunge da quanto pubblicato da Canestrini, solitamente molto ben informato, su «La Gazzetta dello Sport» del 10-11 gennaio 1931, a quasi tre mesi dalla gara:

«Tutte le voci sulla partecipazione delle nuove 8 cilindri Alfa Romeo alla corsa bresciana sono per ora infondate. È nostra opinione che se anche l'Alfa Romeo si decidesse a fare debuttare il suo nuovo tipo lo farebbe con una o due vetture solamente. La sua massa di manovra sarà certamente costituita dalla sei cilindri, vettura ormai collaudata da due anni di esperienza. L'otto cilindri Alfa Romeo tanto attesa, della quale tanto si parla, farà probabilmente il suo debutto ufficiale alla Targa Florio, dove avrà da respingere la formidabile controffensiva di Bugatti che scenderà a Termini Imerese con una squadriglia di nuovissime vetture capitanate da Achille Varzi.

A proposito Varzi si è detto che parteciperà alla 1000 Miglia con una 5 litri Bugatti: è una notizia non confermata; è escluso in ogni modo per ora che il costruttore di Molsheim abbia intenzione di impegnarsi ufficialmente nella severissima competizione».[9]

[5.] Christian Werner, nato nel 1892 a Endersbach, aveva iniziato a soffrire di una malattia non ben diagnosticata qualche mese dopo la sua vittoria con Caracciola al Gran Prix von Deutschland nel 1928. Ridotta la sua attività sportiva, nel 1930, gli fu accertato un tumore alla gola (cfr. Beverly Rae Kimes, pag.221) anche se la sua morte nel 1932 sembra sia stata causata da una paralisi cardiaca.

[6.] Solo nel 1933 vi fu l'effettivo ritiro dell'Alfa Romeo dalle competizioni e la delega alla Scuderia Ferrari per la gestione delle vetture da corsa.

[7.] Nel 1929, Ettore Bugatti aveva comprato dal pilota statunitense *Leon Duray* (George Stewart), in cambio di una somma di denaro e di tre Bugatti T35B, due Miller a trazione anteriore, che il pilota statunitense aveva portato in Europa. Bugatti aveva infatti notato la somiglianza tra l'otto cilindri americano di 1,5 litri e il suo motore, ma il primo era dotato di doppio albero a camme in testa, anziché di una distribuzione monoalbero come nel motore francese, e la disposizione della camera di scoppio emisferica, sulla falsariga del motore americano, sembrava a Bugatti la via più logica per aggiornare i suoi motori da corsa.

[8.] Tanto Canestrini quanto Lurani attribuirono la sconfitta patita alla V Coppa delle Mille Miglia dall'Alfa Romeo all'affrettata preparazione della nuova vettura, che avrebbe dovuto esordire al Gran Premio di Monza del settembre 1930.

[9.] G. Canestrini, *Quel che si fa per le 1000 Miglia*, in «La Gazzetta dello Sport», 10-11 gennaio 1931.

- *Caracciola would meet all personal expenses, retaining all engagement, start and finish money.*
- *Daimler-Benz would pay the driver 1,500 RM per month, a fixed rate contribution towards the expenses sustained by him.*
- *For practice and personal transport, Caracciola would have the use of a Mercedes-Benz SS cabriolet, the cost of maintenance, road fund licence and insurance of which would be at his expense.*

Not bad for a "private entrant", as the Neubauer book tended to present Caracciola.[3] According to the average 1930 exchange rate, 1,500 RM correspond to about 5,000 Euros today, on the basis of the reassessment coefficient published by Italian statistical organisation, ISTAT. The fringe benefit luxurious four-seater Mercedes-Benz SS cabriolet with a Sindelfingen body had a retail price of about 44,000[4] RM, little less than 150,000 Euros.

As far as the public was concerned, a microscopic team came into being for a single man: Rudi Caracciola. It comprised his wife, Charly, who was its time keeper, co-driver Wilhelm Sebastian,[5] mechanic Willy Zimmer and motor sport director Alfred Neubauer.

Among the 27 races included in the programme agreed in November were 11 of the 12 counters towards the European Mountain Championship, as well as the 24 Hours of Le Mans, concurrent with the Kesselberg European hillclimb in Germany, the Tourist Trophy and the 500 Km of Brooklands. The Coppa delle Mille Miglia was not part of the initial plan agreed between Caracciola and Kissel.

As Bentley and Mercedes-Benz had done, Alfa Romeo was also thinking of limiting its motor sport activity with a view to lowering management costs, handing ever more responsibility to Scuderia Ferrari.[6]

In the meantime, Achille Varzi left Alfa Romeo after the IV Mille Miglia and moved to Maserati, with whom he had won the Overall Italian Championship. Varzi opted for the works Bugatti team for 1931, probably attracted by the new engines with which the French team had followed the Miller[7] example and given them twin overhead camshafts. The Bugatti T51 was unveiled at the Paris Motor Show in October 1930, a car that was nothing other than a twin overhead camshaft version of the T35B and, at the same time, the first T50 – a big, five-litre supercharged twincam that looked like it would be extremely powerful - was delivered.

In our view, the feared presence of Achille Varzi and the Bugattis at the Mille Miglia probably accelerated the preparation of the first two Alfa Romeo 8C 2300s.[8]

[3.] For comparison, the contract that bound Tazio Nuvolari to Scuderia Ferrari for the two years 1930-31 stipulated that the Mantuan driver would only be "reimbursed for all travel and overnight costs when racing, practicing and testing. Scuderia Ferrari would also pay the cost of a Lit 50,000 injury insurance for the driver. Cav. Nuvolari could retain 30% of his start and prize money. (A photocopy of the contract in Lino Cascioli, page 185). According to La Gazzetta dello Sport (cfr Giulio Schmidt, page 167) in 1930, Nuvolari won Lit 215,000 racing in Italy and other countries, of which only Lit 64,500 (about 50,000 Euros today) ended up in the driver's pocket on the basis of this contract.

[4.] Werner Oswald, pages 204 and 220.

[5.] Born in Endersbach in 1892, Christian Werner began to suffer from an illness that was not well diagnosed a few months after his victory with Caracciola at the 1928 Grand Prix of Germany. Having reduced his sports activity, in 1930 throat cancer was identified (cfr Beverly Rae Kimes, page 221) even if his death in 1932 seems to have been caused by paralysis of the heart.

[6.] It was only in 1933 that Alfa Romeo's retirement from racing became effective and the management of the racing cars was delegated to Scuderia Ferrari.

[7.] In 1929, Ettore Bugatti bought two front-wheel drive Millers from the American driver Leon Duray (George Stewart), who had brought them to Europe, for a sum of money plus three Bugatti T35Bs. Bugatti had noted the similarity between the U.S. 1.5-litre eight-cylinder and his own engine, but the former had twin overhead camshafts instead of the single unit valve gear of the French car. The location of the hemispheric combustion chamber along the lines of the American car seemed to Bugatti to be the most logical approach by which to update his racing engines.

[8.] Both Canestrini and Lurani attributed the defeat of Alfa Romeo in the V Coppa delle Mille Miglia to the hurried preparation of the new car, which was supposed to have made its debut at the Grand Prix of Monza in September 1930.

Gli equipaggi iscritti alla Mille Miglia del 1931 comprendevano anche Hans von Stuck, di cui si riporta la scheda d'iscrizione e Tonino Maino che, con una lettera su carta intestata (pubblicata nella pagina a fronte unitamente al modulo d'iscrizione), confermava agli organizzatori della corsa bresciana la propria partecipazione alla Mille Miglia.

Crews entered for the 1931 Mille Miglia included Hans von Stuck, whose entry form is shown here, and Tonino Maino, who, in a headed letter – published on the opposite page, together with the form – confirmed their participation in the Brescian classic to its organisers.

E ancora il 6 marzo, a un mese dalla competizione:
«La casa milanese non correrà a Tunisi, ma si impegnerà in pieno per la Coppa delle 1000 Miglia. I tipi che essa ha apprestati per la nuova battaglia sono il 6 cilindri 1750 cm^3 e l'otto cilindri 2.300 cm^3. Il 6 cilindri è già noto. Vettura di qualità superba ha ancora subito delle lievi modifiche e per la 1000 Miglia le vetture che verranno presentate non disporranno di meno di 120 cavalli. […] Per la nuova otto cilindri che è ormai a punto, la casa annuncia il debutto alla Targa Florio, ma noi pensiamo che non sarà improbabile un collaudo di questa vettura sul percorso della 1000 Miglia.
[…] Già noto per essere stato esposto al Salone di Parigi è il 4900 cm^3 8 cilindri, 2 alberi a *cames* in testa. Le prove date da questa vettura sono state brillantissime. Il motore a 4.000 giri rende circa 250 cavalli con il compressore, e con il torpedo preparato per la 24 ore di Le Mans, che pesa 1.360 kg, raggiunge i 200 km orari. Con una di queste 4.900 cm^3, Varzi correrà alla 1000 Miglia, e i dati sopra esposti e il valore dell'uomo sono sufficienti per giustificare il grandissimo interesse che susciterà questa partecipazione».[10]

Solo l'edizione della «Gazzetta» del 6 aprile comunicò, peraltro in forma dubitativa, che l'Alfa Romeo aveva deciso di affidare due 8C 2300 a Tazio Nuvolari e a Giuseppe Campari, per "parare con più sicurezza" l'attacco portatole "da Achille Varzi sulla nuova Bugatti 4.900 cm^3 a due alberi a *cames* e dalle Mercedes di Rudolf Caracciola, Hans von Stuck e Gildo Strazza".

Come visto, la presenza di Rudolf Caracciola e della Mercedes-Benz alla Coppa delle Mille Miglia non era prevista nei patti del 29 novembre 1930 e inoltre era sorto il problema dell'accordo segreto tra Aldo Giovannini e il pilota tedesco. Che il contenzioso non fosse di pubblico dominio, lo dimostra il fatto che ancora Giovanni Canestrini scrivesse all'epoca:
«Di Mercedes e Bentley poco si sa, ma la prima in special modo, ha tutte le intenzioni di svolgere un denso programma di attività se si è assicurata la guida di Caracciola e von Stuck».[11]
Oltre vent'anni dopo così si espressero sul fatto Canestrini e Lurani:
«E veniamo alla Mercedes! Dopo la bella prova esplorativa che Caracciola e Werner avevano fatto nel 1930, per il 1931 Caracciola decise di guidare tutta la corsa da solo e di avere come meccanico il già noto Sebastian. Accanto a Caracciola avrebbero dovuto correre per la Casa di Stoccarda Strazza assieme a Maino, Stuck, Pintacuda e Fritz Caflisch: un autentico squadrone. In realtà poi partì il solo Caracciola dopo che era stata appianata una vertenza sollevata dall'Alfa Romeo perché il pilota tedesco aveva un impegno con la Casa milanese per correre durante la stagione.
Caracciola era accompagnato addirittura da Alfred Neubauer quale manager e assistente, lo stesso Neubauer che sarebbe diventato il leggendario direttore sportivo della squadra Mercedes».[12]

---

[10] G. Canestrini, *I mezzi meccanici delle prossime battaglie. Quel che preparano Alfa Romeo, Bugatti e Maserati*, in «La Gazzetta dello Sport», 6 marzo 1931.

[11] Ibidem.

[12] G. Canestrini, pag.89.

Confirmation of our theory comes from information published by Canestrini, who was usually very well informed, in La Gazzetta dello Sport *on 10-11 January 1931, almost three months before the race:*
"All the rumours concerning the participation of the new eight-cylinder Alfa Romeo in the Brescian race are, for now, unfounded. It is our opinion that, even if Alfa Romeo does decide to debut its new car, it would do so with only one or two examples. Its entries will certainly be constituted by the 1750s, a car now tried and tested by two years of experience. The anxiously awaited eight-cylinder Alfa Romeo, which has been much talked about, will probably make its official debut at the Targa Florio, where it will have to repulse a formidable counter attack by Bugatti, who will come ashore at Termini Imerese with a strong team of completely new cars, captained by Achille Varzi.
"Talking of Varzi, it is said he will compete in the Mille Miglia with a five-litre Bugatti: this unconfirmed news has been firmly denied; anyway, for now it is unlikely that the Molsheim constructor will to commit officially to the extremely severe competition".[9]
And, once more, on 6 March, a month away from the race:
"The Milan manufacturer will not race in Tunis, but it will be fully committed to the Coppa delle Mille Miglia. The types of car the company has readied for the new battle are the six-cylinder 1750 cc and the eight-cylinder 2300 cc. The six-cylinder is already known. A car of superb quality, it has been slightly modified and for the Mille Miglia the cars will not have less than 120 hp. (…) The company announced that the new eight-cylinder, which is now ready, will make its debut at the Targa Florio, but we think it not improbable that it will be test driven over the Mille Miglia route. (…) Already noted from being displayed at the Paris Motor Show is the 4,900 cc eight-cylinder, twin overhead camshaft. This car's test data is extremely brilliant. At 4,000 rpm, the engine yields about 250 hp with a supercharger, and with the tourer prepared for the 24 Hours of Le Mans, which weighs 1,360 kg, it clocks 200 km/h. Varzi will compete in the Mille Miglia with one of these 4,900 cc cars: the data above and the ability of the man are sufficient to justify considerable interest in this entry".[10]
Only the 6 April edition of the "pink 'un" – La Gazzetta dello Sport *is printed on pink paper, rather like Britain's Financial Times – said, in somewhat doubtful terms that Alfa Romeo had decided to entrust two 8C 2300s to Tazio Nuvolari and Giuseppe Campari to "shield them more safely" from attack "by Achille Varzi in the new Bugatti 4,900 cc, with its twin overhead camshafts, and the Mercedes-Benz of Rudolf Caracciola, Hans von Stuck and Gildo Strazza".*
As we have seen, the presence of Rudolf Caracciola and Mercedes-Benz at the Coppa della Mille Miglia was not included in the 29 November 1930 agreement with Daimler-Benz and, in addition, a problem had come up over the secret agreement between Aldo Giovannini and the German driver. The fact that the contentious business was not of the public domain was demonstrated by Giovanni Canestrini's comment at the time:
"One knows little of Mercedes-Benz and Bentley, but the former, especially, has every intention of carrying out a busy programme of activity if they have secured the services of Caracciola and von Stuck".[11]
Over 20 years later, this is how Canestrini and Lurani saw the situation:
"And now we come to Mercedes-Benz! After the fine exploratory test by Caracciola and Werner in 1930, Caracciola decided to drive the whole race himself in 1931 and to have the well-known Sebastian as his mechanic. Strazza was to have raced with Caracciola for the Stuttgart manufacturer, together with Maino, Stuck, Pintacuda and Fritz Caflisch: a really strong team. But in reality, only Caracciola started the race after Alfa Romeo had straightened out the controversy, as the German driver had a commitment to race for the Milan company during the season.

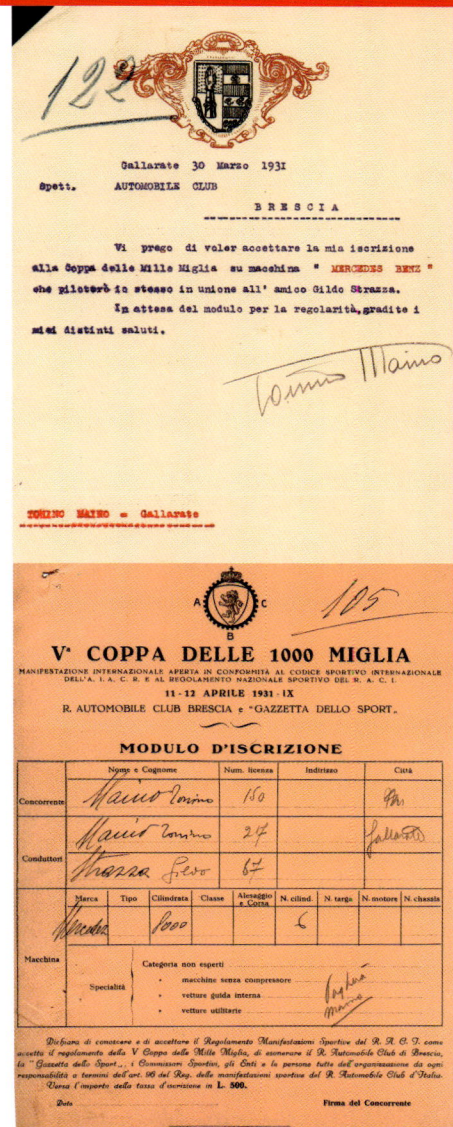

[9.] G. Canestrini, Quel che si fa per le 1000 Miglia, *in* La Gazzetta dello Sport, *10-11 January 1931.*
[10.] G. Canestrini, The vehicles of the next battle. The preparations of Alfa Romeo, Bugatti and Maserati, *in* La Gazzetta dello Sport, *6 March 1931.*
[11.] Ibidem.

All'ultimo momento c'era anche stato una specie di incidente diplomatico, avendo l'Alfa Romeo contestato la regolarità della partecipazione di Caracciola al volante di una Mercedes-Benz, dato che il pilota di Remagen era legato da un preciso contratto alla Casa milanese. Ma poi tutto venne appianato grazie alla sportività dell'Alfa Romeo, che concesse a Caracciola di prender parte alla corsa al volante della Mercedes-Benz. E l'atto sportivo della Casa italiana non sfuggì alla stampa tedesca che, dopo la vittoriosa affermazione della Casa germanica, scriveva:

«Noi tedeschi siamo debitori alla ditta milanese di tutta la stima e simpatia. Essa aveva in pugno la possibilità di impedire lo start del corridore tedesco. Per un sentimento di sportività e di riguardo verso l'Automobile Club di Germania e la Casa Mercedes-Benz, essa lasciò cadere il motivato reclamo contro Caracciola e subì una grave sconfitta».[13]

Nella cartelletta relativa alla partecipazione di Caracciola si trova un breve, quanto illuminante, appunto di Aldo Giovannini, indirizzato a Renzo Castagneto, che si riporta di seguito:[14]

«Caro Renzo,

Caracciola vuole correre le 1000 Miglia – e oggi me lo scrisse *a me*[15] – che in fondo desidererei non le corresse!! Certo che ne parlai con lui a Berlino e ci vorrebbe un qualche soldino di ingaggio. Ma non si possono dare …quindi?!!! Ardua è la tua risposta! Regolati è: Hotel Viktoria Stuttgart. Vi è poi la questione Alfa – Caracciola in piedi e non è liquidata. Il ns reclamo pende ancora a Berlino presso l'A.C. von D. [Automobil Club von Deutschland] per una decisione. Credi tu che possa correre? Anche se sub judice!! Qui [in Alfa Romeo] dicono di no – io dico di sì!! Vieni presto alla Patriottica dove stanno sbancando il banco […]. Lettera questa è Riservatissima al fratellino Renzo. Tuo Aldo. Caracciola ha in tasca la licenza internazionale. Quindi?».

Oltre al riferimento alla Società artisti e Patriottica, un antico circolo milanese fondato alla fine del XVIII secolo dall'imperatrice Maria Teresa d'Austria per la promozione "dell'agricoltura, dell'arte, e delle manifatture" e negli anni Trenta elegante ritrovo alla moda degli accaniti giocatori, meno conosciuta è la notizia, trascurata dal racconto di Alfred Neubauer, che Rudolf Caracciola avesse formalizzato in qualche modo il suo rapporto con l'Alfa Romeo e che questa avesse quindi avanzato ricorso all'AvD (Automobilclub von Deutschland), ipotizzando il mancato rispetto dei patti da parte del pilota tedesco.

Imbarazzante era sicuramente la situazione in cui si era venuto a trovare, suo malgrado, Aldo Giovannini. Oltretutto un anonimo, con molta probabilità Canestrini, aveva scritto su «La Gazzetta dello Sport» il 26 marzo:

«Per quanto nulla di ufficiale sia pervenuto agli organizzatori, pure ci risulta che alla Mercedes si punti alla partecipazione all'importante gara italiana. Sia Stuck che Caracciola hanno chiesto notizie e informazioni sulla manifestazione anche telegraficamente, e questo conferma le nostre informazioni».[16]

Il successivo 30 marzo «La Gazzetta dello Sport», che affiancava l'Automobil Club di Brescia nell'organizzazione della gara, grazie anche al doppio ruolo di Canestrini, che era redattore del quotidiano, informava i lettori che Stuck era il 120° iscritto e che "probabilmente" avrebbe avuto solo come "compagno di guida Caracciola".

La soluzione all'intricata situazione giunse sotto forma di un essenziale telegramma di Renzo Castagneto indirizzato a Rudolf Caracciola:

---

13. G. Lurani, pag.48.
14. ASMM, Aldo Giovannini a Renzo Castagneto, lettera, Milano, 20 marzo 1931. Si riproducono le sottolineature, semplici e doppie, che compaiono nell'originale.
15. Anche la lettera originale del pilota del 16 marzo 1931, intestata a "mein papa Giovannini", è conservata in ASMM, nel carteggio relativo alla partecipazione di Caracciola.
16. Anonimo, *Altre notevoli iscrizioni alla V Coppa delle Mille Miglia*, in «La Gazzetta dello Sport», 26 marzo 1931.

Caracciola was even accompanied by Alfred Neubauer as manager and assistant, the same man who would become the legendary motor sport director of the Mercedes-Benz team".[12]

At the last minute, there was also a kind of diplomatic incident, Alfa Romeo having contested the regularity of Caracciola's participation at the wheel of a Mercedes-Benz, given that the Remagen driver had a precise contract with the Milanese company. But in the end, everything was sorted out, thanks to the sportsmanship of Alfa Romeo, who permitted Caracciola to take part in the race at the wheel of a Mercedes-Benz. That sporting gesture by the Italian manufacturer was not lost on the German press, who wrote after their countryman's victory:

"We Germans owe the Milanese company all our esteem and affection. It had the ability to stop the German driver from competing. For sporting sentiment and regard for the Automobile Club of Germany and Mercedes-Benz, the Italians dropped their justified protest against Caracciola and were subjected to a serious defeat".[13]

A brief but illuminating note by Aldo Giovannini addressed to Renzo Castagneto can be found in the file relative to Caracciola's participation, which is reproduced here:[14]

"Dear Renzo,

Caracciola wants to race in the Mille Miglia – and today he writes to me[15] – <u>Deep down</u>, *I would* <u>not</u> *like him to race. Certainly, I spoke to him in Berlin and he wants a small engagement fee. But it is not possible to give … therefore?!!! Your reply is hard! The address is:* <u>Hotel Viktoria Stuttgart</u>. *Then there is the Alfa question – Caracciola not racing and is not paid off. Our protest is still pending in Berlin at the AC von D. (Automobile Club of Germany) for a decision. Do you think he can race? Even if sub judice!! Here (at Alfa Romeo) they say no –* <u>I say yes!</u> *Come soon to the Patriottica, where they are cleaning out the counter (…) This letter is* <u>Extremely Confidential</u> *to little brother Renzo. Your Aldo. Caracciola already has his international licence. So?"*

As well as reference to the Società artisti e Patriottica, *an old Milanese circle founded at the end of the XVIII century by Empress Maria Teresa of Austria for the promotion "of agriculture, art and production" and in the Thirties an elegant meeting place in fashion with the relentless players, less known is the news, ignored in the Alfred Neubauer version, that Rudolf Caracciola had formalised his egreement in some way with Alfa Romeo. The company had, therefore, made protest to the Automobile Club of Germany, hypothesising the lack of respect for agreements on the part of the German driver.*

The situation, in which he found himself, to his disadvantage, was certainly embarrassing to Aldo Giovannini. Apart from anything else, an anonymous person - in all probability Canestrini - wrote in La Gazzetta dello Sport *on 26 March:*

"Although nothing official has come from the organisers, we still find Mercedes-Benz is betting on participation in the important Italian race. Both Stuck and Caracciola have asked for news of the event, also by telegram, and this confirms our information".[16] *Thanks to the double role played by Canestrini, who was also editor of the sports daily, on the following 30 March* La Gazzetta dello Sport, *which worked with the Auto-*

Foto autografa di Rudolf Caracciola, vincitore all'Avus nel 1931 su Mercedes-Benz SSKL.

An autographed photograph of Rudolf Caracciola, the winner at Avus in 1931 in a Mercedes-Benz SSKL.

[12.] G. Canestrini, page 89.
[13.] G. Lurani, page 48.
[14.] ASMM Aldo Giovannini to Renzo Castagneto, letter, Milan, 20 March 1931. The single and double underlinings that appear in the original are reproduced here 12.
[15.] The original letter from the driver dated 16 March 1931 and addressed to "mein papa Giovannini" is also kept in the ASMM among the papers relative to Caracciola's participation.
[16.] Anonymous, Other notable entries in the V Coppa delle Mille Miglia in La Gazzetta dello Sport, 26 March 1931.

«INTERPELLATA COMMISSIONE SPORTIVA RACI NULLA OSTA VOSTRA PARTECIPAZIONE MILLEMIGLIA»

«La Gazzetta dello Sport» del 1° aprile così comunicava la soluzione della *vertenza Alfa-Caracciola*:

«A suo tempo avevamo informato i nostri lettori dello strano atteggiamento tenuto dal noto campione tedesco Caracciola nei confronti della casa Alfa Romeo. Caracciola dopo avere assunto impegno formale di correre per la casa italiana nel 1931 aveva senza alcun motivo e senza alcun preavviso rinnovato il suo contratto con la casa Mercedes-Benz, obbligandosi a correre per questa Casa nelle gare della stagione. L'Alfa Romeo denunciò questa inosservanza di precisi patti alla C.S. Internazionale, la quale trasmise la pratica per competenza all'A.C. di Germania.

Ora siamo informati che l'A.C. di Germania, dopo avere severamente deplorato il Caracciola per il suo modo di agire, intervenne presso la Casa italiana perché l'incresciosa vertenza non avesse più seguito.

La direzione dell'Alfa Romeo, accedendo al cortese intervento dell'A.C. tedesco, si dichiarò soddisfatta del riconoscimento del suo buon diritto e assicurò che non aveva più ragione alcuna per insistere nella sua richiesta. Dopo di ché può ritenersi chiusa definitivamente ed amichevolmente questa vertenza».

Il giorno successivo, il giornale fornì notizie più circostanziate: il 16 marzo l'AvD aveva scritto all'Alfa Romeo, informandola di aver "severamente ammonito il Caracciola per il suo contegno leggero e scorretto". La Casa del Portello aveva, prontamente, risposto dichiarandosi soddisfatta del riconoscimento a proprio riguardo e considerando chiusa la questione, anche per "deferenza all'AvD e alla Casa Mercedes-Benz".

Come detto, chiesero di partecipare alla Mille Miglia altre quattro Mercedes-Benz. Il numero 137 fu assegnato a quella di Carlo Pintacuda, ma quest'ultimo, in una lettera del 9 aprile, comunicò all'Organizzazione che "per un malaugurato incidente di strada capitatomi con la vettura da corsa non potrò con tutta probabilità partire alle Mille Miglia". Una SSK era stata iscritta dal gallaratese Tonino Maino, in coppia con il pilota lancista Gildo Strazza. Gli fu assegnato il numero di gara 105. Quella di Hans Stuck, in coppia con Paula von Recnizek, ebbe il numero 122. Ricorda, incomprensibilmente, Giovanni Canestrini:

«Di fronte a questa inattesa decisione [dell'iscrizione di due Alfa Romeo 8C 2300 al posto di altrettante 1750 GS per Nuvolari e Arcangeli] la Mercedes-Benz dispose a sua volta che Stuck e Pintacuda non prendessero il "via". All'ultimo momento venne comunicato agli organizzatori che Stuck avrebbe compiuto il percorso fuori gara, a titolo di assistenza per gli altri piloti della Casa. Ma era una scusa, anche se era vero che la vettura di Stuck era più pesante e forse meno potente della SSK di cm^3 7.068 di Caracciola. La Mercedes-Benz di Caracciola era stata alleggerita e portata a 1.600 chili, e con i suoi 270 cavalli toccava i 190 all'ora; quella che avrebbe dovuto pilotare Stuck pesava invece 1.900 chili».[17]

La quarta Mercedes-Benz era stata iscritta in modo molto informale, con un semplice telegramma del 4 aprile, da parte di Fritz Caflish, fedele cliente sportivo della Casa, e a questa vettura fu assegnato il numero di gara 142.

La quinta, quella di Caracciola, ebbe inizialmente il numero di gara 121, ma poi assunse il definitivo 87. La correzione è singolare, ricordando le lamentele di Varzi dell'anno precedente e l'innegabile vantaggio strategico di cui aveva goduto Nuvolari nei confronti del rivale.

Nell'archivio del Museo della Mille Miglia si trova una lettera del 7 aprile dell'Auto Garage "Mercedes" Carlo Saporiti, rappresentante generale della Casa in Italia, indirizzata a Renzo Castagneto e la cui inter-

---

[17] G. Canestrini, pag. 88.

mobile Club of Brescia in the organisation of the race, told its readers that Stuck was the 120th *entry and that "probably" he would only have Caracciola as his "driving companion".*

The solution to the intricate situation came in the form of an essential telegram from Renzo Castagneto, addressed to Rudolf Caracciola:

"CONSULTED RACI SPORTS COMMISSION. YOUR PARTICIPATION MILLE MIGLIA AUTHORISED".

On 1 April, La Gazzetta dello Sport *communicated the solution to the* Alfa-Caracciola controversy*:*

"Some time ago, we informed our readers of the strange attitude taken by the noted German champion Caracciola in relation to Alfa Romeo. After having made a formal commitment to race for the Italian manufacturer in 1931, Caracciola had, without any notice or warning, renewed his contract with Mercedes-Benz, obliging him to compete for that company in the season's races. Alfa Romeo reported this lack of observation of precise agreements to the International C.S., which sent the documents to the A.C. of Germany for action.

Now, we are informed that, after severely censuring Caracciola for his behaviour, the A.C. of Germany intervened with the Italian manufacturer in an effort to ensure the regrettable incident was brought to an end.

The Alfa Romeo board, acceding to the kind intervention of the German A.C., declared itself satisfied with the recognition of its rights and confirmed that it would no longer have any reason to insist on its request. After that, this dispute could be considered closed, definitively and in a friendly manner".

The following day, the paper gave more circumstantial news: on 16 March the AvD had written to Alfa Romeo, informing it that it had "severely admonished Caracciola for his irresponsible and incorrect behaviour". Portello had readily replied, declaring itself satisfied with the recognition in regard to itself and considering the question closed, also in "deference to the AvD and Mercedes-Benz".

As mentioned, Mille Miglia entries for another four Mercedes-Benz were requested. Number 137 was assigned to Carlo Pintacuda but, in a letter dated 9 April, he told the organisers that "due to an unfortunate road accident that happened to me in a racing car, I shall not be able, in all probability, to start the Mille Miglia". An SSK had been entered by Tonino Maino from Gallarate, together co-driver with Gildo Strazza. They were assigned number 105. Hans Stuck partnered by Paula von Recnizek had number 122, Giovanni Canestrini remembers incomprehensibly:

"Faced with this unexpected decision (of the entry of two Alfa Romeo 8C 2300s in the place of two 1750 GSs for Nuvolari and Arcangeli) they were told in turn by Mercedes-Benz that Stuck and Pintacuda would not be competing. At the last minute, the organisers were told that Stuck would have driven the route, not as a competitor but as service for other of the manufacturer's drivers. That was an excuse, though, even if it was true that Stuck's car was heavier and, perhaps, less powerful than Caracciola's 7,068 cc SSK. Caracciola's car had been lightened and weighed 1,600 kg. With its 270 hp, it touched 190 km/h; but the car Stuck would have had to drive weighed 1,900 kg".[17]

The fourth Mercedes-Benz was entered in an extremely informal manner by way of a simple telegram of 4 April from Fritz Caflish, loyal customer of the company, and that car was given number 142.

The fifth, the Caracciola car, was initially given race number 121, but then assumed the definitive 87. The correction is singular, remembering Varzi's complaints of the previous year and the undeniable strategic advantage that Nuvolari had enjoyed in relation to his rival.

In the Mille Miglia Museum archives, we found a letter dated 7 April from Carlo Saporiti of Auto Garage "Mercedes", general representative of the German manufacturer in Italy, addressed to Renzo Castagneto and the interpretation of which could assume embarrassing tones. We read:

---

[17] G. Canestrini, page 88.

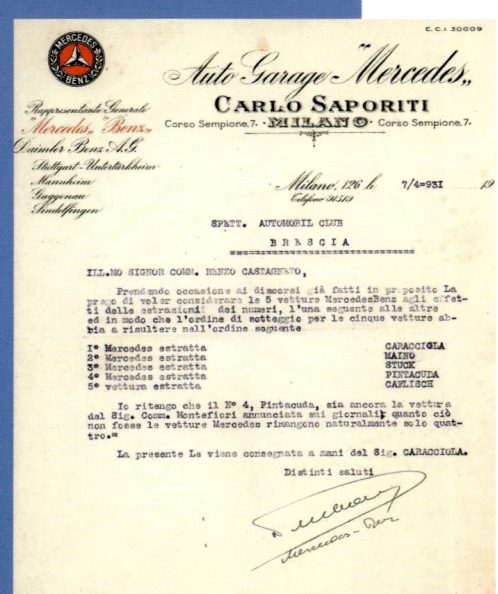

La lettera originale inviata in data 7 aprile 1931 dall'Auto Garage "Mercedes" Carlo Saporiti agli organizzatori della Mille Miglia, nella quale si "suggerisce" l'ordine di sorteggio da osservare per le cinque vetture Mercedes-Benz iscritte alla corsa.

The original letter sent by Auto Garage "Mercedes" Carlo Saporiti on 7 April 1931 to the Mille Miglia organisers, in which the order of the draw to observe for the five Mercedes cars entered for the race was "suggested" to them.

A fianco, l'imbarazzante correzione alla scheda d'iscrizione di Caracciola.

Opposite: the embarrassing correction made to Caracciola's entry form.

Nella pagina a fronte
Anche per la quinta Mille Miglia il percorso di gara rimase quello delle precedenti edizioni.
Un chiaro riferimento al fascio littorio caratterizzava la grafica del manifesto ufficiale della Mille Miglia di quell'anno.

*Opposite page
An unequivocal reference to the lictorian fasces characterised the graphics of the official poster of the fifth Mille Miglia. The route for the fifth Mille Miglia was no different than that of previous races.*

pretazione può assumere toni imbarazzanti. Si legge infatti:

«Prendendo occasione ai discorsi fatti in proposito La prego di voler considerare le 5 vetture Mercedes Benz agli effetti delle estrazioni dei numeri, l'una seguente alle altre ed in modo che l'ordine di sorteggio per le cinque vetture abbia a risultare nell'ordine seguente

1° Mercedes estratta   CARACCIOLA
2° Mercedes estratta   MAINO
3° Mercedes estratta   STUCK
4° Mercedes estratta   PINTACUDA
5° vettura estratta   CAFLISCH

Io ritengo che il. N° 4, Pintacuda, sia ancora la vettura del Sig. Comm. Montefiori annunciata sui giornali, quanto ciò non fosse le vetture Mercedes rimangono naturalmente solo quattro. La presente Le viene consegnata a mani del Sig. CARACCIOLA».

Magari con l'ausilio di un rapido tratto di matita blu, l'estrazione a sorte del 7 aprile, avvenuta alla presenza, tra gli altri piloti, di Caracciola,[18] aveva assecondato tutti i desiderata dell'Auto Garage "Mercedes-Benz".

Come è noto, la vettura aggiornata che la Daimler-Benz aveva affidato a Caracciola era la nuova SSKL (Super Sport Kurz Leicht, ovvero SS corta leggera) che era stata ottenuta dalla SSK, alleggerendo in modo drastico il telaio, attraverso numerosi fori. Secondo l'opinione di Karl Ludvigsen, questo fu il risultato più evidente dell'intervento di Max Wagner sullo chassis della SSK: la disposizione dei fori risulta simile a quella praticata a suo tempo da Wagner sul telaio della Benz RH per alleggerirla.[19]

Era infatti stato modificato il regolamento di gara che ora recitava:

«Art. 6. — Le automobili concorrenti dovranno rispondere a tutti i requisiti richiesti dall'Annesso C del Codice Sportivo Internazionale per tutto quanto riguarda le carrozzerie dei veicoli di Categoria Sport. Le automobili concorrenti dovranno comportare almeno due posti».

Senza più l'obbligo di ottemperare alla penalizzante scala dei pesi imposta dall'AIACR. Questa puniva, soprattutto, le vetture di cilindrata superiore ai tre litri in tutte le prove su circuiti tortuosi, costrette oltretutto a un passo più lungo per l'obbligo dei quattro posti con dimensioni minime assegnate. Infatti, anche rimanendo nel limitativo confronto tra le potenze necessarie a stabilire

---

[18] V. *La V Coppa delle Mille Miglia. I quadri della grande contesa sono al completo*, in «La Gazzetta dello Sport», 8 aprile 1931.

[19] K. Ludvigsen, pag.131. Dopo le dimissioni di Porsche, nell'ottobre del 1928, il suo incarico era stato assunto da Hans Nibel, che si era affidato ai suoi colleghi in Benz, quali Max Wagner e Fritz Nallinger, per lo sviluppo delle auto da competizione.

"I write concerning discussions that have taken place on this matter. Would you please consider the five Mercedes-Benz cars for consecutive draw of numbers, so that the draw concerning the five cars results in the following order:

1st. Mercedes drawn	CARACCIOLA
2nd Mercedes drawn	MAINO
3rd Mercedes drawn	STUCK
4th Mercedes drawn	PINTACUDA
5th Car drawn	CAFLISCH

I believe the Pintacuda car number 4 is the car of Sig. Comm. Montefiori, as announced in the papers, and, as such, is not a Mercedes car of which, naturally, only four remain. This is being delivered to you by hand by Sig. Caracciola".

Perhaps, with the help of a rapid stroke in blue pencil, the draw of 7 April, which took place in the presence of drivers including Caracciola,[18] complied with the wishes of the Auto Garage "Mercedes".

As is known, the updated car that Daimler-Benz had assigned to Caracciola was the new SSKL (Super Sport Kurz Leicht, or SS short, light) that was derived from the SSK, by drastically lightening the chassis by cutting numerous holes into it. According to Karl Ludvigsen, that was the most evident result of Max Wagner's work on the SSK chassis: the disposition of the holes is similar to that used by Wagner to lighten the Benz RH.[19]

The race regulation was modified to read:

"Art 6 – The competing cars must respond to all the requirements demanded by Appendix C of the International Sporting Code for everything concerning the Category Sport cars' bodies. The competing cars must have at least two seats".

There was no longer the obligation to obey the penalising scale of weights imposed by the AIACR. More than anything else, this handicapped cars of over three litres in all the races on tortuous circuits: they were forced into a longer wheelbase because they had to have four seats of stipulated minimum dimensions. In fact, remaining limited in the comparison between the necessary power to establish a parity in acceleration, a Class B car had to have a kerb weight of 1,680 kg, to which was to be added 120 kg of ballast for the two passengers that were not aboard, therefore, with a total, 1,800 kg, a Sport in Class D had to carry only two seats, required a kerb weight with ballast of 920 kg, or a kerb weight ratio of about 1.95 and that translated into a ratio between the specific power for equality in acceleration of about 0.734.[20] But engine technologists of the early Thirties were able to design supercharged motor racing power units that could come close to 63 hp/l in the case of the Alfa Romeo 1750 GS and 67 hp/l for the Alfa

---

[18.] V. The V Coppa delle Mille Miglia. The picture of the great contest is complete, in La Gazzetta dello Sport, 8 April 1931.

[19.] K. Ludvigsen, page 131. After Porsche resigned in October 1928, his responsibilities for the development of the racing cars were assumed, as mentioned, by Hans Nibel, who worked with his Benz colleagues Max Wagner and Fritz Nallinger.

[20.] In fact, 1800/920x3,000:8,000 = 0.734.

Come l'anno precedente, l'asso tedesco Rudolf Caracciola fu nuovamente al via della Mille Miglia. Rispetto al 1930 erano tuttavia cambiati sia la vettura sia il copilota. "Rudy" disputò infatti l'edizione 1931 al volante di una SSKL, in coppia con Wilhelm Sebastian.

As with the previous year, the German ace Rudolf Caracciola was once again at the start of the Mille Miglia. Changes were made to his car for the 1931 event and he had a new co-driver. Rudi competed in the race at the wheel of a Mercedes-Benz SSKL, together with Wilhelm Sebastian.

una parità in accelerazione, una vettura della classe B doveva pesare a vuoto 1.680 kg, al quale dovevano essere aggiunti 120 kg di zavorra per i due passeggeri non a bordo, quindi in totale 1.800 kg; una Sport della classe D, con l'obbligo di due soli posti, doveva pesare a vuoto con la zavorra solo 920 kg, ovvero un rapporto tra i pesi a vuoto di circa 1,95, che si traduceva in un rapporto tra le potenze specifiche per l'eguaglianza nelle accelerazioni di circa 0,734.[20] Ma la tecnica motoristica dei primi anni Trenta era in grado di progettare motori da competizione a compressore che potevano sfiorare i 63 CV/l, nel caso dell'Alfa Romeo 1750GS, e i 67CV/l per l'Alfa Romeo 8C 2300, ma il motore M06 della SSKL non superava i 43CV/l[21] per un rapporto tra le due potenze specifiche di 0,63.

In pratica, aggiungendo il maggior carico di carburante, lo svantaggio delle vetture con cilindrata più alta aumentava, ricordando anche che gli spazi di frenata si allungavano.

Tornando alla V Coppa delle Mille Miglia, sicuramente sgradita sorpresa generò la SSKL di Caracciola che, come detto, aveva guadagnato circa 130 kg rispetto alla SSK grazie ai fori voluti da Max Wagner. Achille Varzi s'iscrisse ufficialmente all'ultimo momento, con una lettera dell'8 aprile, nella quale, senza indicare la vettura che avrebbe usato, affermava che avrebbe firmato la scheda d'iscrizione "all'atto della punzonatura della macchina". Vi era incertezza se usare una Bugatti T50 o una T51, ma alla fine la scelta cadde sulla prima, più potente, che Meo Costantini portò in moto per strada ordinaria, partendo da Molsheim solo lunedì 6 aprile. La nuova vettura presentò subito problemi meccanici il venerdì prima della partenza, costringendo i meccanici a lavorarci tutta la notte. La gara del "legura"[22] durò una dozzina di chilometri, prima del ritiro, a causa della pompa dell'acqua o di una biella.

[20.] Infatti, 1800:920x3000:8000=0,734.
[21.] Valore teorico calcolato utilizzando la potenza misurata al banco sul motore utilizzato per le corse in salita con il compressore maggiorato.
[22.] Achile Varzi era soprannominato in dialetto "el legura" (la lepre).

Romeo 8C 2300. The M06 engine in the SSKL did not exceed 43 hp/l[21] for a ratio between the two specific powers of 0.63.

In practice, adding a greater fuel load put cars of a higher cubic capacity at a disadvantage that increased - and braking distances became longer.

Returning to the V Coppa delle Mille Miglia, there is no doubt that Caracciola's SSKL was an unwelcome surprise, because, as mentioned, it had gained around 130 kg in weight compared to the SSK, with its Max Werner's chassis holes.

Achille Varzi entered the race officially at the last moment with a letter of 8 April, in which he did not indicate the car he would drive, but confirmed he would sign the entry form "at the time of car scrutineering". There was uncertainty as to whether to use a Bugatti T50 or a T51, but in the end the former more powerful car was selected and was driven on the public roads by Meo Costantini, starting out from Molsheim on only Monday 6 April. The new car immediately developed mechanical trouble on the Friday before the start, forcing the mechanics to work through the night. The race of "El legura"[22] as Varzi was nicknamed in dialect, lasted a dozen kilometres before he retired with either a broken water pump or connecting rod.

Quest'immagine proveniente dall'archivio storico della Casa, consente di apprezzare l'impressionante mole della Mercedes-Benz SSKL. Con una potenza di oltre 270 CV. la mastodontica vettura pesava 1.600 kg.

This picture from the Stuttgart manufacturer's archive enables readers to appreciate the impressive bulk of the Mercedes-Benz SSKL. With a power output of more than 270 hp, the massive car weighed 1,600 kg.

[21.] Theoretical value calculated by using the power of the engine installed for hillclimbs with the supercharger engaged, measured on the test bench.
[22.] Achille Varzi was nicknamed in dialect "el legura" (the hare).

Achille Varzi, abbandonata l'Alfa Romeo e dopo una breve parentesi alla Maserati con la quale, nel 1931, si aggiudicò il titolo italiano, si presentò al via della Mille Miglia al volante di una Bugatti T51 bialbero. Il campione di Galliate fu tuttavia costretto al ritiro poco dopo la partenza.

Achille Varzi left Alfa Romeo and, after a brief stay at Maserati for whom he won the 1931 Italian Championship, he appeared at the start of the Mille Miglia at the wheel of a works Bugatti T50 twin-cam, but was forced to retire soon after the race began.

Due rare immagini provenienti dal Museo storico Mille Miglia relative alla Mercedes-Benz SSK di Tonino Maino e Ermenegildo "Gildo" Strazza, con ogni probabilità carrozzata da Castagna. Nella prima parte di gara la selezione fu durissima tanto che neppure questi ultimi riuscirono a raggiungere il primo controllo a Roma.

Two rare pictures from the Mille Miglia Museum of the Mercedes-Benz SSK driven by Tonino Maino and Ermenegildo "Gildo" Strazza, in all probability bodied by Castagna. The early part of the race was extremely hard, so much so that not even this crew was able to reach the first control.

Di breve durata fu anche la corsa della Mercedes-Benz SSK di Gildo Strazza e Tonino Maino. Il forte pilota della Lancia, lasciato senza una guida dalla Casa torinese, si era accordato con Maino per concedergli l'onore della partenza e dei primi chilometri, per poi sostituirlo alla guida. Ma prima dell'avvicendamento, a Manerbio, si bruciò la guarnizione della testata, interrompendo la loro gara.

Nel giro di pochi chilometri, la V Coppa della Mille Miglia si era ridotta a uno scontro diretto tra le due Alfa 8C 2300 di Nuvolari e Arcangeli e la Mercedes-Benz SSKL di Caracciola-Sebastian, con terzi incomodi le Alfa 6C 1750GS della Scuderia Ferrari, tra le quali primeggiava quella guidata da Campari, e l'OM SS a compressore di Morandi-Rosa.

A vantaggio dell'Alfa Romeo, vi era l'accurata e ben distribuita assistenza logistica, facilitata dai concessionari della Casa dislocati sul territorio nazionale, mentre Caracciola sembra potesse contare solo su Zimmer e l'aiuto di Fritz Kuhnle, già copilota dell'asso tedesco, e di Karlo Kumpf, un ex meccanico che aveva sposato la figlia di una ristoratrice ma che non perdeva l'occasione, secondo i ricordi di Neubauer, di abbandonare la cucina per seguire le competizioni.[23]

Secondo la strategia architettata da "Don Alfredo", Kumpf, dopo aver fatto il pieno alla Mercedes-Benz a Siena, doveva precipitarsi con il suo autocarro a Bologna per attendervi Caracciola per un nuovo rifornimento. Kuhnle avrebbe assistito il pilota tedesco a Terni e Zimmer a Feltre. Per quest'ultimo rifornimento, Neubauer aveva disposto che lo stop fosse segnalato all'equipaggio, che vi sarebbe passato nel cuore della notte, con una grande bandiera bianco blu della Mercedes-Benz, disposta a circa mezzo chilometro prima del punto di assistenza.

Caracciola mise immediatamente in mostra le proprie velleità, compiendo il tratto Brescia-Bologna in 1h21' all'incredibile media di 154,222 km/h, battendo il record stabilito l'anno precedente dalla Maserati di Arcangeli di nove minuti e distanziando la sorprendente OM di Morandi-Rosa di sette minuti e l'Alfa Romeo di Campari di otto. Nuvolari era quarto con la prima della 2300 dell'Alfa Corse eguagliando il precedente record di Arcangeli, che era quinto con l'altra 2300 a 30 secondi dal mantovano.

23. A. Neubauer, pag.22.

Oltre alla massiccia presenza dell'Alfa Romeo, che schierava Tazio Nuvolari e Giovan Battista Guidotti, vincitori dell'edizione precedente, su una 8C 2300 spider (n. 104) e Giuseppe Campari e Attilio Marinoni sull'ormai collaudata 6C 1750 GS (n. 86), fra i partenti figurava anche l'OM 665 di Giuseppe Morandi e Archimede Rosa (n. 102).

Alfa Romeo came up with a powerful entry: it included Tazio Nuvolari and Giovan Battista Guidotti, winners of the previous year's race, in an 8C 2300 roadster (104) and Giuseppe Campari, partnered by Attilio Marinoni, in the well tried and tested 6C 1750 GS (86). Among the other top starters were Giuseppe Morandi and Archimede Rosa in an OM 665 (102).

Gildo Strazza's and Tonino Maino's race in the Mercedes-Benz SSK did not last long, either. The talented Lancia driver, who was left without a car by the Turin manufacturer, reached an agreement with Maino to give him the honour of the start, the first few kilometres after which he would take over. But before that could happen, the cylinder head gasket blew at Manerbio, ending their race. After just a few kilometres, the`V Coppa delle Mille Miglia had been reduced to an eyeball to eyeball clash between the two Alfa Romeo 8C 2300s of Nuvolari and Arcangeli and the Mercedes-Benz SSKL of Caracciola-Sebastian, with a third collective contender in the form of the Scuderia Ferrari Alfa Romeo 6C 1750 GSs, among which the car driven by Campari excelled, plus the supercharged OM SS driven by Morandi-Rosa.

Alfa Romeo's advantage was in precise and well deployed service logistics, facilitated by the manufacturer's concessionaire network throughout the country. However, it seemed Caracciola could only count on Zimmer, the service car of Fritz Kuhnle, who was also one of the German co-drivers, and Karlo Kumpf, an ex-mechanic who had married a restaurateur's daughter, but who never lost the chance to abandon the kitchen and follow motor racing, according to Neubauer's memoirs.[23]

In line with the strategy devised by "Don Alfredo", after refuelling the Mercedes-Benz at Siena, Kumpf had to charge on to Bologna in his truck and wait to refuel Caracciola again. Kuhnle would service the German driver at Terni and Zimmer at Feltre. That last service stop in the dead of night, Neubauer had dictated, would be signalled to the crew in advance by means of a big white and blue Mercedes-Benz flag placed about half a kilometre before the service area.

Caracciola immediately showed his ambitions, covering the Bres-

[23] *A. Neubauer, page 22..*

Era iniziato il calvario dei pneumatici Dunlop che equipaggiavano le Alfa Romeo 2300, senza peraltro assillare la Mercedes-Benz che utilizzava la stessa marca di coperture. Nel tratto appenninico da Bologna a Roma, passando per Firenze, la superiore maneggevolezza delle Alfa Romeo e dell'OM ebbe il sopravvento sulla Mercedes-Benz. A Roma, Nuvolari passò primo in 6h01'49" con un vantaggio di 1'36" su Rudolf Caracciola, 4'12" su Giuseppe Campari, 7'13" su Baconin Borzacchini e 9'26" su Luigi Arcangeli, sempre più in difficoltà con le gomme.

«Ma restava sempre l'incognita della tenuta delle gomme. Da Roma incominciava, nell'oscurità, la seconda traversata dell'Appennino verso il litorale adriatico. E si rinnovano le noie alle gomme per Nuvolari, malgrado al controllo di Roma ne fosse stato cambiato il tipo. Tuttavia in questa parte del percorso il comando resta all'Alfa Romeo, che a Terni è prima e seconda con le 1750 di Borzacchini e Campari, e terza con Arcangeli. Quarto Morandi, quinto Nuvolari e sesto Caracciola, che ha dovuto perdere anche lui in alcune riparazioni una ventina di minuti. Ecco dunque che la più emozionante e combattuta delle Mille Miglia, dopo settecento chilometri, ha assunto un nuovo volto, ché entrambi i suoi *leaders*, Nuvolari e Caracciola, sono attardati».[24]

Il ritardo di Caracciola sembra sia imputabile a una riparazione che Sebastian avrebbe effettuato al cinematismo di comando del carburatore e del compressore. Vi è da ricordare che Sebastian era debilitato in quanto, prima di Siena, si era ustionato le mani contro il collettore di scarico effettuando un cambio delle candele, come ricorda Caracciola,[25] o riparando il tubo di scarico.[26]

Ricorda Canestrini:

«Tutto lasciava credere che l'Alfa Romeo, con tre uomini al comando [Borzacchini, seguito da Campari e da Arcangeli], potesse conquistare una nuova affermazione; ma c'era ancora da compiere tutta la parte più veloce del tracciato, nella quale i cavalli della Mercedes-Benz di Caracciola avrebbero potuto liberamente ed efficacemente sbizzarrirsi.

Al secondo controllo di Bologna l'Alfa Romeo 2300 di Arcangeli aveva ancora 8' di vantaggio sulla Mercedes-Benz e sull'Alfa Romeo 1750 di Campari; ma a Treviso, con uno spettacoloso balzo da primato, Caracciola si era riportato ancora in testa sfiorando i 100 orari, cioè alla media generale di Nuvolari dell'anno prima. Per lo squadrone dell'Alfa Romeo la partita era ormai perduta, e restava [ai tifosi dei colori italiani] solo la soddisfazione dell'impresa di Morandi e di Rosa, i quali realizzavano il nuovo record della Treviso-Brescia a 115 di media.

A Brescia Caracciola e Sebastian arrivarono con quasi 11' di vantaggio su Campari e Marinoni, alla media di 101,147, di poco superiore a quella realizzata da Tazio Nuvolari nella quarta edizione».[27]

Alla Mercedes-Benz andò così la medaglia d'oro di Sua Maestà il Re, quale fabbrica costruttrice della vettura vincente, mentre Caracciola si aggiudicò la medaglia d'oro dell'Automobile Club di Firenze, per il miglior tempo stabilito nel tratto Brescia-Firenze. Che questa vittoria fosse stata conquistata sul filo di

---

[24.] Così Anonimo, *IX Coppa Mille Miglia 14 aprile 1935 – XIII*, opuscolo, pag.12.
[25.] G. Molter, pag.63.
[26.] A. Neubauer, pag.24.
[27.] G. Canestrini., pag.91.

cia-Bologna section in 1h21' at an incredible average speed of 154.222 km/h, breaking the record set up the year before by Arcangeli's Maserati by nine minutes and distancing the remarkable Mornadi-Rosa OM by seven minutes and Campari's Alfa Romeo by eight. Nuvolari was fourth with the first of the 2300 Alfas, equalling the record of Arcangeli, who was fifth with the other 2300 at 30 seconds behind the Mantuan.

Then the Dunlop ordeal began. The tyres were fitted to the Alfa Romeo 2300s and the Mercedes-Benz. They gave the German car no problems, but on the Apennine section from Bologna through Florence to Rome, the superior handling of the Alfa Romeos and OMs had the measure on the Mercedes-Benz. Nuvolari moved into first place at Rome with a time of 6h01'49" and an advantage of 1'36" over Caracciola, 4'12" on Giuseppe Campari, 7'13" over Baconin Borzacchini and 9'26" on Luigi Arcangeli, who was experiencing increasing difficulty with his tyres.

"There was always the unknown factor of the tyres. After Rome the Apennine crossing began in the dark, after which the cars sped on towards the Adriatic coast. Tyre trouble started up again, this time for Nuvolari - despite the fact that he had changed the type he was using at the Rome control. But still the lead stayed with Alfa Romeo on that section of the route, as it did at Terni with the 1750s of Borzacchini and Campari in first and second positions and Arcangeli third. Fourth was Morandi, fifth Nuvolari and sixth Caracciola, who also lost about 20 minutes carrying out a number of repairs. So the hardest fought Mille Miglia took on a new look after 700 kilometres, with Nuvolari, and Caracciola – its two leaders – delayed".[24]

It seems Caracciola's lateness was due to a repair by Sebastian to linkage of the carburettor and supercharger. Sebastian had been hurt before Siena, burning his hands on the exhaust manifold while changing spark plugs, as Caracciola recalled[25] or repairing the exhaust pipe.[26]

Canestrini remembers:

"Everything suggested that with three men in the lead – Borzacchini, followed by Campari and Arcangeli – Alfa Romeo could win the race again, but there was still the fastest section to go, on which the horse power of Caracciola's Mercedes-Benz could freely and effectively run wild. At Bologna, the second control, Arcangeli's Alfa Romeo 2300 still had eight minutes advantage over the Mercedes and Campari's Alfa Romeo 1750, but at Treviso Caracciola shot into the lead once more with a spectacular leap of superiority, almost touching 100 km/h, Nuvolari's overall average of the previous year. The game was up for the big Alfa Romeo team and for the Italian fans there only remained the satisfaction of Morandi's and Rosa's achievement in setting a new record average speed of 115 km/h for the Treviso-Brescia stretch.

Caracciola and Sebastian crossed the finish line at Brescia almost 11 minutes ahead of Campari and Marinoni at an average 101.147 km/h, a little over Tazio Nuvolari's speed the year before".[27]

So His Majesty the King's gold medal went to Mercedes-Benz-Benz as the manufacturer of the winning car, while Caracciola won the gold medal of the Automobile Club of Florence for setting the fastest time on the Brescia to Florence section.

That this victory was achieved on a razor's edge – just 11'7" separated Caracciola from the Campari-Marinoni Alfa Romeo – and was confirmed by the German driver's words immediately after storming into Brescia:[28]

[24.] *Anonymous*, IX Coppa Mille Miglia 14 April 1935- XIII, *booklet, page 12.*

[25.] *G. Molter, page 63.*

[26.] *A. Neubauer. page 24.*

[27.] *G. Canestrini, page 91.*

[28.] *The verbatim Caracciola interview published on the front page of* La Gazzetta dello Sport *of Monday 13 April 1931 in an article entitled* Rodolfo Caracciola su Mercedes-Benz, superando l'accanita e logorante resistenza dei nostri sfortunati e valorosi campioni, vince la V Coppa delle Mille Miglia a tempo di record.

La lotta fra la Mercedes-Benz di Rudolf Caracciola e le Alfa Romeo si rivelò serrata sin dalle prime battute di gara. Il pilota tedesco impose un ritmo impressionante, coprendo il tratto Brescia-Bologna in 1 ora e 21' alla media sbalorditiva di 154,222 km/h. Le vetture del Portello riconquistarono terreno sul tratto appenninico, avvantaggiate dalla maggior maneggevolezza e da una serie di inconvenienti occorsi frattanto a Caracciola.

The battle between the Mercedes of Rudolf Caracciola and the Alfa Romeos was hard fought right from the start. The German driver immediately imposed an impressive rhythm on the race, covering the Brescia-Bologna section in 1 hour and 21 minutes, at the amazing average speed of 154.222 km/h. The Portello cars made up ground in the Apennines with their better handling and due to a series of problems that happened to Caracciola in the meantime.

lana (solo 11'e 7" separarono all'arrivo il vincitore Caracciola dall'Alfa Romeo di Campari-Marinoni), lo testimoniano le parole pronunciate dell'asso tedesco subito dopo l'arrivo:[28]

«Ho capito di essere primo dall'abbraccio della mia Signora».

Prosegue il cronista, commentando la "radiosa affermazione" del campione tedesco:

«È felice di questa sua vittoria in quella che egli ritiene la più grande corsa d'Europa, e racconta in poche parole i suoi incidenti. Dopo Roma ha dovuto perdere parecchi minuti perché staccatosi il tubo dello scarico ha dovuto tagliare le viti e non era facile tale lavoro con il tubo rovente. Poi gli si è inceppato l'acceleratore e perdette ancora del tempo. A Perugia cambiò per prudenza tutte le gomme ed infine una né bucò presso Desenzano a pochi chilometri dall'arrivo».

Ma, malgrado i numerosi imprevisti, Caracciola tiene a precisare:

«Non sono molto stanco ma ho le spalle che mi dolgono fortemente per le vibrazioni del volante. L'organizzazione è stata superba ovunque; non ho mai incontrato né una vettura né un pedone».

Gli effetti dell'inaspettata vittoria straniera furono molteplici. Per Caracciola si trattò di un non disprez-

[28.] L'intervista a Caracciola, riportata integralmente, è stata pubblicata sulla prima pagina della «La Gazzetta dello Sport», di lunedì 13 aprile 1931, nell'articolo intitolato *Rodolfo Caracciola su Mercedes-Benz, superando l'accanita e logorante resistenza dei nostri sfortunati e valorosi campioni, vince la V Coppa delle Mille Miglia a tempo di record.*

"I knew I had won by the hug my wife gave me".
The journalist continues, commenting on the brilliant victory of the German champion:
"He is happy with this victory in that which he believes is the greatest race in Europe, and describes his accidents in a few words. After Rome, he had to lose many minutes because the exhaust pipe became detached and he had to cut the screws, which was not easy with a red-hot tube. Then the accelerator jammed and he lost yet more time. He prudently changed all the tyres at Perugia, but one of them punctured near Desenzano, a few kilometres from the finish".
But despite the numerous unexpected occurrences, Caracciola was keen to point out:
"I am not very tired, but my shoulders are very painful due to the vibration of the steering wheel. The organisation was superb everywhere; I never saw either a car or a pedestrian".
The effect of this unexpected foreign victory was multiple. For Caracciola, it was a question of not insignificant earnings. In fact, as stipulated in the regulations, he received Lit 30,000 from the organisers for his outright victory, Lit 2,000 for the class win and over Lit 7,000 as a reimbursement of expenses.[29] The latter recompense documented in a memo by Castagneto and mentioned by Aldo Giovannini in his letter, was prohibited by the sporting regulations and constituted the object of the dispute counter-proposed by Vincenzo Florio and the Sports Commission of the RACI to personalities like Enzo Ferrari.
The first spoke of "immorality of the engagement fee" predicting "the end of races permitting the engagement" while Ferrari retorted:

[29]. The amount of Lit 32,000 in prize money is equal to about 27,000 Euros of today, according to ISTAT.

Caracciola–Sebastian tagliarono il traguardo di Brescia vincitori dopo 16 ore 10'10" alla media di 101,147 km/h. Nell'immagine in alto, Renzo Castagneto (al centro) è assieme ai vincitori della corsa Rudolf Caracciola (a sinistra) e Wilhelm Sebastian (a destra).

Caracciola-Sebastian still crossed the finish line in Brescia to win after 16 hours 10 minutes 10 seconds of racing at an average speed of 101.147 km/h. Above: Renzo Castagneto (centre) together with race winners Rudolf Caracciola (left) and Wilhelm Sebastian (right).

zabile guadagno. Infatti, come da regolamento di gara, egli ricevette dagli organizzatori 30.000 L per la vittoria assoluta e 2.000 L per quella di classe, oltre a 7.000 L come rimborso delle spese sostenute.[29]
Quest'ultimo compenso, documentato in un promemoria di Castagneto, era vietato dal Regolamento sportivo, come già aveva ricordato Aldo Giovannini nella sua lettera, e costituiva l'oggetto del contendere che contrapponeva Vincenzo Florio e la Commissione Sportiva del RACI a personaggi come Enzo Ferrari.
I primi parlavano di "immoralità degli ingaggi", preconizzando "la fine delle corse ammettendo gli ingaggi", mentre Ferrari ribatteva:
«Ebbene nulla vi è di immorale per un corridore che accetta o per un organizzatore che concede anticipi sui premi, o meglio ricompense per mancato guadagno, o meglio ancora rimborsi di vere e proprie spese. Le corse oggi in Italia sono tante, siamo d'accordo, i premi vistosi e sta bene: e i corridori quanti sono e di quali mezzi dispongono?».[30]
Inoltre, come pubblicava il mensile britannico «Motor Sport»:
«Before this year's race there was some talk of its being the last of the series owing to the expense of its orgamisation. Modem Italy, however, cannot for a moment sit down under a foreign victory, and as a result of the Mercedes-Benz win, it seems certain that the race will be run next year in order that the Italian defeat may be avenged».[31]
L'orgoglio nazionale ferito dalla vittoria straniera assicurava la certezza di almeno un'altra edizione della gara. Anche l'Alfa Romeo, che stava prendendo seriamente in considerazione la sospensione dell'attività sportiva, quantomeno nella categoria Sport, a causa della difficile situazione economica generale, riesaminò le proprie strategie di marketing e si presentò alla 24 Ore di Le Mans in cerca di una rivincita, schierando due 8C 2300 ufficiali per gli equipaggi Zehender-Marinoni e Campari-Minoia, più una semiufficiale per Earl Howe-Birkin, sesto l'anno precedente con una 1750 GS. Il baronetto inglese aveva a disposizione anche una 1750 GS, usata come T-car nelle prove.
La griglia di partenza, anche se composta da sole 26 vetture, era qualificata dalla presenza delle tre Bugatti T50 ufficiali e della Mercedes-Benz SS di Boris Ivanowski, in coppia con lo specialista Henri Stoffel. Possibili outsider erano la vecchia Bentley 41/2 litre[32] di Anthony Bevan, la Stuz DV 32 di Edouard Brisson, due Chrysler e la squadra ufficiale delle Talbot AV 105, tra le maggiori cilindrate.
Anche questa gara segnò la sconfitta degli orgogli nazionali. La Bugatti, nonostante le sfavorevoli indicazioni provenienti dalla pista, aveva insistito nell'utilizzo di pneumatici Michelin del tutto inadatti per le sue grosse T50, gia sofferenti di una tenuta di strada aleatoria. Chiron perse due volte il battistrada e Rost uscì drammaticamente di strada, travolgendo alcuni spettatori, uccidendone uno e rimanendo seriamente ferito. Immediata fu la reazione di Jean Bugatti che, per motivi di sicurezza, richiamò ai box le due restanti T50 in corsa.
Alla fine, dopo numerosi ritiri, fu l'Alfa Romeo di Lord Howe e "Tim" Birkin a vincere, precedendo la Mercedes-Benz di Ivanowski, che, tuttavia, non riuscì a migliorare le prestazioni delle Bentley, prima e seconda l'anno precedente.
L'equipaggio Ivanowski-Stoffel, con loro Mercedes-Benz SS, e "Tim" Birkin, sempre alla guida di una 8C

[29]. L'ammontare dei premi di classifica (32.000 L) corrisponde a circa 27.000 Euro attuali, secondo i dati dell'Istat.
[30]. Enzo Ferrari, *I corridori e la questione degli ingaggi. Lettera aperta a Vincenzo Florio*, in «La Gazzetta dello Sport», 13-14 dicembre 1930. Sull'onda di tale dibattito, fin dalla IV Coppa della Mille Miglia era stata introdotta una speciale classifica con appositi premi per i "corridori non Esperti", ovvero per "tutti coloro che non sono compresi nell'elenco più oltre riportato e che non siano compresi nelle équipes iscritte da Case o da Rappresentanti".
[31]. «Motor Sport», maggio, 1931. Ripubblicato in R.M. Clarke, pag.47. "Prima della gara di quest'anno sono circolate voci che questa sarebbe stata l'ultima edizione a esser disputata, e questo a motivo dei costi richiesti dalla sua organizzazione. L'Italia attuale, tuttavia, non può accettare di revocare la corsa dopo l'ultimo successo conseguito da una vettura straniera - com'è stata la vittoria della Mercedes - e pertanto sembra certo che essa avrà luogo il prossimo anno nell'intento che la sconfitta degli italiani possa essere vendicata".
[32]. Dopo la chiusura del Racing Team a metà del 1930, nel maggio del 1931, anche Dorothy Paget aveva messo in vendita le sue quattro Bentley 41/2 litre *Blower* di "Tim" Birkin.

"Alright, nothing is immoral for a driver who accepts or for an organiser who concedes advances on prize money, or better, recompense for money unearned or, better still, reimbursements of actual expenses. There are many races in Italy today, we agree, with big prize money and that's good: and the drivers? How many are there and what kind of cars do they have?"[30]

In addition, the British monthly Motor Sport wrote:

"Before this year's race, there was some talk of it being the last of the series, owing to the expense of its organisation. Modern Italy, however, cannot for a moment sit down under a foreign victory, and as a result of the Mercedes win, it seems certain that the race will be run next year in order that the Italian defeat may be avenged".[31]

National pride dented by a foreign victory ensured the certainty of at least one additional race.

Even Alfa Romeo, which was seriously considering the suspension of its motor racing activities due to the difficult general economic situation, at least in the Sport Category, re-examined its marketing strategy and went to the 24 Hours of Le Mans looking for a re-match. It entered two works 8C 2300s for Zehender-Marinoni and Campari-Minoia, plus another semi-official car for Earl Howe-Birkin, who had come sixth the previous year with a 1750 GS. The British nobleman also had another 1750 GS available to him, which he used as a T-car during practice.

Even though it was made up of only 26 cars, the starting grid boasted three works Bugatti T50s and the Mercedes-Benz SS of Boris Ivanowski, partnered by specialist Henri Stoffel. A possible outsider was Anthony Bevan and his Bentley 41/2 litre[32], Edouard Brisson's Stutz DV 32, two Chryslers and the works Talbot AV 105s were among the higher cubic capacity cars. This race also marked the defeat of national pride. Despite unfavourable indications on the track, Bugatti insisted on using Michelin tyres that were completely unsuited to his big T50s, which were already suffering from adhesion problems on the uncertain road. Chiron's car threw its tread twice and Rost went off dramatically, crashing into some spectators and killing one of them as well as seriously injuring himself. Jean Bugatti's reaction was immediate: he recalled the two remaining T50s for safety reasons.

After numerous retirements, it was the Alfa Romeo of Earl Howe and Tim Birkin that won in the end, ahead of Ivanowski's Mercedes-Benz, which had not been able to improve on the performance of the Bentleys that came first and second the previous year.

Two weeks later, Ivanowski-Stoffel in their Mercedes-Benz SS and Tim Birkin and the Alfa Romeo 8C 2300 - this time co-driven by George Eyston - took to the track for the Spa 24 Hours. There were no Bugattis *"par suite de pneumatiques insuffisamment préparés"*[33] and the third hurdle to overcome was another Mercedes-Benz SSK driven by Dimitri Dordjadze[34] and Goffredo Zehender. After the two Le Mans protagonists retired with mechanical problems, the Italo-Russian crew won in the SSK, but they were a long way away from the race record established in 1930 by the Alfa Romeo 1750 GS.

The last endurance race of the season was the Tourist Trophy, but the four-lap advantage conceded by the Alfa Romeo 2300 to the 750 cc MG Midget was too much and the British car won, ahead of Baconin Borzacchini's Alfa Romeo.

Un interessante documento trovato negli archivi del Museo storico della Mille Miglia è rappresentato dalle matrici dei due assegni versati a Rudolf Caracciola di Lire 30.000 per la vittoria assoluta e 2.000 per la vittoria di categoria.

An interesting find in the Mille Miglia Museum archive: counterfoils of the two cheques made out to Rudolf Caracciola, one of 30,000 lire for winning the 1931 race and another of 2,000 lire for winning his category.

---

[30]. Enzo Ferrari, Racing drivers and the question of engagement fees. Open letter to Vincenzo Florio, in La Gazzetta dello Sport, 13-14 December 1930. Since the IV Coppa delle Mille Miglia, a special classification was introduced on the back of that debate with specific prize money for the "Non-expert drivers" or for "all those not included in the list, plus others who are not members of the crews entered by the manufacturers or their representatives".

[31]. Motor Sport, May 1931, re-published by R.M. Clark, page 47.

[32]. After the closure of her Racing Team in mid-1930, Dorothy Paget put her four Tim Birkin Blower and 41/2 litre Bentleys up for sale in May 1931.

[33]. Victor Boin, La formule des 24 Heures a toujours le faveurs du public, in L'Automobile Belge, June-July 1931, pages 287-9, page 289.

[34]. We used the text that appeared in L'Automobile Belge, June-July 1931. Elsewhere, the name of the Russian prince is written as Djordjadze.

La partenza, tipo "Le Mans", della 24 Ore di Spa-Francorchamps del 1931. La modesta larghezza della pista rispetto alla lunghezza della Mercedes-Benz SS di Boris Ivanowski e Henri Stoffel costrinse gli organizzatori a far schierare la vettura parallelamente al senso di marcia anziché a lisca di pesce. La corsa fu vinta dalla Mercedes-Benz SSK di Dimitri Dordjadze e Goffredo Zehender.

A Le Mans-style start at the 1931 24 Hours of Spa-Francorchamps. The modest width of the track compared to the length of Boris Ivanowski-Heinz Stoffel Mercedes-Benz SS forced the organisers to have the car placed parallel with the direction of racing instead of herringbone fashion. The winners were Dimitri Dordjadze and Goffredo Zehender in Mercedes-Benz SSK.

2300 ma in coppia ora con George Eyston, si ripresentarono due settimane dopo sulla pista di Spa per la 24 Ore. Assenti le Bugatti "par suite de pneumatiques insuffisamment préparés",[33] terzo incomodo era la Mercedes-Benz SSK di Dimitri Dordjadze[34] e Goffredo Zehender. Dopo il ritiro per guasti meccanici dei due protagonisti di Le Mans, vinse la SSK dell'equipaggio italo-russo, rimanendo, tuttavia, ben lontana dal record della gara, stabilito nel 1930 dall'Alfa Romeo 1750 GS.

Ultima gara di durata fu il Tourist Trophy, ma il vantaggio di quattro giri concesso dall'Alfa Romeo 2300 alla MG Midget di 750 cc risultò esagerato e così si affermò quest'ultima, precedendo l'Alfa Romeo di Baconin Borzacchini.

Com'è noto non era ancora stato istituito il Campionato mondiale Marche per le vetture Sport, introdotto solo nel 1953, ma per confrontare i risultati sportivi delle varie Marche si è immaginato un campionato riservato alle vetture Sport del 1931, con le medesime regole sportive dell'edizione del 1953. In questo ipotetico campionato si sono presi in considerazione i risultati delle gare internazionali di durata di quell'anno riservate alle vetture della categoria Sport. L'Alfa Romeo avrebbe conquistato il titolo con 26 punti (grazie a tre secondi posti, alla Mille Miglia, a Spa e al Tourist Trophy) seguita dalla Mercedes-Benz a 22, grazie ai due successi alla Mille Miglia e in Belgio e al secondo posto alla classica 24 Ore francese.

Ufficiale fu invece la conquista del Campionato europeo della Montagna per la categoria Sport da parte di Caracciola e della sua SSKL, ripetendo il successo nella categoria Sport. Nella prova italiana, alla Susa-Moncenisio, tra le Sport, si affermò Giuseppe Marinoni con l'Alfa Romeo 2300, precedendo la Bugatti di Clemente Biondetti, primo tra le due litri, e la Mercedes SSK di Gildo Strazza, primo della classe oltre 3.000 cc.

[33.] Victor Boin, *La formule des 24 Heures a toujours le faveurs du public*, in «L'Automobile Belge», giugno-luglio, 1931, pagg. 287-289, pag.289 "...a seguito di pneumatici scarsamente preparati".

[34.] Si usa la grafia riportata su «L'Automobile Belge», giugno-luglio, 1931. Altrove il cognome del principe russo è scritto come Djordjadze.

Of course, the world constructors' championship for Sport cars was not introduced until 1953, but it is interesting to compare the results of the various manufacturers using an imaginary 1931 Sport car championship and the same regulations as those that came into effect in '53. For that hypothetical championship, we took into consideration the results of the international Sport endurance races of that year. Alfa Romeo would have won the title with 26 points with three second places at the Mille Miglia, Spa and the Tourist Trophy), followed by Mercedes-Benz with 22 from its two victories in the Mille Miglia and Belgium and a second in the classic French 24 Hours.

But Caracciola and Mercedes-Benz winning the Sport Category of the European Mountain Championship with the SSKL was real enough, repeating the success in the Sport Category. The Italian round, at the Susa-Moncenisio, for Sport cars was won by Giuseppe Marinoni in an Alfa Romeo 2300, ahead of Clemente Biondetti in a Bugatti, first among the two-litres, and the Mercedes-Benz SSK driven by Gildo Strazza, who won the over 3,000 cc category.

La Mercedes-Benz SSK di Dordjadze-Zehender impegnata alla curva di la Source sull'impegnativo tracciato di Spa-Francorchamps.

The Dordjadze-Zehender Mercedes-Benz SSK taking the challenging La Source corner on the demanding Spa-Francorchamps circuit.

1932

VI COPPA DELLE MILLE MIGLIA

Tanto ricca di fatti risultò la V Coppa della Mille Miglia, quanto povera di notizie fu l'edizione successiva per quel che riguarda la partecipazione delle vetture Mercedes-Benz.

Rudolf Caracciola abbandonò la sua posizione di pilota "privato" nell'ambito della Daimler-Benz per indossare la casacca dell'Alfa Romeo. Alfred Neubauer, sempre in forza alla Daimler-Benz, racconta, in proposito, di essere stato invitato a soggiornare con la moglie per un mese nella villa di Caracciola ad Arosa in Svizzera. Una sera, ritornando da una solitaria passeggiata, si trovò faccia a faccia con Aldo Giovannini: era il segnale del passaggio dell'asso tedesco all'Alfa Romeo, seppure sembra che Tazio Nuvolari, Giuseppe Campari e Baconin Borzacchini ne abbiano pesantemente osteggiato l'ingaggio.[1]

Dal punto di vista dello spettacolo, la punzonatura delle vetture fu spostata in Piazza della Vittoria, inaugurata proprio nel 1932 secondo i piani di Marcello Piacentini, l'architetto del regime fascista e massimo esponente del monumentalismo in Italia, che progettò e fece costruire la grandiosa piazza abbattendo gran parte del quartiere medioevale nel cuore della città.

Quanto alla partecipazione della Mercedes-Benz, essa si limitò a una sola SSK iscritta da Albert Broschek in coppia con Wilhelm Sebastian, già co-pilota di Rudolf Caracciola l'anno precedente. Broschek era un discreto pilota che aveva acquisito una certa esperienza internazionale alla guida prima di una Amilcar e di una Delage, poi di una Bugatti T35B con la quale, nel 1929, aveva vinto il V Grand Prix du Comminges, disputato il 18 agosto 1929 sul circuito di La Baule.

Non era certo Rudolf Caracciola e neppure la sua SSK poteva essere considerata pari alla più leggera

[1] A. Neubauer, pag. 35.

Uno degli eventi più eclatanti della stagione sportiva 1932 fu il passaggio del campione tedesco Rudolf Caracciola all'Alfa Romeo, come mostra quest'immagine ufficiale diffusa all'epoca dalla Casa del Portello: Rudy siede al volante dell'Alfa Romeo 8C 2300 accanto al meccanico Bonini.

One of the most sensations of the 1932 motor racing season was Rudolf Caracciola's move to Alfa Romeo, as this picture circulated by the Portello manufacturer shows: Rudi is seating at the wheel of an Alfa Romeo 8C 2300, next to mechanic Bonini.

Uno dei luoghi bresciani più legati alla Mille Miglia è da sempre Piazza della Vittoria, sede preposta per la punzonatura e le verifiche tecniche che precedevano la corsa. Nella sua attuale configurazione, la piazza, opera dell'architetto Marcello Piacentini (1881-1960), vide la luce nel 1932, divenendo uno dei luoghi simbolo dell'architettura classica e rigorosa, cara al regime fascista. Per fare posto a questo monumentale sito, come in altre città italiane, venne abbattuto il preesistente quartiere di origine medievale.

One of the areas of Brescia more closely associated with the Mille Miglia is Piazza della Vittoria, where scrutineering preceded the race. The square, the work of architect Marcello Piacentini (1881-1960), was first seen in its current configuration in 1932 and became one of the symbolic examples of the classical and rigorous architecture close of the heart of the Fascist regime. As in other Italian cities, the previous buildings of medieval origin were knocked down to make way for this monumental site.

VI COPPA DELLE MILLE MIGLIA

The VI Coppa delle Miglia was as short on news as the previous year's event was long on fact, as far as Mercedes-Benz' involvement was concerned. Rudolf Caracciola gave up his position as a "private" driver in the Daimler-Benz camp to take on the Alfa Romeo colours. Alfred Neubauer, always a power inside D-B, said in his memoirs that he was invited to stay for a month at Caracciola's villa in Arosa, Switzerland, with his wife. One night, returning from a solitary walk, he came face to face with Aldo Giovannini: it was a sign that the German ace was about to move to Alfa, even if it seemed that Tazio Nuvolari, Giuseppe Campari and Baconin Borzacchini had strongly opposed the engagement of the German.[1]

From the spectacle point of view, Mille Miglia scrutineering was moved to Piazza della Vittoria, Brescia in 1932, inaugurating the square created by Marcello Piacentini, architect to the Fascist regime and top exponent of Italian monuments. He designed the grandiose piazza and had it built, knocking down most of the medieval quarter in the heart of the city.

As far as Mercedes' participation was concerned, that was limited to a single SSK entered by Albert Broschek, who was partnered by Wilhelm Sebastian, Caracciola's co-driver of the previous year. Broschek was quite a good racing driver, who had gained a certain international experience at the wheel of an Amilcar, Delage and then a Bugatti T35B, in which he won the V Grand Prix of Comminges at the La Baule circuit on 18 August 1929.

[1] A Neubauer, page 35.

L'unica Mercedes-Benz a prendere parte alla Mille Miglia 1932 fu la SSK di Broschek–Sebastian, in queste rare immagini, ripresa a un controllo orario e sulla Raticosa.

The only Mercedes-Benz to compete in the 1932 Mille Miglia was the SSK driven by Broschek-Sebastian, shown in these rare photographs at a time control on the route and on the Raticosa.

SSKL vincitrice l'anno precedente. Lo scriveva a chiare lettere Giovanni Canestrini sulle pagine della «Gazzetta», nell'imminenza della gara:

«La Mercedes di Broschek e la Talbot dl Lewis non riteniamo possano rappresentare una seria minaccia per i favoriti [le squadre dell'Alfa Romeo, della scuderia Ferrari e le due Bugatti affidate agli equipaggi Cazzaniga-Rosa e Varzi-Castelbarco, poiché questi piloti sono nuovi alla gara e in ogni modo non valgono quanto questi. Il Lewis in ogni modo va ritenuto di classe superiore al Broschek, il quale avrà una Mercedes lievemente meno potente di quella che vinse l'anno scorso con Caracciola. [...] Nella classe oltre 3.000 cc ultima da considerare, Broschek dovrebbe imporsi, ma ha degli avversari duri in Strazza-Gismondi su Lancia e in Carini-Scesa su Dilambda».

Questa sottovalutazione nostrana del pilota tedesco,[2] sicuramente meno noto di Caracciola, è quanto mai immotivata, stando almeno ai rilievi cronometrici. Al momento del ritiro, dopo il controllo di Perugia, Broschek stava marciando a una media molto superiore a quella tenuta nel 1931 da Caracciola alla guida di una vettura che, sulla carta, era più pesante e probabilmente meno potente. A Perugia, il vantaggio di Broschek sul più illustre connazionale assommava a 19'30" ed era stato ottenuto percorrendo

---

[2.] Peraltro condivisa anche da Neubauer, che nella sua autobiografia non dedica neppure un rigo alla corsa di Broschek.

Benché costretto al ritiro nella seconda parte di gara, l'equipaggio tedesco, finchè rimase in corsa, mostrò tutto il proprio valore, transitando sia a Bologna sia a Roma con tempi e medie orarie assai vicine a quelle fatte registrare l'anno precedente dal vincitore Caracciola, che disponeva di una vettura ben più preparata rispetto a quella di Broschek.

Although forced to retire during the second half of the race, the German crew showed what it could do while it remained in the race, passing through Bologna and Rome with times and average speeds close to those put up by the previous winner, Rudolf Caracciola, who had a far better prepared car than Broschek's.

Nel 1932 l'Alfa Romeo riuscì nuovamente a prevalere sulla concorrenza: Baconin Borzacchini e Amedeo Bignami si aggiudicarono la Mille Miglia su un'Alfa Romeo 8C 2300 spider, davanti alla vettura gemella di Carlo Felice Trossi e Antonio Brivio.

In 1932, Alfa Romeo was able to beat the competition once again. Baconin Borzacchini and Amedeo Bignami won the Mille Miglia in an Alfa Romeo 8C 2300 Spider, ahead of a sister car driven by Carlo Felice Trossi and Antonio Brivio.

a velocità superiore tutto il tratto più tormentato, che da Bologna conduce a Perugia. All'ultimo controllo, Broschek era settimo assoluto con un distacco di 42'30" dall'Alfa Romeo 8C 2300 di Siena-Taruffi, al momento in testa alla gara, e di 36'30" dal vincitore Baconin Borzacchini, anch'esso su Alfa Romeo. Purtroppo al commentatore odierno sfuggono particolarità importanti, necessarie per valutare appieno il valore della prestazione di Broschek, quali i possibili miglioramenti sotto Brescia-Perugia sia nei pneumatici, sia nel fondo stradale sui tratti appenninici. Non si può nemmeno dimenticare che il diabolico Neubauer era alla sua terza Coppa delle Mille Miglia e di esperienza della corsa italiana ne aveva acquisita a sufficienza per organizzare al meglio le assistenze.

		Brescia-Bologna	Bologna-Firenze	Firenze-Roma	Roma-Perugia	Brescia-Perugia
	distanza parziale	208,2 km	107 km	289,8 km	185,6 km	790,6 km
1930	Caracciola-Zimmer	1.31'00 137,275	1.31'00 70,549	3.31'00 82,408	2.15'00 82,489	8.48'00 89,841
1931	Caracciola-Sebastian	1.21'00 154,222	1.24'41 75,812	3.17'44 87,937	2.13'00 83,729	8.16'00 95,637
1932	Broshek-Sebastian	1.21'20 153,590	1.21'40 78,612	3.02'58 95,034	2.10'32 85,312	7.56'30 99,551

Ultimo fatto da notare, in un anno che, a causa delle difficoltà economiche, vide la drastica riduzione del numero sia di competizioni internazionali sia di concorrenti, è la conquista da parte di Hans Stuck, alla guida di una Mercedes-Benz SSKL, del Campionato europeo della Montagna per la categoria Sport, che quell'anno comprendeva, come prova italiana, la salita dello Stelvio, vinta dal pilota tedesco.

He was certainly no Rudolf Caracciola and his SSK could not be considered the equal of the lighter SSKL, which had won 12 months earlier. A fact made clear by Giovanni Canestrini in La Gazzetta *dello Sport just before the race:*

"We do not believe Broschek's Mercedes and Lewis's Talbot represent serious threats to the favourites (the Alfa Romeo and Scuderia Ferrari teams and the two Bugattis assigned to Cazzaniga-Rosa and Varzi-Castelbarco), because these drivers are new to the race, and anyway are not up to the standard of the Italians. Lewis is considered to be in a superior class to Broschek, who will have a Mercedes just slightly less powerful that the car that won last year with Caracciola. (…) Broschek should win the over 3,000 cc class, the last to consider, but he has powerful opponents like Strazza-Gismondi in a Lancia and Carini-Scesa in a Dilambda!"

This local underestimation of the German driver,[2] who was certainly less well known than Caracciola, is not very much motivated, at least as far as times are concerned. At the moment of his retirement, after the Perugia control, Broschek was pushing ahead at an average speed much superior to that of Caracciola in 1931, driving a car that was, at least on paper, heavier and probably less powerful. Broschek's advantage over his more illustrious countryman at Perugia was 19'30" and he achieved it racing faster over the whole route, which was more difficult from Bologna to Perugia. At the last control, Broschek was seventh overall, 42'30" behind the Siena-Taruffi Alfa Romeo 2300, which was leading at the time, and 36'30" from eventual winner Baconin Borzacchini and his Alfa.

Unfortunately, important details necessary to fully evaluate the merit of Broschek's performance escaped the commentators of the day, such as the possible improvement in both tyres and road surfaces on the Apennine sections. We should also not forget that the diabolical Neubauer was at his third Coppa delle Mille Miglia and he had acquired sufficient experience of Italian racing to organise the best service operation.

	Brescia-Bologna	*Bologna-Florence*	*Florence-Rome*	*Rome-Perugia*	*Brescia-Perugia*
distanza parziale	208,2 km	107 km	289,8 km	185,6 km	790,6km
1930 *Caracciola-Zimmer*	1.31'00 137,275	1.31'00 70,549	3.31'00 82,408	2.15'00 82,489	8.48'00 89,841
1931 *Caracciola-Sebastian*	1.21'00 154,222	1.24'41 75,812	3.17'44 87,937	2.13'00 83,729	8.16'00 95,637
1932 *Broshek-Sebastian*	1.21'20 153,590	1.21'40 78,612	3.02'58 95,034	2.10'32 85,312	7.56'30 99,551

A final fact to note in a year that saw a drastic reduction in the number of international races and competitors due to economic difficulty is that Hans Stuck won the Sport Category of the European Hillclimb Championship in a Mercedes-Benz SSKL. The season's championship included the Stelvio as the Italian counter and that, too, was won by Stuck in the car from Stuttgart.

Alla 24 Ore di Le Mans del 1932, la Mercedes-Benz non riuscì a ripetere il buon risultato dell'anno precedente, quando Ivanowski e Stoffel avevano concluso la maratona al secondo posto. Nel 1933, l'equipaggio francese Foucret-Foucret (Mercedes-Benz SSK) fu infatti costretto al ritiro.

At the 1932 24 Hours of Le Mans, Mercedes-Benz was unable to repeat the creditable result it achieved the previous year, when Ivanowski-Stoffel came second. In 1933, the French crew Foucret-Foucret (Mercedes-Benz SSK) retired.

[2.] *In fact, shared by Neubauer, who did not even write a line about Broschek's race in his autobiography.*

1933

VII COPPA DELLE MILLE MIGLIA

La crisi economica era diventata sempre più pesante e solo 98 domande d'iscrizione giunsero all'Automobil Club di Brescia per la partecipazione alla Mille Miglia del 1933.

Come ricordato, a metà gennaio 1933, anche l'Alfa Romeo si era ritirata dalle competizioni, comunicando che la produzione delle 8C 2300 sarebbe continuata per i clienti sportivi, fra i quali la Scuderia Ferrari che avrebbe proseguito a rappresentare la Casa del Portello nelle gare.

Anche un abile propagandista come Giovanni Canestrini dovette riconoscere, sulle pagine della «Gazzetta», che le Alfa Romeo della Scuderia Ferrari:

«…non hanno che un solo avversario nella Mercedes-Benz di Brauchitsch. Consideriamo solo questa macchina perché quella che piloterà l'inglese Penn Hughes non solo non è preparata dalla casa, ma sappiamo non essere in condizioni tali di efficienza da poter sperare in una affermazione».

Poi, con tardiva resipiscenza per la sottovalutazione dell'anno precedente, Canestrini continuava:

«Fin che fu in gara l'anno scorso il tedesco Broschek con una vettura simile a questa, fu sempre nei primi posti: nono a Bologna a 153 di media; quarto a Firenze a 110 di media; secondo a Siena ad oltre 110 – primo nel tratto parziale Firenze-Siena – sia pure se favorito dal rifornimento di tutte le Alfa Romeo; sesto a Roma a 105 di media; settimo a Perugia. La classe di Brauchitsch equivale a quella di Broschek, ma il giovane pilota germanico ha quest'anno compiuto una preparazione molto seria e non dovrà essere perso di vista dagli uomini della Scuderia Ferrari, i quali peraltro dispongono quest'anno di mezzi nettamente più veloci di quelli dell'anno scorso».[1]

Mentre Manfred von Brauchitsch disponeva di una SSKL, la vettura di Clifton Penn Hughes era la SS usata da Caracciola nel vittorioso TT del 1929 e che il visconte Francis Richard Henry Penn Curzon (Lord Howe) aveva acquistato dopo la gara per poi usarla nelle gare sul suolo inglese nel 1930 e 1931, iscritta da Malcom Campbell che guidava una vettura gemella.

Secondo quanto a suo tempo pubblicato dalla MG, la vettura guidata da Clifton Penn Hughes e da George Thomas era stata scelta in quanto la sua cilindrata ne avrebbe garantito la partenza dopo le tre MG K3 Magnette iscritte, una delle quali era stata affidata proprio a Lord Howe, di cui George Thomas era il meccanico di fiducia. Sfruttando la capacità della carrozzeria torpedo della vettura tedesca, questa era stata riempita "with K3 spares, effectively a travelling workshop and breakdown car" ("con parti di ricambio della K3, in realtà un'officina viaggiante e un mezzo di supporto"), facendo propria l'idea escogitata da Neubauer nel 1931.

Von Brauchitsch si ritirò prima di Bologna, dopo aver dechappato più di una volta un pneumatico,[2] mentre quella di Penn Hughes svolse egregiamente la sua funzione di *tender* delle MG, riuscendo anche a conquistare un non disprezzabile 24° posto, alle spalle della Lancia Dilambda di Strazza e Gismondi, giunti all'undicesimo posto in classifica assoluta e primi della classe oltre 3.000 cc con un vantaggio di 1h39'50" sull'equipaggio britannico.

La vittoria assoluta non sfuggì all'Alfa Romeo neppure nel 1933 quando, ad aggiudicarsi la corsa bresciana, fu il campione Tazio Nuvolari in coppia con Decimo Compagnoni su Alfa Romeo 2300 MM Zagato.

Victory did not escape Alfa Romeo in 1933, either: champion Tazio Nuvolari and Decimo Compagnoni won in an Alfa Romeo 2300 MM Zagato.

[1.] G. Canestrini, *Lo schieramento di battaglia della VII Coppa delle 1000 Miglia*, in «Gazzetta dello Sport», 5 aprile 1931.

[2.] Secondo la «Gazzetta dello Sport» si sarebbe ritirato prima di Parma dopo aver cambiato due pneumatici prima di Parma, mentre secondo i corrispondenti inglesi (cfr. M. Lawrence) ne avrebbe cambiati tre prima di Bologna, senza arrivare al controllo.

VII COPPA DELLE MILLE MIGLIA

The economic crisis became increasingly worse and only 98 requests for entries were received by the Automobile Club of Brescia for the 1933 Mille Miglia.
As will be remembered, in mid-January 1933 Alfa Romeo also retired from motor racing, confirming that the 8C 2300 would continue to be produced for its sporting customers, among whom was Scuderia Ferrari, which would continue to represent Portello in racing.
Even an able propagandist like Giovanni Canestrini had to recognise in La Gazzetta dello Sport that the Alfa Romeos of Scuderia Ferrari:
"…only have one adversary: the Mercedes-Benz of von Brauchitsch. We consider this car, because the one to be driven by Englishman Penn Hughes has not only not been prepared by the manufacturer, but we know it is not in the necessary condition of efficiency to even hope for an affirmation".
Then, with later repentance for the underestimation of the previous year, Canestrini continued:
"While he was in the race last year, the German Broschek in a similar car to this one was always up with the leaders: ninth in Bologna at an average of 153, fourth in Florence at 110 average, second in Siena at over 110 – first in the partial Florence-Siena section – even if he was favoured by the refuelling of all the Alfa Romeos; sixth at Rome at an average of 105, seventh at Perugia. The class of von Brauchitsch was equal to that of Broschek, but the young German driver has carried out a very serious preparation this year and must not be lost from sight by the men of Scuderia Ferrari, who currently have markedly faster cars now than they had last year".[1]
While Manfred von Brauchitsch had an SSKL, Clifton Penn Hughes's car was the SS used by Caracciola to win the 1929 TT, which Viscount Francis Richard Henry Penn Curzon (Lord Howe) had bought after that event so that he could compete in races on British soil in 1930 and 1931, entered by Malcolm Campbell, who drove a sister car. According to information published later by MG, the car driven by Clifton Penn Hughes and George Thomas was selected because its cubic capacity would guarantee a start after the three MG K3 Magnettes entered, one of which was driven by Earl Howe, whose trusted mechanic was George Thomas. Exploiting the considerable amount of space in the German car's tourer body, the vehicle was filled "with K3 spares and was, effectively, a travelling workshop and breakdown car", adopting the technique devised by Neubauer in 1931.
Von Brauchitsch retired before Bologna, after changing a tyre more than once[2], while Penn Hughes carried out his responsibilities well as an MG service barge, also managing to take 24th place behind the Lancia Dilambda driven by Strazza and Gismondi. The Lancia came 11th on the leader board and won the over 3,000 cc class with an advantage of 1h39'50" on the British crew.

L'unica Mercedes-Benz ufficiale iscritta alla Mille Miglia del 1933 fu la SSKL di von Brauchitsch Brauchisch–Zimmer, ben presto costretta al ritiro prima di Bologna. Al via della corsa figurava anche la SSK privata guidata dall'equipaggio Penn Hughes–Thomas (nell'immagine ritratta al passaggio a Bologna), che concluse al 24° posto assoluto. La vettura dell'equipaggio britannico vantava un notevole palmarès sulle spalle, avendo vinto con Caracciola il Tourist Trophy del 1929 e quindi gareggiato con Lord Howe negli anni successivi.

The only works Mercedes-Benz entered for the 1933 Mille Miglia was an SSKL for von Brauchitsch-Zimmer, which was soon forced to retire before Bologna. There was also a private SS at the start of the race driven by Penn Hughes-Thomas, shown here passing through Bologna: they came 24th. The British crew's car had a notable pedigree, having won the 1929 Tourist Trophy with Caracciola and was later raced by Lord Howe.

---

[1] G. Canestrini, The battle deployment of the VII Coppa delle Mille Miglia in La Gazzetta dello Sport, 5 April 1931.
[2] According to the Gazzetta dello Sport he retired before Parma, after having changed two tyres: yet the English correspondents (cfr M. Lawrence) said he changed three before Bologna, without reaching the control.

Gli anni Cinquanta - *The Fifties*

1950

Negli anni Trenta le Auto Union e la Mercedes-Benz, quest'ultima anche grazie a vetture come la monoposto W25 (nell'immagine), conquistarono risultati di assoluto rilievo.

In the Thirties, Auto Union and Mercedes-Benz - the latter with cars like the W25 shown here - achieved remarkable results.

VENT'ANNI DOPO...

Dopo una lunga assenza durata quasi vent'anni, nel 1952, la Mercedes-Benz si ripresentò in veste ufficiale alla partenza della Mille Miglia in viale Venezia.
Fino al 1939, i successi della Casa di Stoccarda furono legati ai nomi di Rudolf Caracciola e Hermann Lang. A riportarla sulle piste, era stato anche il regime nazista, salito al potere nel gennaio del 1933, che aveva stabilito un contributo annuo di 500.000RM[1] da dividersi tra le case automobilistiche tedesche partecipanti al Campionato europeo, indetto a partire dal 1935 dalla AIACR, secondo il regolamento tecnico della cosiddetta "Formula Internazionale".[2]
Rudolf Caracciola si laureò Campione europeo nel 1935 alla guida di una Mercedes-Benz W25, mentre Bernd Rosemeyer con l'Auto Union tipo C si affermò l'anno dopo.

Nel 1937 fu nuovamente primo Caracciola alla guida della Mercedes-Benz W125. Quest'automobile era il frutto dell'accurato lavoro di messa a punto svolto, tra gli altri, dal giovane ingegnere Rudolf Uhlenhaut, che era stato posto a capo del *Rennabteilung*, un nuovo reparto dedito all'assemblaggio e alla prova delle vetture da corsa (progettate dal reparto sperimentale guidato da Fritz Nallinger) prima di passarle alla squadra corse, diretta come sempre da Alfred Neubauer.
Nel tentativo di limitare la supremazia tedesca fu introdotto un nuovo regolamento tecnico[3] che, in Europa, rimase in vigore fino al 1946 e negli Stati Uniti (uniformatisi a quello europeo dal 1927), fino al 1956.
Nonostante il governo francese avesse finalmente deciso come assegnare il finanziamento di 1.500.000FF[4], finanziando con un milione la Bugatti e la Talbot e provocando così il ritiro per protesta dal Gran Premio di Francia della Delahaye, il vincitore del Campionato europeo 1938 risultò ancora Caracciola alla guida della nuova Mercedes-Benz W154.
Per quanto concerne la "classica bresciana", durante lo svolgimento della XII Coppa della Mille Miglia, sulla circonvallazione di Bologna, la Lancia Aprilia di Bruzzo-Mignanego sbandò travolgendo una scolaresca. Il bilancio fu pesantissimo: dieci morti, tra i quali sette bambini, e 23 feriti gravi.

[1.] Il governo tedesco erogava anche premi per le tre posizioni sul podio, pari, rispettivamente, a 20.000, 10.000 e 5.000 RM. Si racconta che sia stata la vittoria di Achille Varzi alla guida di una Bugatti all'Avusrennen, il 21 maggio 1933, unica gara automobilistica alla quale abbia mai assistito Adolf Hitler, a spingere il dittatore tedesco a queste provvidenze.

[2.] I capisaldi della "Formula Internazionale" erano: peso massimo, senza pilota, benzina, acqua, olio e pneumatici, di 750 kg; larghezza minima dell'abitacolo all'altezza del volante di 850 mm; carburante libero; gare di lunghezza superiore ai 500 km. Queste regole dovevano rimanere immutate fino al 1936, ma furono prorogate fino alla stagione 1937.

[3.] Per la prima volta a livello internazionale, ai motori a compressore fu attribuita una cilindrata fittizia pari a quella nominale moltiplicata per 1,5. Era inoltre stabilita una scala dei pesi minimi basata sulla cilindrata fittizia, che variava tra i 400 kg per un 1.000 cc e gli 850 kg per una vettura di 4.500 cc, con un incremento di peso di 1,285 kg ogni 10 cc di cilindrata.

[4.] Erano stati raccolti grazie anche all'aumento del costo delle licenze sportive dei piloti francesi.

TWENTY YEARS LATER...

After an absence spanning almost 20 years, in 1952 Mercedes-Benz officially returned to the start of the Mille Miglia in Brescia's Viale Venezia.

Up until 1939, the Stuttgart manufacturer's successes had been achieved by Rudolf Caracciola and Hermann Lang. It was the Nazi regime, which took power in January 1933, that brought the company back to the circuits by making an annual contribution of 500,000 RM[1], to be divided between the German manufacturers competing in the European Championship. The new competition, which was instituted in 1935 by the AIACR, was based on the so-called "Formula Internationale"[2] technical regulations.

Rudolf Caracciola became the 1935 European Champion driving a Mercedes W25, while Bernd Rosemeyer took the title the following year in a Type C Auto Union.

Caracciola won the championship again in 1937, this time at the wheel of a Mercedes-Benz W125. That car was the result of painstaking development work carried out by, among others, a young engineer named Rudolf Uhlenhaut, who was made head of the Rennabteilung: this was a new department with responsibility for assembling and testing the Stuttgart racers - designed by the experimental department headed by Fritz Nallinger – before passing them on to the racing team, which was run, as ever, by Alfred Neubauer.

In an attempt to limit German supremacy, a new technical regulation[3] was introduced in Europe, where it remained in force until 1946, and in the United States, which conformed to European regulations, from 1927 until 1956.

Despite the fact that the French government had finally decided how to apportion the FF 1,500,000[4], financing Bugatti and Talbot with a million francs and provoking the retirement of Delahaye from the Grand Prix of France in protest, the winner of the 1938 European Championship was Caracciola once more, this time driving the new Mercedes-Benz W154.

But during the XII Coppa delle Mille Miglia, a Lancia Aprilia driven by Bruzzo-Mignanego skidded on the Bologna ring road and tore into a group of schoolchildren. The loss of life and maiming totalled 10 dead, including seven children, and 23 seriously injured.

[1.] The German government also provided prize money for the three podium placings of 20,000 RM, 10,000 RM and 5,000 RM. It is said that it was Achille Varzi's victory in a Bugatti at the Avusrennen on 21 May 1933 – the only race Adolf Hitler ever went to see – that pushed the German dictator into making those provisions.

[2.] The key elements of the Formula Internationale were: a maximum weight of 750 kg without the driver, fuel, water, oil or tyres; minimum cockpit width of 850 mm at the height of the steering wheel; unrestricted fuel; races of more than 500 km. Those rules were to have remained unchanged until 1936, but were extended to the 1937 season.

[3.] For the first time at an international level, supercharged engines were attributed with a fictitious cubic capacity equal to nominal units, multiplied by 1.5. A scale of minimum weights was also established, based on the fictitious cc, which ranged from 400 kg for a 1,000 cc car to 850 kg for one of 4,500 cc, with an increment of 1,285 kg in weight for every additional 10 cc.

[4.] Made also due to the increased cost of a French drivers' sporting licence.

Le monoposto con le quali la Mercedes-Benz si confermò ai vertici dell'automobilismo sportivo negli anni Trenta furono: la W125 (prima in alto), la W25, impegnata con Luigi Fagioli a Monza al Gran Premio d'Italia nel 1934 (in basso a destra), e la W154, in un'immagine ufficiale della Casa (sotto).

The cars with which Mercedes-Benz took and kept its place at the peak of motor racing in the Thirties were the W125 (first above); the W25, being driven by Luigi Fagioli in the 1934 Grand Prix of Italy at Monza (below, right); and the W154, shown in one of the manufacturer's official photographs (below).

Sempre negli anni Trenta, la Mercedes-Benz affidò le proprie sorti a piloti di prima grandezza quali: Manfred von Brauchitsch, primo a sinistra accanto al direttore sportivo Alfred Neubauer; Richard Seaman (seduto a sinistra sul pneumatico della W154), Hermann Lang, al centro, e Rudolf Caracciola.

In the Thirties, Mercedes-Benz built outstanding cars and employed top drivers, among them Manfred von Brauchitsch, first on the left, next to motor sport director Alfred Neubauer, Richard Seaman, left, sitting on the tyre of a W154, Hermann Lang (centre) and Rudolf Caracciola.

Sopra a destra: il Gran Premio di Tripoli fu negli anni Trenta una delle gare più importanti. L'edizione del 1938 vide la Mercedes-Benz impegnata con Hermann Lang (n. 46), poi vincitore della corsa, Manfred von Brauchitsch (n. 44), secondo, e Rudolf Caracciola (n. 26), giunto terzo.

Above, left: the Grand Prix of Tripoli was one of the most important races of the Thirties. The Libyan event in 1938 saw the colours of Mercedes-Benz ably defended by Hermann Lang (46), who won, Manfred von Brauchitsch (44), who came second and third-placed Rudolf Caracciola (26).

Immediato fu l'annuncio dell'agenzia Stefani: "la Mille Miglia non si correrà più sulle strade ordinarie. Con la XII gara, che è costata molte vite umane, il ciclo della corsa delle Mille Miglia sulle strade ordinarie del territorio metropolitano è finito".

Così nel 1939 la gara bresciana non si corse, ma ben altre nubi si addensavano all'orizzonte: il 3 settembre 1939 scoppiò la seconda guerra mondiale, anche se durante la cosiddetta *drôle de guerre,*[5] il 28 aprile 1940 fu disputato il I Gran Premio Brescia delle Mille Miglia, che vide la vittoria della BMW 328 guidata da Huschke von Hanstein e da Walter Bäumer.

A causa dello stato di belligeranza l'AIACR non proclamò nessun campione europeo, ma ci pensò nel dicembre del 1939 il Korpsfuhrer Adolf Huhnlein, capo sia dello NSKK (NS-KraftfahrKorps) sia dell'ONS (Oberste Nationale Sportbehörde) che nominò unilateralmente vincitore Hermann Lang, primo in quattro Gran Premi alla guida di una Mercedes-Benz W154.

[5.] Guerra farsa (3 settembre 1939 - 10 maggio 1940). Così fu chiamata la fase iniziale del secondo conflitto mondiale quando, dopo l'attacco tedesco alla Polonia (1° settembre 1939) e la dichiarazione di guerra di Gran Bretagna e Francia alla Germania (3 settembre 1939), le truppe francesi e inglesi si mantennero inattive, forse in previsione di una guerra di usura. Questa fase terminò con l'invasione tedesca del Belgio e dei Paesi Bassi.

L'edizione della Mille Miglia 1938 vide la prima affermazione di Clemente Biondetti su Alfa Romeo 8C2900B. La corsa fu funestata da un tragico incidente che costò la vita a dieci spettatori. A seguito di questo drammatico episodio, il Governo sospese le corse su strada, per cui non si disputò l'edizione 1939.

Clemente Biondetti won the first of his record four Mille Miglias in 1938 driving an Alfa Romeo 8C2900B. The race was marred by a tragic accident that cost the lives of 10 spectators, after which the Italian government suspended road racing, so there was no 1939 Mille Miglia.

Nel 1940 l'edizione della Mille Miglia si disputò su un tracciato stradale chiuso di 165 km che, partendo da Brescia, toccava prima Cremona e poi Mantova. Ad aggiudicarsi quell'anomala Mille Miglia fu la BMW 328 di von Hanstein-Baumer. Alla partenza figuravano anche due barchette carrozzate da Touring, denominate 815 Auto Avio Costruzioni, affidate rispettivamente ad Alberto Ascari e Lotario Rangoni Machiavelli. Si trattava delle prime due automobili costruite da Enzo Ferrari, non più sotto il marchio Alfa Romeo.

The 1940 Mille Miglia was run over a 165 km closed road circuit, which started in Brescia and went first to Cremona and then Mantua, the von Hanstein-Baumer BMW 328 winning the anomalous race. Two Touring-bodied barchettas called 815 Auto Avio Costruzionis were among the starters, driven by Alberto Ascari and Lotario Rangoni Machiavelli. They were, in fact, the first two cars ever built by Enzo Ferrari, who no longer worked for Alfa Romeo.

There was an immediate announcement from the Stefani agency: "The Mille Miglia will no longer be run on ordinary roads. With the XII race, which cost many human lives, the cycle of Mille Miglia races on ordinary roads of metropolitan territory is finished".
So the Brescian race did not take place in 1939, as decidedly different clouds were gathering on the horizon: on 3 September 1939 the Second World War broke out, even if during the so-called drole de guerre,[5] the Grand Prix of Brescia of the Mille Miglia still took place on 28 April 1940 and was won by Huschke von Hanstein and Walter Baumer in a BMW 328.
Because of the war, the AIACR proclaimed no European Champion for 1939. That was done unilaterally by Germany's Korpsfuhrer Adolf Huhnlein, head of the NSKK (NS-KraftfahrKorps) and the ONS (Oberste Nationale Sportbehorde), in December 1939. He nominated Hermann Lang as champion, the driver having won four of the season's Grands Prix at the wheel of a Mercedes-Benz W154s.

[5] *Farcical war (3 September 1939 – 10 May 1940). That is the term used to describe the initial phase of the Second World War, when the British and French troops remained inactive after the Germans attacked Poland on 1 September 1939 and Britain and France had declared war on Germany on 3 September 1939. This was, perhaps, in order to wage a war of attrition and was a period that came to an end with the German invasion of Belgium and the Netherlands.*

Hermann Lang impegnato con la Mercedes-Benz W154 al Gran Premio di Belgrado del 1939.

Hermann Lang competing in the 1939 Grand Prix of Belgrade with a Mercedes-Benz W154.

In attesa che la Mercedes-Benz potesse tornare a gareggiare in veste ufficiale nelle competizioni internazionali, l'asso tedesco Rudolf Caracciola fu invitato a partecipare alla 500 Miglia di Indianapolis del 1946, cui prese parte con una Thorne Engineering Special.

While waiting for Mercedes-Benz to officially return to international motor sport, the German ace Rudolf Caracciola was invited to compete in the 1946 500 Miles of Indianapolis in a Thorne Engineering Special.

La classifica del Campionato 1939 non fu mai chiarita e perse d'importanza in quanto, nella riunione del massimo organo sportivo automobilistico mondiale del luglio 1946, fu presa la decisione di non concedere licenze internazionali a conduttori e concorrenti germanici.[6]

«Oltre alle diverse decisioni prese dalle diverse commissioni, ed alla elezione delle cariche, la sola deliberazione importante convalidata dalla assemblea, con discutibile procedura, fu l'approvazione del nuovo statuto con il quale l'AIACR diviene FIA, e cioè Federazione Internazionale Automobilistica. [...] La spinosa questione della partecipazione delle vetture e dei piloti tedeschi alle competizioni sportive venne alla fine risolta con la seguente decisione, approvata successivamente alla assemblea generale dell'AIACR: "Fino alla riammissione della Germania in seno all'AIACR, è vietato a qualsiasi gruppo, marca od associazione, di partecipare ad una manifestazione sportiva automobilistica con veicoli di fabbricazione tedesca. Gli organizzatori però avranno ampia facoltà, e sotto quelle condizioni che vorranno stabilire, di ammettere o respingere iscrizioni individuali di corridori indipendenti che posseggano veicoli tedeschi. In ogni modo questa facoltà non si applica ai corridori di nazionalità tedesca fino alla riammissione della Germania in seno all'AIACR"».[7]

La deliberazione escludeva in tal modo i piloti e le squadre tedesche dalle competizioni internazionali. Solo Rudolf Caracciola e Hans Stuck non furono toccati da questo provvedimento in quanto il primo risiedeva in Svizzera e aveva licenza elvetica, mentre l'altro pilota aveva licenza austriaca.

Questo fatto permise a Tony Hulman, il nuovo padrone dell'Indianapolis Motor Speedway, di invitare il campione tedesco alla 500 Miglia del 1946. Avrebbe dovuto correre con una Mercedes-Benz dell'anteguerra, ma sembra che le autorità britanniche non abbiano concesso il permesso di esportazione temporanea della vettura,[8] per cui Caracciola fu costretto a correre con una Thorne Engineering Special statunitense, rimanendo coinvolto in un tremendo incidente in prova che lo costrinse a una lunga degenza in ospedale.

Nella seconda settimana di ottobre del 1946 si riunì nuovamente la CSI della FIA e tra le deliberazioni prese, vi fu anche questa:

«Si è parlato a Parigi: anche della posizione di Caracciola e Stuck. Non esistendo però un'A.C. di Germania, né tanto meno analoga organizzazione germanica affiliata alla F.I.A., nessuna decisione ha potuto prendere la C.S.I. in merito all'ammissione dei due corridori alle prove internazionali e quindi la situazione è rimasta quella definita nella riunione precedente».[9]

Giungevano, intanto, incoraggianti segnali di ripresa dello sport automobilistico: il 21-22 giugno 1947 si era disputata, su un tracciato che ricordava quello degli anni Trenta, la XIV Mille Miglia Coppa Franco Mazzotti, in ricordo di uno degli ideatori della manifestazioni, abbattuto il 15 novembre 1942 mentre pilotava un aereo da trasporto sul Canale di Sicilia. L'anno successivo fu la volta della 12 Ore di Pari-

---

[6.] Analoga decisione era stata presa nei confronti di piloti e team tedeschi al termine della prima guerra mondiale.

[7.] Anonimo, *L'assemblea dell'AIACR e i lavori delle Commissioni*, in «Auto Italiana», 1946, n.13, pagg.10-12.

[8.] La formula dubitativa è doverosa in quanto in un articolo dal titolo *La "1500" Mercedes da corsa. La rivedremo in gara* (apparso su «Auto Italiana», 1946, n.10-11, pagg. 9-11), che riprendeva un analogo articolo pubblicato su «Revue Automobile», si accennava al fatto che "due di queste vetture" erano state custodite in Svizzera da Rudolf Caracciola che attendeva "l'autorizzazione dagli Alleati e dalla CSI" per poterle impiegare in corsa. Altrove si racconta che le due W165 sarebbero state internate dalle autorità elvetiche, al loro passaggio clandestino della frontiera, nei burrascosi mesi del 1945, messe successivamente all'asta nel 1950, dopo che la Corte Federale ne aveva negato la restituzione a Caracciola, e aggiudicate all'importatore svizzero della Casa tedesca (cfr. K. Ludvigsen, pag. 59).

[9.] Anonimo, *Il calendario sportivo 1947 e la formula per le vetture Sport*, in «Auto Italiana», 1946, n.20, pag.29.

The 1939 championship situation was never clarified and lost importance. At a meeting of motor sport's world governing body in July 1946, the decision was taken not to concede international licences to German drivers and entrants.[6]

"As well as the various decisions taken by the different commissions and the election of officers, the only important resolution endorsed by the assembly, with a dubious procedure, was the approval of the new statute with which the AIACR became the Federation Internationale de l'Automobile. (…) The thorny question of the participation of German cars and drivers in motor sport was finally resolved with the following decision, subsequently approved by the general assembly of the AIACR: "Until the readmission of Germany to the AIACR, all groups, marques and associations are prohibited from participating in motor sport events with vehicles of German manufacture. The organisers, however, have ample authority, and under conditions they may wish to establish, may decide to admit or reject the entry of individual independent drivers who possess German vehicles. However, this ability will not be applied to German national drivers until Germany has been readmitted to the AIACR"[7].

In that way, the resolution excluded German drivers and teams from international competition. Only Rudolf Caracciola and Hans Stuck were unaffected by this provision, in that the former lived in Switzerland and held a Swiss licence and the latter had an Austrian licence.

This enabled Tony Hulman, the new owner of the Indianapolis Motor Speedway, to invite the German champion to the 500 Miles in 1946. Caracciola was to have driven a pre-war Mercedes-Benz, but it seems the British authorities did not give their permission to temporarily export the car.[8] So Caracciola was forced to compete with an American Thorne Engineering Special and was involved in a huge accident during practice, which put him in hospital for a long period of convalescence.

During the second week of October 1946, the FIA's CSI met for a second time and among their resolution was this: "The position of Caracciola and Stuck was also discussed in Paris. As the A.C. of Germany does not exist and given that there is no analogous German organisation affiliated to the FIA, the CSI has been unable to take a decision concerning the admission of the two drivers to international races and, therefore, the situation remains the one defined during the previous meeting".[9]

Meanwhile, there were encouraging signs that motor racing was starting up again: on 21-22 June 1947, the XIV Mille Miglia Coppa Franco Mazzotti was run over the route that recalled those of the Thirties: the event had been named after one of the race's creators, whose cargo plane was shot down over the Channel of Sicily on 15 November 1942. The following year, it was the turn of the 12 Hours of Paris and the 24 Hours of Spa to start up again. In 1949, the 24 Hours of Le Mans took place once more.

Nella prima Mille Miglia del dopoguerra (21-22 giugno 1947), fu ancora il campione Clemente Biondetti (in coppia con Emilio Romano) ad aggiudicarsi la gara, guidando un'Alfa Romeo 8C2900B berlinetta Touring.

Partnered by Emilio Romano, Clemente Biondetti won the first post-war Mille Miglia of 21-22 June 1947 in a Touring bodied Alfa Romeo 8C2900 B sports saloon.

[6.] *A similar decision was taken in relation to German drivers and teams at the end of the First World War.*

[7.] *Anonymous, "L'Assemblea dell'AIACR e i lavori delle Commissioni" in Auto Italiana, 1946, no. 13, pages 10-12.*

[8.] *The doubtful formula is right in that, in the article La "1500" Mercedes da corsa. La rivedremo in gara (Auto Italiana, 1946, no. 10-11, pages 9-11), which took up the analogous article published in Revue Automobile, the fact was mentioned that "two of those cars" were being kept in Switzerland with Rudolf Caracciola, who awaited "the authorisation of the Allies and the CSI" to use them in racing. Elsewhere, it is said that the two W165s were interned by the Swiss authorities during their clandestine passage to the frontier in the stormy months of 1945, subsequently put up for auction in 1950 after the Federal Court had negated their restitution to Caracciola and were bought by the Mercedes-Benz Swiss importer. (cfr K. Ludvigsen, page 59).*

[9.] *Anonymous, Il calendario sportivo 1947 e la formula per le vetture Sport, in Auto Italiana, 1946, no. 20, page 29.*

Alla 500 Miglia di Indianapolis del 1947 prese parte anche Tommy Lee con una Mercedes-Benz W154 sopravvissuta alla seconda guerra mondiale.

Tommy Lee competed in the 1947 500 Miles of Indianapolis in a Mercedes-Benz W154, which had survived the Second World War.

gi e della 24 Ore di Spa. Nel 1949 si disputò nuovamente la 24 Ore di Le Mans. L'Italia divenne la culla delle gare di durata riservate alle vetture Sport in quanto, oltre alla Mille Miglia, nel 1947, si corse anche la prima edizione della Coppa delle Dolomiti (organizzata dagli AC del Triveneto, su un percorso lungo circa 304 km); l'anno successivo si disputò sia il Giro di Sicilia-Targa Florio (si doveva compiere il periplo dell'isola lungo poco meno di 1.100 km), sia il Giro dell'Umbria (lungo 375 km), tutte gare di velocità di durata su strada. Nel 1949, per ripicca all'esclusione di Firenze dal percorso della Mille Miglia, gli Automobile Club toscani organizzarono anche la Coppa della Toscana su un percorso lungo circa 605 km.

Nell'assemblea della FIA tenutasi a Lisbona a giugno del 1949:

«Per ciò che concerne la domanda di ammissione dell'Automobile Club Von Deutchland e dell'Allgemeine [ADAC] (il secondo con sede a Monaco), l'Assemblea ha accolto all'unanimità la mozione presentata dal rappresentante dell'Automobile Club d'Italia colla quale si riafferma il principio inderogabile della unicità del potere sportivo. È stata accolta la richiesta di ammissione delle 2 organizzazioni germaniche per un periodo di due anni, demandando al più anziano dei due Automobile Club (l'Automobile Club Von Deutchland) i poteri sportivi».[10]

I risultati non si fecero attendere e al Salone di Parigi del 1949 era presente, per la prima volta dal dopoguerra, uno stand di una marca tedesca: la Mercedes-Benz. Iniziarono nuovamente ad apparire sui giornali indiscrezioni su nuove vetture da corsa tedesche:

«Un grandissimo punto interrogativo per la Germania! E questo interrogativo interessa soprattutto noi. E ciò perché mentre in Francia, Belgio e forse Inghilterra, sebbene ufficialmente riammessi nella F.I.A., i tedeschi non correranno per ragioni contingenti extra-sportive, in Italia verranno certamente e così anche in Svizzera. Nella «Formula 1» ci sono notizie vaghe. L'ing. Neubauer è stato in questi ultimi tempi assai attivo ed ha preso contatti che sembrerebbero forieri di una non lontana partecipazione Mercedes ai Grand Prix. Le due celebri 1500 cc, trionfatrici di Tripoli e che erano state congelate in Svizzera, sarebbero ormai a piede libero. Altre 1500 cc di grande potenza esisterebbero a Stoccarda. L'asso Lang è in piena efficienza, Von Brauchitsch, sposo novello, correrà in Sud America; si parla di Indianapolis... Insomma non ci sarebbe da stupire se dovessimo rivedere le argentee ululanti Mercedes sulla linea di partenza di alcuni Grand Prix 1950. Inutile dire quale enorme interesse rivestirebbe tale rentrée.[11]

L'idea di riutilizzare nelle gare del neonato Campionato del mondo del 1950, con qualche speranza di successo, le due W165 vittoriose a Tripoli nel 1939 si rivelò presto una romantica utopia, così come poterono saggiare le tre W154 inviate in Argentina.

[10.] Anonimo, *Il congresso di primavera della FIA*, in «Auto Italiana», 1949, n.12, pag.61.

[11.] G. Lurani, *Previsioni e indiscrezioni sulla attività sportiva del 1950*, in «Auto Italiana» 1949, n.23, pag.34.

Italy became the heart of endurance racing for Sport Category cars in that, as well as the Mille Miglia, the first Coppa delle Dolomiti was run in 1947. The race was organised by the AC of Triveneto and run over about a 304 kilometre route through the magnificent Dolomite mountains in northeast Italy. The following year, the Giro di Sicilia-Targa Florio was held, a race in which competitors had to circumnavigate the island for a distance of just under 1,100 km; then came the Giro dell'Umbria covering 375 km: all high speed races on the public roads. As petty vengeance for the exclusion of Florence from the Mille Miglia route, in 1949, the Tuscan automobile clubs put together the Coppa della Toscana, which was run over approximately 605 km.
At the FIA meeting in Lisbon in June 1949:
"For that which concerns the demand for admission by the Automobile Club von Deutschland and of the Allgemeine (ADAC) – the latter with its headquarters in Munich – the assembly unanimously accepted a motion by the representative of the Automobile Club d'Italia, with which the binding principal of oneness of sporting power was reaffirmed. The request for admission by the two German organisations was granted for a period of two years, transferring sporting power to the older of the two automobile clubs, the A.C. von Deutschland".[10]
Results were not long in coming. For the first time since the war, there was a German stand at the 1949 Paris Motor Show: Mercedes-Benz. Rumours of new German racing cars also began to appear in the newspapers.
"An extremely large question mark for Germany! And that question mark is of particular interest to us. While in France, Belgium and, perhaps England the Germans will not race for reasons contingent on the extrasportive, even if Germany is officially readmitted to the FIA, but they will certainly come to Italy and also Switzerland. There is vague information in Formula One. Recently, engineer Neubauer has been extremely active and has been in contact that would seem to herald a not too distant participation in Grands Prix by Mercedes. The two celebrated 1500 cc cars that won Tripoli, and which were stranded in Switzerland, could by now be free. Other extremely powerful 1500 cc cars exist in Stuttgart. The ace driver Lang is in full working order. Newly married von Brauchitsch will race in South America; there is talk of Indianapolis…indeed, it would not be surprising if we saw the Mercedes silver arrows howling on the circuits of some 1950 Grands Prix. It is useless to say what an enormous interest there would be in such a return".[11]

The idea of re-using the two W165s, which came first and second in Tripoli in 1939, in races for the new 1950 world championship with any hope of success soon revealed itself to be a romantic utopia, as was put to the test by the three W154s sent to Argentina.

Con la stessa vettura, l'anno successivo, fu Chet Miller a prendere parte alla classica 500 Miglia sul catino dell'Indiana.

The following year, Chet Miller raced the same car in the 500 Miles classic at the Indiana brickyard.

[10.] *Anonymous,* Il congresso di primavera della FIA, *in* Auto Italiana, *1949, no. 12, page 61.*
[11.] *G. Lurani,* Previsioni e indiscrezioni sulla attività sportiva del 1950, in «Auto Italiana» *1949, no. 23, page 4.*

Il rientro nelle competizioni della Mercedes-Benz si preannunciò clamoroso in tutti i sensi. Non solo per lo sforzo economico che la Casa aveva profuso («Auto Italiana» parlò di una spesa di circa 800.000 RM) nell'aggiornamento delle W154, ma anche perché oltre a Lang e a Kling, aveva declinato l'offerta Caracciola.[12] Una terza vettura doveva essere infatti affidata a Nino Farina, Campione del mondo del 1950 con l'Alfa Romeo, lasciato temporaneamente libero dalla Casa italiana che non poteva permettersi la trasferta. Poi giunse un'altra notizia clamorosa, che offese Farina e la stampa italiana di settore:

«Dunque Farina non andrà in Argentina e il suo posto sulla Mercedes sarà preso da Fangio, che con apprezzato gesto di cavalleria sportiva, ha acconsentito di caricarsi sulle capaci spalle le molte responsabilità e i rischi ai quali incautamente s'era esposto il pilota italiano suo compagno di squadra nell'«equipe» Alfa Romeo. Anche la Casa Mercedes, la grande Casa Mercedes, con altrettanto apprezzata cavalleria sportiva non ha voluto esser da meno. E dopo aver ceduto al gentile dilemma posto dell'A. C. Argentino per il quale le corse programmate non avrebbero avuto luogo se Fangio non avesse avuto una Mercedes, ha cortesemente informato Farina che dall'accordo pattuito non se ne doveva far niente più».[13]

A troncare le polemiche ci pensarono, prima, la riunione della CSI della FIA del 17-18 febbraio 1951 a Bruxelles, poi, la duplice vittoria della Ferrari due litri aspirata di Froilan Gonzalez nella *Temporada*. Nella riunione belga prevalse la corrente italiana, portavoce solo degli interessi della Ferrari, rispetto a quella inglese, che godeva anche dell'approvazione dell'Alfa Romeo. I nostri rappresentanti erano favorevoli all'adozione, a partire dal 1° gennaio 1954, di un regolamento tecnico totalmente nuovo derivato da quello della Formula 2 in uso all'epoca,[14] mentre quelli britannici auspicavano una proroga di quello in vigore. I delegati tedeschi, presenti solo con una funzione consultiva e senza ancora il diritto di voto, persa ogni speranza che venisse adottata una formula basata sul peso,[15] avevano ripiegato sulla tesi inglese nella speranza di soddisfare in qualche modo i desideri della Mercedes-Benz di utilizzare le vetture anteguerra aggiornate.

Alla *Temporada*, nel Gran Premio Peron, Froilan Gonzalez aveva preceduto Hermann Lang, Juan Manuel Fangio, Oscar Galvez, su un'altra Ferrari 2.000, e Karl Kling; nel Gran Premio Eva Peron Gonzalez aveva battuto nell'ordine Kling e Lang, mentre Fangio era stato costretto al ritiro. La delusione per la sconfitta subita fu cocente e la Casa tedesca decise di non dar seguito ai programmi che prevedevano anche, con le stesse vetture, la partecipazione a Indianapolis.

La speranza di ribaltare la situazione nella riunione della FIA di ottobre, che avrebbe dovuto ratificare le decisioni di febbraio della CSI e ammettere al voto anche il rappresentante della Germania, erano evidentemente molto fondate in casa Mercedes-Benz se, come documenta Ludvigsen,[16] il 15 giugno 1951 fu autorizzata la costruzione di cinque W165 complete e di cinque motori di scorta.

Alfred Neubauer era ottimista in quanto pensava anche che la W165, con Fangio al volante, sarebbe stata all'altezza delle Alfa Romeo 159 e delle Ferrari. Ma il giorno dopo lo svolgimento del Gran Premio di Germania, vista la velocità mostrata in pista dalle vetture italiane,[17] Rudolf Uhlenhaut concluse in una riunione che l'aggiornamento della W165 avrebbe permesso al massimo di eguagliare le prestazioni delle monoposto rosse, alle quali si stava aggiungendo minacciosa anche la BRM, peraltro ancora penalizzata da una modesta affidabilità.

Una vettura da corsa Mercedes-Benz completamente nuova non sarebbe stata pronta prima dell'estate 1952 e avrebbe potuto disputare solo la stagione 1953, l'ultima prevista con il regolamento tecnico in vigore. Fu quindi deciso di sviluppare una F.1 secondo le norme che sarebbero state adottate nel 1954 e, parallelamente, di sviluppare una vettura per le corse della categoria Sport.

[12.] Secondo Neubauer, Caracciola avrebbe risposto: 'Count me out, you won't win any prizes with those old soap-boxes.' 'Non fate conto su di me, non coglierete alcuna vittoria con quella vecchia scatola di saponette'. (pag.174).

[13.] Anonimo, *Fangio sulla Mercedes e Farina a piedi ovvero "sucesos de Argentina"*, in «Auto Italiana», 1951, n.2, pag.36.

[14.] La F.2, già Formula B, prevedeva una cilindrata fittizia massima di due litri per i motori aspirati e di 500 cc per quelli a compressore. Per la F.1 del 1954, era stato approvato dalla CSI un limite di 2.500 cc per i motori aspirati e di 750 cc per quelli a compressore, con un rapporto tra le cilindrate effettive di 3,3, ancora più penalizzante per questi ultimi rispetto al 3 litri imposto nel periodo 1947-1953. Il peso minimo era lasciato libero.

[15.] Era chiamata Formula N.

[16.] K. Ludvigsen, pagg.260-61.

[17.] Alberto Ascari aveva stabilito la pole in 9'55"8 con la Ferrari 4.500, tempo eguagliato nel giro più veloce in gara da Juan Manuel Fangio con l'Alfa Romeo 159. Hermann Lang, con la W154 tre litri a compressore (quindi di cilindrata doppia della 159), aveva stabilito la pole nel 1939 nel tempo di 9'54" e in gara aveva fatto segnare 9'52"2.

*Mercedes' return to motor racing was clamorously pre-announced in every sense. Not only for the financial effort the manufacturer had undertaken (*Auto Italiana *spoke of an expenditure of around 800,000 RM) in updating the W154s, but also because Lang, Kling and Caracciola had declined such an offer:*[12] *a third car was to have been driven by Nino Farina, the 1950 world champion with Alfa Romeo, who was temporarily freed by the Italian firm, which could not afford the change.*

Then, along came another clamorous piece of news, which offended Farina and the motor sport press: "So Farina will not go to Argentina and his place at Mercedes will go to Fangio, who, with an appreciated gesture of sportsmanship, had consented to take onto his able shoulders the many responsibilities and risks to which the imprudent Italian driver had exposed his team mate in the Alfa Romeo equip. Also Mercedes, the great Mercedes, with equally appreciated sportsmanship, did not want to do less. And after it had ceded to the kind dilemma posed by the A.C. of Argentina, for whom the programmed races would not take place if Fangio did not have a Mercedes, the A.C. kindly informed Farina that he did not have to do anything more concerning the agreement".[13]

The first move to put an end to the controversy was a meeting of FIA's CSI in Brussels on 17-18 February 1951 and then came the double victory of the normally aspirated Ferrari two-litre driven by Froilan Gonzalez in the Temporada.

At the Belgian meeting, the Italian faction prevailed as spokesmen only for the interests of Ferrari in relation to the English, which also enjoyed the approval of Alfa Romeo. The Italian representatives favoured the adoption of a totally new technical regulation, to come into effect on 1 January 1954 and derived from that of Formula 2 in use at the time,[14] *while the British hoped for a extension of those still in force. The German delegates, who were present only in a consultative capacity and still without the right to vote, lost all hope that a formula based on weight*[15] *would be adopted, and had retreated on the English thesis in the hope of satisfying the desire of Mercedes in some way to use updated pre-war cars.*

Froilan Gonzalez won the Temporada's *Grand Prix Peron from Hermann Lang, Juan Manuel Fangio, Oscar Galvez in another Ferrari 2000 and Karl Kling; in the Grand Prix Eva Peron, Gonzalez beat Kling and Lang in that order, while Fangio was forced to retire. Disappointment caused by the defeat was considerable and the German manufacturer decided not to continue with a programme that also included competing at Indianapolis with the same cars.*

The hope of overturning the situation in the FIA meeting of October, which was to have ratified the CSI's February decision and also allow the German representative to vote, was evidently well established at Mercedes if, as Karl Ludvigsen writes,[16] *the construction of five W165s and five spare engines was authorised on 15 June 1951. Alfred Neubauer was over-optimistic when he thought a W165 driven by Fangio would be up to the Alfa Romeo 159s and Ferraris. But having seen the speed of the Italian cars on the track,*[17] *the day after the Grand Prix of Germany Rudolf Uhlenhaut concluded in a meeting that the updated W165s would only be able to equal the performance of the red single-seaters, to which the threat of BRM was being added, although they were still penalised by modest reliability.*

A completely new Mercedes-Benz racing car would not have been ready before the summer of 1952 and would not be able to compete until the 1953 season, the last for the technical regulations in effect at the time. So it was decided to develop an F1 car in line with the rules that would be govern the 1954 season and, in parallel, to develop a car for Sport Category races.

In addition, the 1951 season spotlighted the fact that both Alfa Romeo and Ferrari would have had to design new cars to maintain the superiority they had achieved. Canestrini wrote in the Gazzetta:[18]

---

[12] *According to Neubauer, Caracciola replied, "Count me out, you won't win any prizes with those old soap boxes". (page 174).*

[13] *Anonymous,* Fangio sulla Mercedes e Farina a piedi ovvero "sucesos de Argentina", *In* Auto Italiana, *1951, no. 2, page 36.*

[14] *The F2, already Formula B, predicted a maximum fictitious cubic capacity of two litres for normally aspirated engines and 500 cc for those with superchargers. An F1 limit of 2,500 cc for aspirated engines and 750 cc for supercharged units was approved by the CSI for 1954. The ratio between the cubic capacities of 3.3 penalised the latter even more compared to the three litres imposed for the period 1947-1953. Minimum weight was unrestricted.*

[15] *It was called Formula N.*

[16] *K. Ludvigsen, pages 260-261.*

[17] *Alberto Ascari had taken pole position in 9'55"8 in a 4,500 cc Ferrari, a time equalled by Juan Manuel Fangio, when he set the fastest lap of the race in an Alfa 159. Hermann Lang in a supercharged three-litre W154 – therefore with double the cubic capacity of the 159 – took pole in 1939 with a time of 9'54" and clocked 9'52"2 in the race.*

[18] *G. Canestrini,* Incognite e prospettive della formula-corse, *in* La Gazzetta dello Sport, *26 September 1951.*

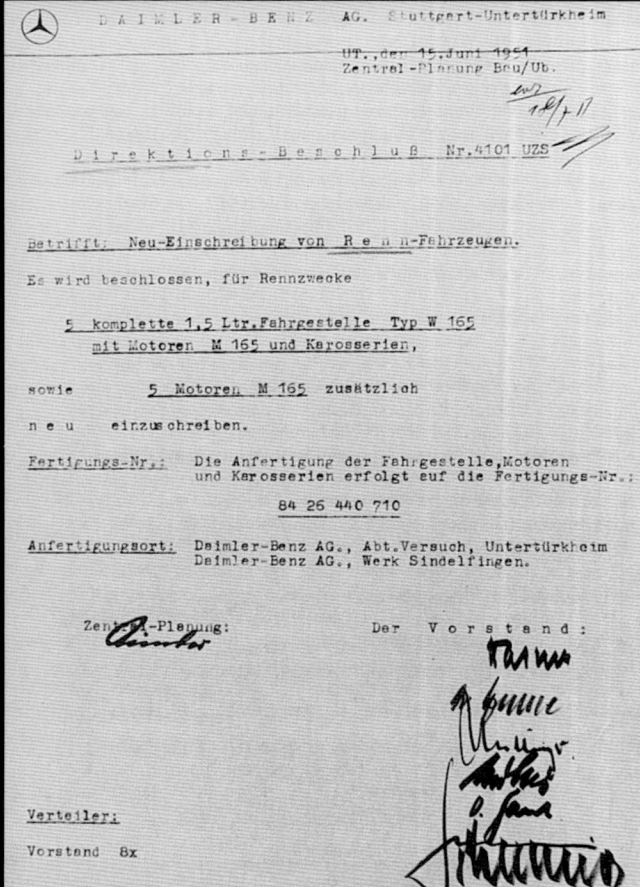

Il documento originale con il quale, nel 1951, la Mercedes-Benz autorizzava la costruzione di cinque nuove monoposto W165 complete e di cinque motori di scorta, con l'obiettivo di utilizzarle nel neonato Campionato del Mondo piloti. Quest'ambizioso progetto non ebbe tuttavia alcun seguito.

The original document with which Mercedes-Benz authorised the construction of five complete new W165s and five spare engines in 1951, with the objective of entering them for the newly created drivers' world championship. But this ambitious project never came to pass.

La stagione 1951 aveva inoltre messo in luce il fatto che tanto Alfa Romeo quanto Ferrari avrebbero dovuto progettare ex-novo le loro vetture per mantenere la superiorità raggiunta. Scriveva Canestrini sulla «Gazzetta».[18]

«Come dichiarava uno degli esperti della nostra Pirelli, interpellato sulla questione "formula": "Siamo in regime di slittamento – nelle vetture da corsa della F.1 – fino a velocità di 200/210 km all'ora". [...] L'una e l'altra delle nostre Case non possono evidentemente trascurare il problema pneumatici, e debbono per lo meno prevedere soluzioni modernissime, non esclusa la trazione integrale che fino ad oggi non ha avuta applicazione nel campo delle vetture da corsa, se non nella Cisitalia Grand Prix, peraltro non ancora collaudata».

Infatti tanto l'Alfa Romeo,[19] quanto la Mercedes-Benz si stavano muovendo in quella direzione.

La riunione parigina del 2-3 ottobre della FIA ribadì quanto già approvato a Bruxelles con cinque voti favorevoli (Italia, Francia, Portogallo, Belgio e Svizzera), tre astenuti (Stati Uniti, Brasile e Monaco) e uno contrario (Gran Bretagna).[20] Di un certo interesse fu il nuovo calendario del Campionato che conteneva tra le prove valide, come già nel 1950 e nel 1951, anche la 500 Miglia d'Indianapolis, con la motivazione che "si è ripreso il regolamento originario che non fa distinzione tra la formula uno e le altre formule applicate eventualmente nei Grandi Premi".

Commentava, sempre, il preveggente Giovanni Canestrini:

«Già si hanno i sintomi di un certo disorientamento o, se volete, di un'evoluzione non certo ortodossa. In primo luogo il Campionato del Mondo non si disputerà solamente attraverso i Grandi Premi di formula uno, ma attraverso dieci Grandi Premi che potranno anche essere retti da formule di corsa diverse. E, per la classifica del campionato saranno, come al solito, presi in considerazione solo quattro Grandi Premi. Potremo così avere nel 1952 un campione del mondo consacrato da corse della formula libera o della formula due o della cosiddetta formula bis, oltrechè da quelle disputate con la formula uno, ufficialmente in vigore».[21]

Con questo abile *escamotage* si salvò il Campionato del 1952. Infatti, come era prevedibile, dopo il Gran Premio di Peña Rhin, l'ingegner Antonio Alessio, direttore generale dell'Alfa Romeo, così scrisse a Canestrini, annunciando il ritiro dalle gare di formula:

[18.] G. Canestrini, *Incognite e prospettive della formula-corse*, in «La Gazzetta dello Sport», 26 settembre 1951.

[19.] Si veda il progetto dell'Alfa Romeo 160, a quattro ruote motrici, poi prevista per un dodici cilindri aspirato di 2.500 cc per la nuova formula (L. Fusi, pagg.497-502). Analoga soluzione stava studiando anche Fritz Nallinger (K. Ludvigsen, pag.262).

[20.] La Germania fu ammessa ufficialmente con diritto di voto solo dopo l'assemblea della FIA dell'ottobre 1951. Nel tentativo disperato di ribaltare la situazione, l'Alfa Romeo propose senza successo di fare votare i soli delegati dei paesi costruttori che avrebbe portato a una situazione di parità, vista l'astensione degli USA.

[21.] G. Canestrini, *Una formula bis Europa-USA?*, in «La Gazzetta dello Sport», 11 ottobre 1951.

"As one of the experts of our Pirelli said when asked about the 'formula', 'We are in situation of skidding – with the F1 racing car – up to a speed of 200/210 km/h. (...) Neither of our manufacturers can possibly, evidently, ignore the tyre problem, and must at least provide for extremely modern solutions, not excluding four-wheel drive which, until today, has not been used for racing cars except by the Cisitalia Grand Prix, which has not, however, been tested yet".

In actual fact, both Alfa Romeo[19] and Mercedes-Benz were moving in that direction.

The FIA meeting in Paris on 2-3 October reasserted what had already been approved in Brussels with five votes in favour (Italy, France, Portugal, Belgium and Switzerland), three abstentions (the United States, Brazil and Monaco) and one against (Great Britain).[20] The new championship calendar was of a certain interest and included the 500 Miles of Indianapolis among its races, as had been the case in 1950 and 1951. This was done on the basis of "having taken on the original regulations once more, which do not distinguish between Formula One and other formulas eventually applied in Grands Prix".

Commented the far-seeing Giovanni Canestrini:

"There are already symptoms of a certain disorientation or, if you will, an evolution that was certainly nor orthodox. In the first place, the world championship will not be competed for only in Formula One Grands Prix, but with 10 Grands Prix that could also be run under different racing formulae. And as usual, only four Grands Prix will be taken into consideration for the championship's classification. So in 1952, we could have a world championship comprised of races of formula libera or formula two or the so-called formula bis, as well as those competed for in formula one, officially in effect".[21]

The 1952 championship was saved with this able escamotage. *In fact, as could be expected, after the Grand Prix of Pena Rhin, engineer Antonio Alessio, managing director of Alfa Romeo, wrote this to Canestrini, announcing his company's retirement from formula racing:*

"The punch below the belt thrown at us in Brussels last February by the Italian delegates marked the death of the supercharger. It annihilated, that is, the glory of Italian engine technique, initially established thanks to Fiat with the triumphs of Strasburg in 1923 and those that came afterwards, and followed victoriously by Alfa Romeo in 25 years of a supremacy, which is unsurpassed even today. Alfa Romeo, which still races with its 1939 cars, cannot affront the indispensable expenditure for the two years of the duration of the formula to modernise its racing material, because

Il modello in scala della Mercedes-Benz W154 munita di pinne aerodinamiche supplementari, studiata in vista di una possibile partecipazione alla 500 Miglia di Indianapolis del 1951.

A scale model of the Mercedes-Benz W154 with supplementary aerodynamic fins, designed for possible participation in the 1951 500 Miles of Indianapolis.

---

[19] *See the Alfa 160 four-wheel drive project then envisaged as a 12-cylinder, normally aspirated 2,500 cc for the new formula. (L. Fusi, pages 497-502). Fritz Nallinger was studying an analogous development (K. Ludvigsen, page 262).*

[20] *Germany was only officially admitted with voting rights after the FIA assembly of October 1951. In a desperate attempt to overturn that decision, Alfa Romeo unsuccessfully proposed that only the delegates of the constructor countries should be permitted to vote, which would have lead to a parity situation, given the abstention of the U.S.A.*

[21] *G. Canestrini,* Una formula bis Europe-U.S.A. in La Gazzetta dello Sport, *11 October 1951.*

«Il colpo basso vibratoci a Bruxelles nello scorso febbraio dai delegati italiani ha segnato la morte del compressore, ha annientato, cioè, una gloria della tecnica motoristica italiana, affermatasi inizialmente per merito della Fiat coi trionfi di Strasburgo nel 1923 e seguenti e proseguita vittoriosamente dall'Alfa in venticinque anni di un predominio tuttora insuperato. L'Alfa Romeo, che corre ancora con le vetture del 1939, non può, per i due anni di durata della formula, affrontare le spese indispensabili, e sono ingenti, per rimodernamento del proprio materiale di corsa, perché ricava i fondi necessari non da cervellotiche sovvenzioni statali,[22] ma dal proprio bilancio di esercizio, in sostituzione alle spese ordinarie di pubblicità. La nuova formula almanaccata a Bruxelles nega il progresso perché riduce le potenze, aumenta la pericolosità delle corse in quanto il livellamento delle potenze spinge oltre limiti tollerabili l'audacia dei piloti, trasformando le corse in corride».[23]

Ferrari, infatti, era riuscito a sferrare a Parigi anche un altro micidiale colpo alla rivale connazionale, riuscendo a far approvare dalla Commissione Sportiva Internazionale che «…per le grandi prove la corsa dovrà comportare sia un percorso di circa 500 chilometri da compiere in una sola tratta, sia un percorso corrispondente ad una durata di circa 3 ore», norma che imponeva alle più assetate vetture con compressore l'obbligo di almeno un rifornimento in più rispetto alle aspirate.

Così, Ferrari, in una sola mossa, era riuscito a sbarazzarsi di tutti i rivali temibili presenti,[24] eliminando in sovrappiù una connazionale che poteva accedere alle medesime fonti di finanziamento statale, e spiazzare la pericolosa concorrenza futura, costituita dalla Mercedes-Benz.

Così, senza che mai un'assemblea della FIA l'avesse sancito, il Campionato del mondo del 1952 fu disputato dalle F.2, categoria nella quale la Ferrari era già pronta e in una situazione di predominio, con esclusione della 500 Miglia di Indianapolis, riservata alla scaduta formula internazionale del 1939.

Ma il Campionato, allora, voleva stabilire solo una graduatoria tra i conduttori e non tra le Case.

[22.] Non si erano ancora sopite le polemiche legate all'operazione Cisitalia. Ricordano, in proposito, Balestra e De Agostini: "All'inizio del 1950 è tutto un incrociarsi di tentativi e di lettere per cercare di recuperare un finanziamento che possa finalmente permettere la definitiva messa a punto della [Cisitalia 360] Grand Prix, sì da poterla schierare al via di qualche competizione. E un turbine epistolare fra il dottor Alberto Chiari, presidente della Cisitalia, il professor Franco Gronda di Villalba liquidatore concordatario, l'avvocato [Giulio] Onesti presidente del CONI, il principe Filippo Caracciolo presidente dell'ACI e varie personalità di governo, come il sottosegretario alla presidenza del consiglio Giulio Andreotti. Ad un certo momento si punta ancora una volta sul prestigio personale del grande Tazio Nuvolari, che riceve una lettera di mandato. Ma anche gli sforzi di Nuvolari non riescono a smuovere l'indifferenza politica e non si riesce ad ottenere lo sperato finanziamento di 50 milioni di lire, che sarebbe stato sufficiente per il completamento della vettura." [pag.176]

[23.] Da Antonio Alessio a Giovanni Canestrini, lettera, Barcellona, 29 ottobre 1951, in «La Gazzetta dello Sport», 30 ottobre 1951.

[24.] Le Ferrari.

it does not obtain the necessary funds from a hair-brained state subsidy[22] but from its own balance sheet in substitution of the ordinary cost of advertising. The new formula dreamt up in Brussels denied progress because it reduced power, increased the danger of racing in that the equalisation of the power pushes the daring of the drivers beyond tolerable limits, transforming races into bullfights".[23]

In Paris, Ferrari was also able to land another crippling blow on its national rival, succeeding in making the International Sporting Commission approve "…major races must cover both a distance of about 500 kilometres to be completed in a single tranche as well as a distance corresponding to a duration of around three hours", a rule that imposed the obligation to refuel at least once more than the normally aspirated cars on the thirstier supercharged machines.

That is how Ferrari was able to get rid of all its most feared rivals[24] in one single move, eliminating another national team that could have access to the same source of state finance – and crowd out the future dangerous competition constituted by Mercedes-Benz.

So, without a FIA assembly ever sanctioning such a move, the 1952 world championship was competed for by F2 cars, a category in which Ferrari was already well prepared and in a situation of dominance, with the exclusion of the Mille Miglia, which was run under the outdated 1939 international formula.

But the championship only wanted to establish a classification among drivers and not manufacturers.

1° febbraio 1951: Gran Premio Evita Peron (Buenos Aires). Karl Kling impegnato in corsa al volante della Mercedes-Benz W165.

1st February 1951, Grand Prix Evita Peron, Buenos Aires: Karl Kling competing in the race at the wheel of the Mercedes-Benz W165.

[22] *The controversy associated with the Cisitalia operation had still not been settled. On this matter, Balestra and De Agostini recall: "at the start of 1950, it was all a tangle of attempts and letters to try to obtain finance that could finally permit the definitive tuning of the (Cisitalia 360) Grand Prix so as to be able to enter it for some competitions. There was a swirling exchange of letters between Dr. Alberto Chiari, president of Cisitalia, Professor Franco Gronda di Villalba, the official receiver, the lawyer (Giulio) Onesti, president of CONI, Prince Filippo Caracciolo, president of the ACI, and various government personalities, such as the under-secretary to the Prime Minister, Giulio Andreotti. At a certain moment, they focused once more on the prestige of the great Tazio Nuvolari, who received a letter of mandate. But even the efforts of Nuvolari were unable to budge political indifference and they were unable to obtain the hoped for finance of 50 million lire, which would have been sufficient for the completion of the car". (Page 176).*

[23] *From Antonio Alessio to Giovanni Canestrini, letter, Barcelona, 29 October 1951, in* La Gazzetta dello Sport, *30 October 1951.*

[24] *Apart from Alfa Romeo, BRM also used superchargers. Cisitalia was in a failing financial situation, but it's Grand Prix car was fitted with a supercharger, too. The French Talbots were normally aspirated, but they were not of a level of performance that worried Ferrari.*

1952

XIX MILLE MIGLIA COPPA FRANCO MAZZOTTI

Nella citata riunione del 15 giugno 1951, oltre a porre le basi del rientro in F.1 della Casa tedesca, poi rimandato al 1954, si stabilì anche di partecipare alle competizioni riservate alla categoria Sport.

Sicuramente era una scelta che molti costruttori stavano seriamente valutando, in quanto sui giornali di settore italiani si parlava del fatto che la Lancia stesse preparando nuove vetture per le competizioni di durata, così come circolavano notizie di un progetto della Fiat per una due litri ad alte prestazioni utilizzabile in corsa.

Anche l'ing. Alessio, nell'annunciare il ritiro dell'Alfa Romeo dalla F.1, aveva confermato che ciò non avrebbe significato l'astensione dalle competizioni e che la sua Casa avrebbe partecipato alla Mille Miglia e alla 24 Ore di Le Mans.

Fritz Nallinger, prendendo a esempio quanto avevano fatto alla Jaguar con la XK120C, chiese a Rudolf Uhlenhaut e ai suoi di preparare una vettura che utilizzasse il maggior numero possibile di componenti della Mercedes-Benz 300 (W186) che era stata appena presentata al Salone dell'Automobile di Francoforte nel maggio del 1951. Vi era, tuttavia, una differenza sostanziale: il motore della Jaguar XK era stato progettato durante la guerra senza pensare alla vettura che lo avrebbe adottato, ma allo scopo di ottenere un propulsore dalle brillanti prestazioni, come evidenziavano il doppio albero a camme in testa e le camere di scoppio emisferiche, anche se i progettisti ne avevano trascurato l'impiego sportivo, fatto questo che l'avrebbe fatto nascere con una cilindrata o di tre litri o di cinque litri tondi, così da porlo al limite di una delle classi previste dall'Allegato C.

Il motore Mercedes-Benz nasceva invece per animare una lussuosa berlina di classe superiore, senza particolare attenzione alle prestazioni. Anche se entrambi i sei cilindri avevano un pesante monoblocco in ghisa, quello tedesco era dotato di una testata con un solo albero a camme in testa, che azionava le valvole tramite punterie a dito e con condotti di aspirazione e scarico posti sul medesimo lato, che si ostacolavano limitandone la larghezza. Altro vincolo progettuale del motore tedesco era dato dalla disposizione parallela delle valvole nella camera di scoppio a tetto, fatto che costituiva un'ulteriore limitazione del diametro massimo delle valvole. Per riassumere, la struttura del motore Mercedes-Benz M194, che avrebbe spinto la Mercedes-Benz 300SL (W194), non nascondeva minimamente le sue pacifiche origini, così come il pesante cambio a quattro marce adottato, preso in prestito, per ragioni di economia, dalla berlina W186, al pari delle sospensioni e del differenziale.

Il punto di forza della W194 era costituito dal suo chassis a traliccio spaziale, che sicuramente non rappresentava una novità in assoluto in quanto era stato preceduto in questo tipo di costruzione da quello dell'Aston Martin Atom, disegnato da Claude Hill nel 1939, da quelli impiegati nei modelli da questa derivati, da quelli della Cisitalia e della Jaguar XK120C appunto. Al confronto di questi, i classici telai tubolari a longheroni delle Ferrari sembravano antiquate scale a pioli metalliche.

Per il rientro della Mercedes-Benz nelle competizioni della categoria Sport, previsto per la stagione 1952, la Casa di Stoccarda decise di allestire un'apposita versione della Mercedes-Benz 300 (W 186), apparsa al Salone di Francoforte proprio nel maggio del 1951. La 300SL da corsa fu equipaggiata con un motore 6 cilindri monoalbero siglato M194, strettamente derivato da quello di serie.

For Mercedes-Benz' return to motor racing in the Sport category, which was to have been in 1952, the Stuttgart manufacturer decided to construct a purpose-built version of the 300 (W186), which had appeared at the Frankfurt Motor Show in May 1951. The racing 300 SL was equipped with a six-cylinder single-cam engine coded M194 and was derived strictly from normal production.

XIX MILLE MIGLIA COPPA FRANCO MAZZOTTI

As well as laying down the basis for its return to Formula One, which was later postponed until 1954, the previously mentioned Mercedes-Benz meeting of 15 June 1951 also decided to compete in Sport Category events.

It was a matter many manufacturers were evaluating. For example, the Italian newspapers talked of Lancia being intent on preparing new cars for endurance racing. Word was also doing the rounds about a new Fiat project - a high performance two-litre car for such races.

In announcing Alfa Romeo's retirement from Formula One, engineer Alessio also confirmed the move would not mean his company would stop competing in motor sport: Alfa would contest both the Mille Miglia and the 24 Hours of Le Mans.

Taking a leaf out of Jaguar's book with the XK120C, Fritz Nallinger asked Rudolf Uhlenhaut and his colleagues to prepare a racing car that was built of the greatest possible number of components from the Mercedes 300 (W186), a saloon car that had just been unveiled at the year's Frankfurt Motor Show in May. But there was a important difference to take into account: the Jaguar XK engine was projected during the Second World War without the designers knowing which car would use it, but with

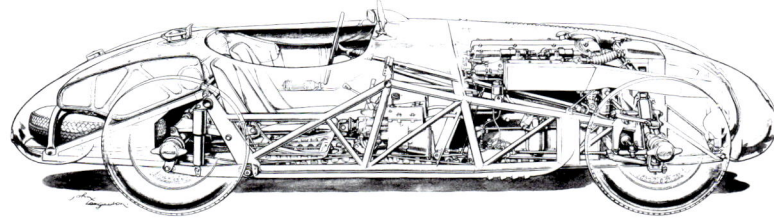

Uno degli elementi più innovativi della 300SL era il telaio a traliccio tubolare (tecnologia, già usata dalla Cisitalia, dall'Aston Martin e dalla Jaguar con la XK120C (in alto, al centro), che costituì un passo avanti rispetto ai telai a longheroni e traverse delle Ferrari Sport (in basso quello della Ferrari 166 S).

One of the most innovative aspects of the 300SL was its space frame trellis chassis with a complex framework of small-diameter tubes, a type of technology already being used by Cisitalia, Aston Martin and Jaguar for the XK 120 C (above, centre). The Mercedes-Benz technique represented a step forward on the longitudinal and cross members chassis used for the Ferrari Sport cars, as shown in the illustration of the Ferrari 166 S below.

the objective of creating an engine of lively performance, as evidenced by its twin overhead camshaft and hemispheric combustion chambers. The engineers had ignored any possible motor sport use, a fact that would have obliged the Jaguar engineers to conceive a power unit with either a three or five litre cubic capacity, forcing it to the limit of one of the Appendix C classes.

The Mercedes-Benz engine was originally developed to power a luxurious saloon of superior class, without paying any special attention to performance.

Even if both the six cylinders had heavy blocks in cast iron, the German unit had a single overhead camshaft cylinder head. That worked the valves by finger tappets with inlet and exhaust ports positioned on the same side, which obstructed them and limited the diameter. Another of the German engine's design constraints was the parallel disposition of the valves in the roofed combustion chamber, because it was a further limitation on the maximum diameter of the valves. The architecture of the Mercedes M194 engine, which was

Nella pagina a fronte.
Le due porte incernierate orizzontalmente sul padiglione della vettura costituivano la peculiarità della 300SL. Tale soluzione aveva permesso ai tecnici di Stoccarda, non solo di rispettare la norma prevista in materia dall'allegato C al Codice Sportivo (...la portiera dovrà avere una larghezza di almeno 40 cm (...) e un'altezza di 20 cm), ma soprattutto di non indebolire la struttura reticolare, laterale dello chassis. L'immagine in basso mostra una 300SL (00006/52) con le porte già modificate, fotografata a Brescia prima delle verifiche tecniche. Tale modifica era stata richiesta dagli organizzatori della 24 Ore di Le Mans.

Opposite page. The two doors hinged horizontally to the car's roof group were unusual features of the 300SL. That method enabled the Stuttgart technicians to not only respect the regulations of Appendix C of the Sporting Code (...the doors must have a width of at least 40 cm (...) and a height of 20 cm) but, in particular, did not weaken the reticular, lateral structure of the chassis. The picture below shows 300 SL 00006/52 with the doors already modified, a car that was taken at Brescia before scrutineering. That modification had been requested by the organisers of the 24 Hours of Le Mans.

Ciò che tuttavia colpì l'immaginario collettivo, quando la 300SL fu presentata alla stampa, il 12 marzo 1952 sull'autostrada verso Heilbronn, furono le due porte incernierate orizzontalmente sul tetto della vettura. I progettisti erano ricorsi a quest'artifizio per non indebolire le fiancate reticolari laterali, riducendone l'altezza in corrispondenza dell'accesso all'abitacolo per il quale l'Allegato C imponeva all'epoca: «Tutte le vetture dovranno essere munite di almeno una portiera rigida con dispositivo di chiusura e cerniera, a lato della carrozzeria; la portiera dovrà avere una larghezza di almeno 40 cm, misurata orizzontalmente nella sua parte superiore, ed una altezza di almeno 20 cm sopra il pavimento, misurata verticalmente per tutta la larghezza della portiera stessa. La superficie della portiera dovrà essere di dimensioni sufficienti affinché vi si possa inscrivere un rettangolo di 40 cm di larghezza misurata orizzontalmente, e di 20 cm di altezza misurata verticalmente. La portiera dovrà essere costruita in modo da consentire realmente e direttamente l'accesso ai sedili anteriori».

La singolare conformazione delle porte era così commentata da «Auto Italiana»:
«La Mercedes ha sagacemente interpretato il regolamento internazionale e le portiere danno effettivamente accesso ai posti della macchina sebbene in modo non certo confortevole e ortodosso! In tal modo i tecnici della grande Casa tedesca hanno potuto usufruire di una grande trave laterale portante con risparmio di peso e guadagno di rigidità. Il regolamento è seguito alla lettera se non proprio nello spirito, ma non c'è nulla da eccepire in proposito».[1]

[1.] Anonimo, *La nuova Mercedes "Mille Miglia"*, in «Auto Italiana», 1952, n.6, pag.48.

La nuova berlinetta della Casa di Stoccarda, presentata per la prima volta alla stampa il 12 marzo 1952, era caratterizzata da linee morbide e rotonde alternate ad ampie superfici tese e profilate in un insieme di grande impatto ed equilibrio. L'esemplare raffigurato in queste immagini è il primo prototipo costruito.

The Stuttgart manufacturer's new sports saloon, which was introduced to the press on 12 March 1952, was of soft, round line, which alternated with taut, trim surfaces in a car of tremendous impact and equilibrium. The 300SL shown in these pictures is the first prototype ever built.

to power the 300SL (W194), showed why that engine was not conceived for racing in an unequivocal manner, as was also confirmed by the heavy, four-speed gearbox adopted – better to say borrowed for economy reasons from the W186 saloon, as were the suspension and differential.

The strength of the W194 was its trellis space frame chassis, which was certainly nothing new, having been used previously by the Aston Martin Atom designed by Claude Hill in 1939, and in his later cars. Cisitalia and the Jaguar XK120C took the same route. Compared to those chassis, the classical tubular longitudinal member units of the Ferraris seemed like antiquated, rigid metal ladders.

What stunned the collective imagination on 12 March 1952, when the 300SL made its debut on the Heilbronn motorway, were the two doors hinged horizontally on the car's roof. The designers decided on this stratagem so as not to weaken the lateral reticular sides, reducing the height in correspondence with access to the cab in relation to that which Appendix C imposed at the time:

"All cars should be fitted with at least one rigid door with a closing device and hinge at the side of the body. The door must be at least 40 cm wide, measured horizontally in the uppermost area, and have a height of at least 20 cm above the pavement, measured vertically across the whole width of the door itself. The surfaces of the door must be of dimensions sufficient to provide a rectangle of 40 cm in width, measured horizontally, and 20 cm in height measured vertically. The door must be made in such a way as to allow true and direct access to the front seats".

The singular conformation of the door was commented on in this way by Auto Italiana:

"Mercedes has astutely interpreted the international regulation and the doors do, in fact, provide access to the seats of the car, even if not in a comfortable and orthodox manner! In that way, the German manufacturer's technicians have been able to use a large load-bearing lateral beam with a saving of weight and ensuring greater rigidity. The regulation was followed to the letter, even if not exactly in spirit, but it is nothing to object about".[1]

With his usual exuberance and self-confident imagination, which distinguished him from other men, Alfred Neubauer recalled scrutineering in Piazza della Vittoria in his autobiography:

"I'm never likely to forget 2 May 1952, the day my second youth began, the day Mercedes-Benz returned to motor racing for the first time since 1939. Only once had the Mille Miglia been won by a non-Italian – in 1931 by Rudi Caracciola. Twenty-one years

[1]. Anonymous, 'The new Mercedes 'Mille Miglia', in Auto Italiana, 1952, no. 6, page 48.

Con la solita esuberanza (e spigliata fantasia) che lo contraddistingueva, così racconta nella sua autobiografia Alfred Neubauer le verifiche tecniche in Piazza della Vittoria:

«I'm never likely to forget May 2nd, 1952, the day my second youth began, the day Mercedes-Benz returned to motor-racing for the first time since 1939. Only once had the Mille Miglia been won by a non-Italian – in 1931 by Rudi Caracciola.

Twenty-one years later he was back in Brescia at the wheel of a Mercedes car. Most of the other drivers were young enough to be his sons.

With him were his old rival, Hermann Lang, and the forty-year-old Karl Kling.

I was in my element again, organising, planning, juggling with schedules and stop-watches, keeping the mechanics on their toes and never letting my three protégés out of my sight. I tried not to notice that so many things had changed, that so many old friends were no longer there: Achille Varzi, Professor Porsche, Dr. Feuereissen. Fortunately there was very little time for sentimental memories. Shortly before the start a crisis blew up when the Italians protested that the gull-wing doors of our new '300SL' were contrary to the regulations. After a great deal of heated discussion, Brescia's Sport President gave his ruling: The Mercedes doors were completely in order».[2]

Alle verifiche tecniche in vista della Mille Miglia, la Mercedes-Benz si presentò con due versioni distinte della 300SL: una con il vano d'accesso all'abitacolo di dimensioni ridotte (già presente sul prototipo), come sull'esemplare n. 623 (al centro), con Karl Kling e Hans Klenk; una seconda, in alto, con gli ingegneri Fritz Nallinger e Rudolf Uhlenhaut, con le porte allungate verso il pianale in modo da consentire un più comodo accesso ai sedili anteriori.

Mercedes-Benz went to Mille Miglia scrutineering with two distinct versions of the 300SL. One had an opening of reduced dimensions that gave access to the cockpit, which was already the case with the prototype and car 623 (centre), next to which Karl Kling and Hans Klenk are posing. The second, in the picture above with engineers Fritz Nallinger and Rudolf Uhlenhaut, had its doors lengthened toward the floor pan for easier access to the front seats.

Le contestazioni dei Commissari Tecnici non nascevano infatti dalle dimensioni relative alle superfici delle porte che permettevano l'introduzione nell'abitacolo di un rettangolo di 40x20 cm, ma bensì dall'opinione che esse non consentissero "direttamente l'accesso ai sedili anteriori".

Non a caso, l'Automobile Club de l'Ouest, organizzatore della 24 Ore di Le Mans, il 14 marzo 1952, aveva risposto alla Mercedes-Benz, che l'aveva interpellato, giudicando la Mercedes-Benz 300SL non conforme all'Allegato C e indicando come le porte dovessero essere allungate verso il pianale, in modo da consentire il richiesto "accesso diretto ai sedili anteriori".

[2] "Non dimenticherò mai il 2 maggio 1952, il giorno dell'inizio della mia seconda gioventù, quando la Mercedes-Benz è ritornata alle corse dopo il 1939. Solamente una volta la Mille Miglia era stata vinta da un pilota non italiano, nel 1931 da Caracciola. Ventun'anni più tardi, lui ritornava a Brescia alla guida di una Mercedes. La maggior parte degli altri piloti erano abbastanza giovani per essere suoi figli. In squadra con lui vi erano l'amico avversario Hermann Lang e il quarantenne Karl Kling. Io ero ritornato nel mio elemento, organizzando, progettando, tenendo i meccanici all'erta e non lasciando mai i miei tre protetti fuori dalla vista". A. Neubauer, pag.177.

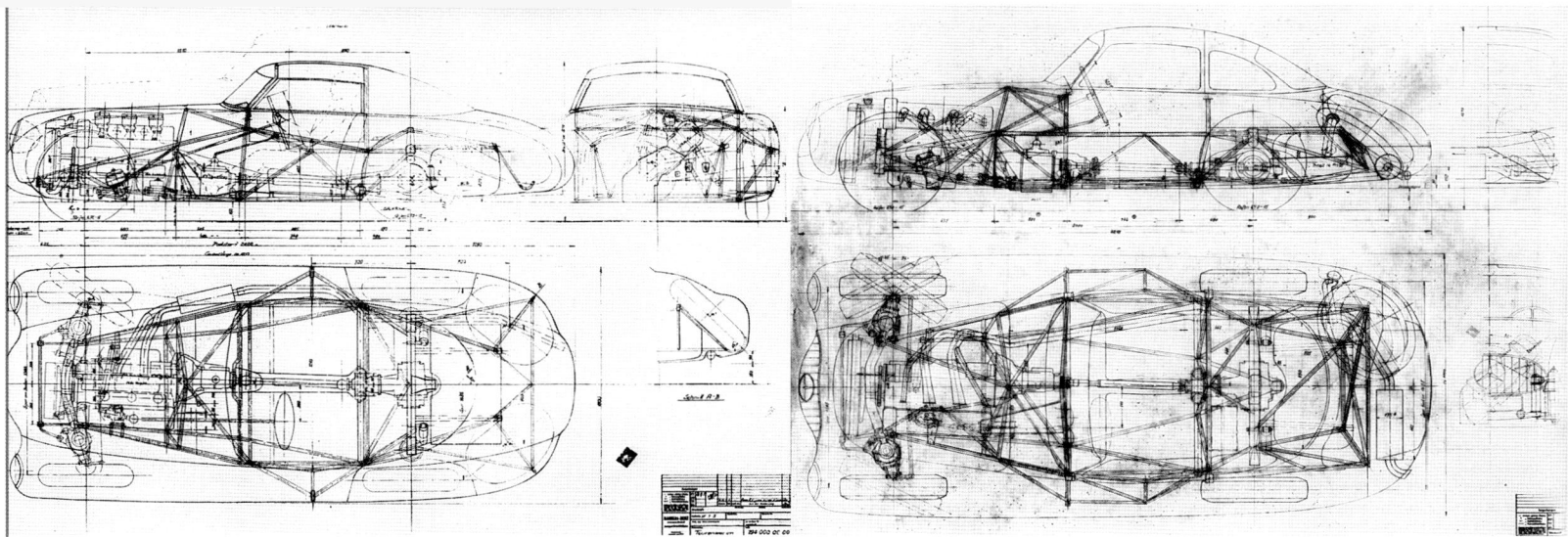

later, he was back in Brescia at the wheel of a Mercedes car. Most of the other drivers were young enough to be his sons. With him were his old rivals Hermann Lang and 40-year-old Karl Kling.
I was in my element again, organising, planning, juggling with schedules and stopwatches, keeping the mechanics on their toes and never letting my three protégés out of my sight. I tried not to notice that so many things had changed, so many old friends were no longer there: Achille Varzi, Professor Porsche, and Dr. Feuereissen. Fortunately, there was very little time for sentimental recollection.
A crisis blew up shortly before the start, when the Italians protested that the gullwing doors of our new 300SL were contrary to the regulations. After a great deal of heated discussion, Brescia's Sport President gave his ruling. The Mercedes doors were completely in order".²
The protests of the scrutineers had nothing to do with the dimensions of the door surfaces, which permitted the introduction of a rectangle to the cab of 40x20 cm, but underlined how it was that these did not permit "direct access to the front seats".

Due progetti originali della Casa (in alto), consentono di apprezzare i diversi telai predisposti per la Mercedes-Benz 300SL. In basso, un'interessante schizzo quotato, che illustra la conformità, secondo la Casa, della 300SL ai dettami dell'Allegato C.

The comparison of these two original projects by Mercedes-Benz shows the different chassis developed for the 300SL. There is an interesting sketch below, which illustrates the 300SL's conformity to the dictates of Appendix C, according to the manufacturer.

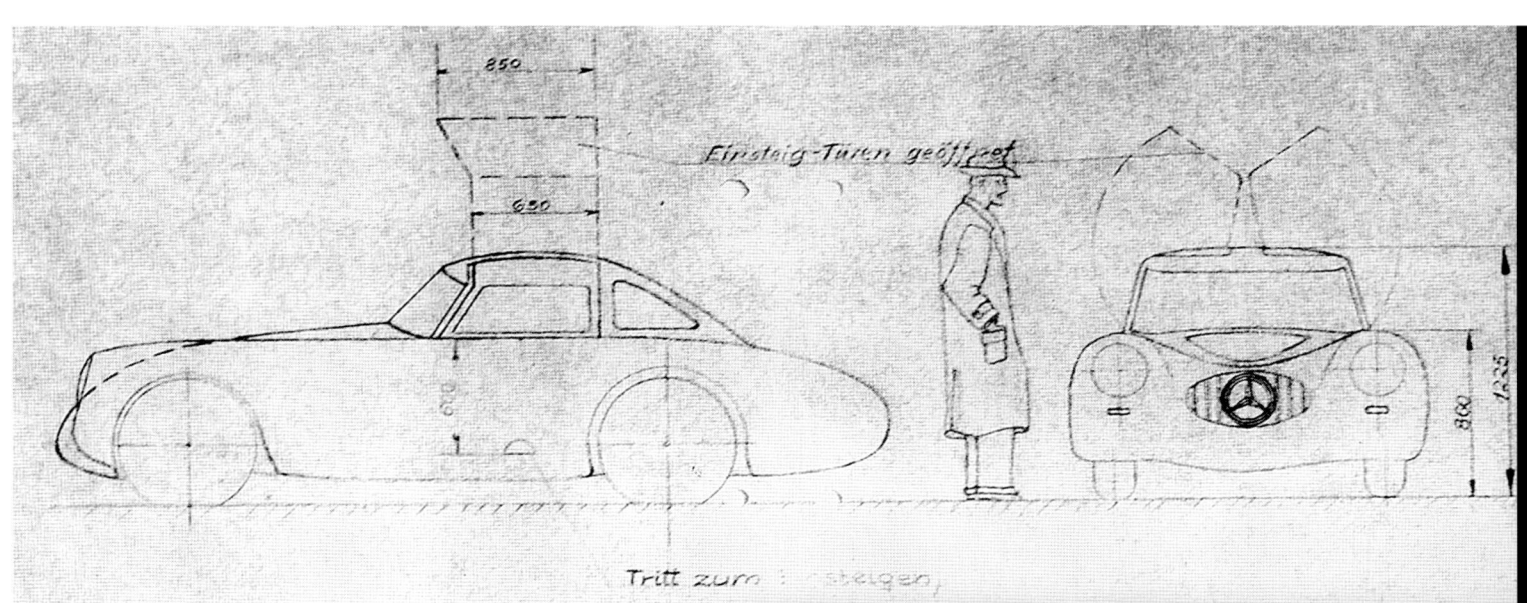

² A. Neubauer, page 177.

Le richieste avanzate alla Mercedes-Benz dai Commissari Sportivi francesi generarorno molte perplessità alla Mille Miglia. Non a caso, lo stesso Charles Faroux (nelle foto in alto con il cappello al centro), direttore di gara a Le Mans, esaminò a lungo le 300SL, assieme ad Aymo Maggi (con l'inseparabile e originale cappello nero) e Alfred Neubauer, direttore sportivo della Casa di Stoccarda.

The request made by the French officials to Mercedes-Benz generated much perplexity at the Mille Miglia. It was not by chance that Charles Faroux (above, centre, wearing a hat), director of the Le Mans race, spent a long time examining the 300SL with Aymo Maggi, wearing his original and inseparable black hat, and Alfred Neubauer, the Stuttgart manufacturer's motor sport director.

A dimostrazione della propria *bona fide*, la Casa portò a Brescia alle verifiche tecniche anche l'esemplare con numero di telaio 00006/52, che era dotato di un telaio modificato sulle fiancate e con porte allungate, come era stato esplicitamente richiesto dai Commissari di Le Mans. La vettura era l'ultima approntata ed era stata utilizzata anche per gli allenamenti conclusivi sul tracciato della corsa.

In primo luogo, vi è da dire che il regolamento sportivo internazionale stabiliva, all'epoca come oggi, che un'irregolarità tecnica non necessariamente dovesse essere sempre sanzionata dal Collegio dei Commissari Sportivi con la non ammissione alla partenza. In secondo luogo, superate le verifiche, gli altri concorrenti avevano tempo due ore dalla pubblicazione all'albo ufficiale di gara dell'elenco dei partenti per avanzare un reclamo contro la vettura. Passato questo tempo, nessun reclamo contro quanto era stato controllato in sede di verifica poteva essere più accettato dai Commissari Sportivi.

Il problema, quindi, si riduceva a far passare indenni le 300SL alle verifiche tecniche. La cronaca fotografica dei giorni antecedenti la Mille Miglia, mostra che anche Charles Faroux[3], direttore di gara di Le Mans, esaminò assieme ad Aymo Maggi le vetture tedesche.

[3.] Autorevole giornalista, presidente dal 1920 al 1957 dell'Association des Journalistes Sportifs (A.J.S.) francese e ideatore della 24 Ore di Le Mans.

Not by chance, the Automobile Club de l'Ouest, organisers of the 24 Hours of Le Mans, replied to Mercedes-Benz on 14 March 1952, saying that the 300SL did not conform to Appendix C and indicating how the doors had to be lengthened toward the floor pan to permit the stipulated "direct access to the front seats".

To demonstrate its good faith, the manufacturer also took to Brescian scrutineering an example with chassis number 00006/52, which was modified at the sides and had longer doors, as explicitly requested by the Le Mans stewards. The car was the last to be prepared and was also used for final practice on the race route.

To begin with, it should be emphasised that the international sporting regulation established that, then as now, a breach of rules does not necessarily have to be penalised by the College of Sporting Officials with exclusion. In the second place, once scrutineering had been concluded, the other competitors had two hours from the publication of the official list of starters in which to protest the car. That time having passed, the stewards could accept no further protest.

So how to make the 300SL pass through Mille Miglia scrutineering unscathed? That was the rather thorny question to resolve. The Mille Miglia press photographs of the previous day show that Charles Faroux,[3] director of the Le Mans race, also examined the German cars, together with Aymo Maggi.

In the end, nobody took – or had the courage to take – an unfavourable decision against Mercedes,[4] probably for two reasons: by eliminating the aspirants to overall victory before they started, the spectacle of the race would have been diminished; in addition, such a blatant measure would certainly have negative repercussions on subsequent endurance races. Apart from the bad image such a move would have projected, the German manufacturer had invested substantially to compete in the Mille Miglia.

Karl Kling, Hermann and Rudolf Caracciola had covered the route many times, first in the initially built car and, from April, in two of the 300SLs that were to compete in the race.[5]

Perhaps to justify the modest results achieved by their teams, the British journalists did not hesitate to inform their readers that:

"Mercedes-Benz were in Italy for two months preparing for the race, and all cars and drivers did the route 16 times, which must have cost at least £1,200 in petrol alone".[6]

And again:

"This is completely different from the methods used by the Germans, who were in Italy for two months preparing for the race. All drivers covered sufficient practice laps to make the fuel costs alone to more than £2,000; the price of one practice lap of the route is in the neighbourhood of £50. It seemed peculiar to the 'poor English' that these representatives from Germany, who are receiving a great deal of aid from outside sources, should be so much better off, and it was interesting to note that the same thought had occurred to more than one Italian observer".[7]

On 7 March 1952, the Gazzetta *announced:*

"THE GERMANS ON THE MILLE MIGLIA ROUTE WITH MERCEDES

[3.] *Authoritative journalist, president of the French Association des Journalistes Sportifs (A.J.S.) from 1920-1957 and creator of the 24 Hours of Le Mans.*

[4.] *Completely out of the ordinary in sporting practice is the statement attached to the file on the event.*

[5.] *K. Ludvigsen, page 276.*

[6.] *Like this in Mille Miglia, Motor, 7 May 1952, V.R.M. Clarke, page 10.*

[7.] *1000 Miglia in Autocourse 1952-53. V.R.M.Clarke, page 25. To better understand the comment of the British journalist, it is necessary to remember that petrol rationing only finished in Great Britain on 26 May 1950, no fewer than five years after the end of the Second World War.*

Il verbale originale, atipicamente, rilasciato dai Commissari tecnici della Mille Miglia, che sancì la definitiva ammissione delle Mercedes-Benz alla XIX edizione della classica corsa bresciana.

The technical officials of the Mille Miglia took the unusual step of releasing a statement, of which this is the original, sanctioning the definitive admission of the Mercedes-Benz 300SLs to the XIX Brescian classic.

Alla fine nessuno prese, o ebbe il coraggio di prendere, una decisione sfavorevole contro le Mercedes-Benz,[4] temendo probabilmente sia che ne avrebbe sofferto lo spettacolo, eliminando tre aspiranti alla vittoria assoluta prima della partenza, sia ripercussioni negative anche nelle gare di durata successive, in quanto la Casa tedesca, aldilà della brutta figura rimediata, aveva investito non poco per questa partecipazione.

Infatti, prima guidando alcune vetture di serie, e da aprile con due delle 300SL che avrebbero pilotato in gara, Karl Kling, Hermann Lang e Rudolf Caracciola avevano percorso più volte il tracciato.[5]

I giornalisti inglesi, forse per giustificare i modesti risultati conseguiti dalle squadre britanniche, non esitarono a informare i loro lettori che:

«Mercedes-Benz were in Italy for two months preparing for the race, and all cars and drivers did 16 practice tours, which must have cost at least £1,200 in petrol alone».[6]

E ancora:

«This is a complete difference from the methods followed by the Germans, who were in Italy for two months preparing for the race, and all drivers covered sufficient practice laps to make the fuel costs alone more than £2,000; the cost for one practice lap of the circuit is in the neighbourhood of £50. It seemed peculiar to the 'poor English' that these representatives from Germany, who are receiving so much aid from outside sources, should be so much better off, and it was interesting to note that the same thought had occurred to more than one Italian observer».[7]

La «Gazzetta» del 7 marzo annunciava:

«I tedeschi con la Mercedes sul percorso della Mille Miglia
MODENA. 7. – I corridori tedeschi sono già sul percorso della prossima ed attesissima Mille Miglia. Di passaggio da Modena è stato Lang, al volante di una Mercedes Sport. L'asso dell'automobilismo germanico aveva un meccanico come seconda guida e proveniva da Brescia per compiere a ritroso il percorso della grande gara. Con stile impeccabile Lang ha infilato le varie curve della Circonvallazione, dirigendosi verso Bologna a notevole velocità.
Ai tecnici, oltre allo stile, ha fatto impressione la pronta ripresa e la grande stabilità di questa Mercedes di color cachi. Si sa che anche Caracciola e Kling sono sul percorso e che la Casa tedesca stabilirà in Italia il suo quartier generale che comprende una trentina di persone, fra tecnici, piloti e meccanici, tutti al comando, naturalmente, di Neubauer».[8]

La preparazione puntigliosa organizzata da Neubauer non trascurò neppure di portare la 300SL di Lang in prova a Monza, già con i numeri di gara dipinti sulle porte, per un ultimo test dei pneumatici prima della partenza. Furono, ancora una volta, i giornali britannici a documentarlo, pubblicando un'inequivocabile fotografia.

L'edizione del 1952 riutilizzò il percorso dell'anno precedente, ma due furono le novità alla partenza. La prima era che essa avveniva da una pedana appositamente eretta, così che il pubblico potesse godere lo spettacolo, senza stringersi pericolosamente sulla linea del traguardo.

In vista della Mille Miglia 1952, Rudolf Caracciola (a sinistra) fece visita a Renzo Castagneto presso l'Automobil Club di Brescia.

With the 1952 Mille Miglia on the horizon, Rudolf Caracciola (left) visited Renzo Castagneto at the Automobile Club of Brescia.

[4.] Del tutto inconsueto per la prassi sportiva è il verbale accluso all'incartamento di chiusura della manifestazione.

[5.] K. Ludvigsen, pag.276.

[6.] "La Mercedes-Benz è stata in Italia per due mesi per preparare la corsa e i piloti hanno percorso 16 volte con le vetture da gara il tracciato per un costo in benzina di £ 51.200". Così in *Mille Miglia*, «Motor», 7 maggio 1952. V. RM Clarke, pag.10.

[7.] "Vi è una profonda differenza con il metodo seguito dai tedeschi che sono stati in Italia per due mesi a preparare la corsa, e il costo della sola benzina consumata dai piloti nelle ricognizioni è stato superiore a £ 2.000; il costo di un giro di prova completo del tracciato di gara è di circa £ 50. Questo è stato particolarmente notato dai poveri inglesi nei riguardi dei rappresentanti della Germania, che sta ricevendo molto aiuto da nazioni estere, e il fatto non era sfuggito a più di un osservatore italiano" *1000 Miglia*, in *Autocourse 1952-53*. V. RM Clarke, pag. 25. È necessario ricordare, per meglio capire il commento del giornalista inglese, che il razionamento della benzina era terminato in Gran Bretagna solo il 26 maggio 1950, ben cinque anni dopo la fine della guerra.

[8.] Non sappiamo quale grado di affidabilità attribuire alla cronaca. Il primo esemplare costruito era colore argento, così come, inizialmente, il terzo e i successivi altri tre. Non ci è noto il colore della seconda 300SL costruita. Se fosse cachi, renderebbe meno puntuale la narrazione di Ludvigsen, che peraltro ammette il rapido ritorno di Kling in Germania per far riparare il telaio danneggiato dallo stato delle strade italiane.

MODENA. 7 – The German drivers are already on the route of the next, anxiously awaited, Mille Miglia. Lang passed through Modena at the wheel of a Mercedes Sport. The German motor racing ace had a mechanic as second driver and came from Brescia to cover the route of the great race in reverse. With impeccable style, Lang slipped through the various curves of the Circonvallazione, heading for Bologna at notable speed.
As well as his great style, the quick acceleration and great stability of this khaki-coloured Mercedes impressed the technically minded. It is known that Caracciola and Kling are also on the route and that the German manufacturer will establish a base in Italy, where it will employ about 30 people, including technicians, drivers and mechanics, all, of course, under Neubauer's command".[8]
The punctilious preparation organised by Neubauer did not omit taking Lang's 300SL to Monza for one last tyre test before the race started, its Mille Miglia numbers already painted on the doors. It was the British newspapers once more that documented the event, publishing an unequivocal photograph.
The 1952 Brescia-Rome-Brescia marathon used the previous year's route once more, but there were two new elements at the start. The first was that the cars were flagged away from the top of a ramp, erected so that spectators could enjoy the show without closing in dangerously on the start line.
This is how Canestrini described the second:
"And then there was Castagneto, who had unearthed his old grey bowler hat for the occasion. He had to, because there were bets between him and me: 'If more that 500 cars start, you commit yourself to getting out your grey bowler hat for race day'. And Castagneto maintained his commitment".[9]

La Mercedes-Benz 300SL con telaio modificato fu usata dai piloti ufficiali della Casa durante alcune ricognizioni lungo il percorso di gara, effettuate nei mesi precedenti la Mille Miglia 1952.

In the months that preceded the 1952 Mille Miglia, a Mercedes-Benz 300SL with a modified chassis was used by the manufacturer's works drivers for some reconnoitring along the race route.

[8.] We do not know how reliable is this information. The first example to be built was in silver, as was, initially, the third and another three that followed. The colour of the second 300SL to be built is not known. If it were khaki, it would make K. Ludvigsen's narrative less accurate, which however admits the rapid return of Kling to Germany to have the chassis repaired, after being damaged by the state of the Italian roads.
[9.] G. Canestrini, page 152.

La Lancia Aurelia B20 di Felice Bonetto impegnata durante il Giro di Sicilia del 1952.

Felice Bonetto and his Lancia Aurelia B20 competing in the 1952 Giro di Sicilia.

La seconda è così raccontata da Canestrini:
«E poi c'era Castagneto che, per l'occasione, aveva sfoderato il suo vecchio tubino grigio. Lo aveva dovuto fare perché c'era una scommessa fra lui e me: "Se partiranno più di 500 vetture, ti impegni a tirar fuori il tuo tubino grigio, per le giornate della gara". E Castagneto aveva mantenuto l'impegno».[9]

Una certa delusione serpeggiò tra gli appassionati: le speranze di vedere rinnovata la lotta tra le Ferrari e le annunciate "Disco Volante" dell'Alfa Romeo erano andate deluse. Le vetture milanesi erano a corto di preparazione e non si erano presentate alle verifiche bresciane.

Ma un'altro scontro era in corso tra le Case italiane. Per la stagione 1952 la CSAI aveva emanato due regolamenti tecnici: uno per la Categoria "Nazionale Turismo di Serie" (spesso indicata come Turismo Internazionale o TI) e l'altro per la "Gran Turismo Internazionale" (GTI).

Entrambe recepivano necessità risultate evidenti da più di vent'anni, ovvero distinguere nelle competizioni le vetture costruite in "serie", sulla base di un gettito annuale minimo di automobili identiche, dagli esemplari unici. I tentativi di approvare un regolamento internazionale erano più volte falliti, ma la CSAI, nella riunione del 9 dicembre 1951, aveva finalmente promulgato un regolamento tecnico per entrambe le categorie, riservando a loro campionati nazionali di velocità, articolati rispettivamente su sette e nove prove, comprendenti le grandi gare di durata italiane.

Per quanto riguarda le norme della GTI, si riprende dal testo originale la definizione:
«Per vettura del Gruppo Gran Turismo Internazionale, s'intende una vettura di normale fabbricazione, purché senza dispositivo alcuno di sovralimentazione per la quale il Costruttore abbia pubblicato un regolare catalogo e della quale, in pari data, siano stati effettivamente costruiti almeno trenta autotelai con una denominazione commerciale ben definita e precisata».

Rispetto al catalogo, non potevano essere apportate modifiche al telaio ("Non è tollerata alcuna modifica né alcun sistema di alleggerimento"), ai mozzi, alla misura dei pneumatici, alla trasmissione, ai freni, allo sterzo e alle sospensioni. Per quanto riguarda il motore, dovevano rimanere inalterati il monoblocco, la testata, le dimensioni dell'alesaggio e della corsa, il sistema e l'impianto di lubrificazione.

La carrozzeria era invece libera, nel rispetto di alcune dimensioni minime dell'abitacolo.

La CSAI aveva omologato nella GTI, prima, l'autotelaio della Lancia Aurelia B20 nell'imminenza del 12° Giro di Sicilia (9 marzo 1952), prima prova del Campionato italiano, l'Alfa Romeo 1900 "telaio corto" e la Ferrari 166 MM, tutte e tre con cilindrata di due litri. Al Salone di Ginevra, la Fiat aveva quindi fatto debuttare la sua 8V, in ritardo per poter partecipare alla gara isolana.

Lungo i 1.080 km del percorso le cinque Lancia B20 "ufficiali", formalmente di proprietà di Felice Bonetto, Gino Valenzano, Salvatore Ammendola, Luigi Fagioli ed Enrico Anselmi, si classificarono nell'ordine dal secondo al decimo posto assoluto, precedute dalla Ferrari 166 Sport del vincitore Paolo Mar-

---

[9.] G. Canestrini, pag.152.

There was some disillusionment among enthusiasts: their hopes were dashed of seeing a renewed battle between the Ferraris and the announced Alfa Romeo Disco Volante. The Milanese cars were short on preparation and did not turn up at Brescia scrutineering.

But another clash was taking place between Italian manufacturers. For the 1952 season, CSAI, the Italian motor sport governing body, had brought out two technical regulations: one for the National Production Touring Car class, often referred to as International Touring or TI, and the other for International Gran Turismo *or GTIs.*

Both acknowledged the necessity, which had been evident for more than 20 years, of distinguishing in competition between mass produced cars on the basis of a certain annual minimum number of identical vehicles built, and one-offs. Attempts to approve an international regulation of this kind had failed many times, but, at its meeting of 9 December 1951, the CSAI finally arrived at a technical rule on the subject for both categories, to be applied to their national speed championships, made up of seven and nine rounds respectively, including the great Italian endurance races. This is the definition included in the original text regarding GTI cars:

"International Gran Turismo *Group cars are defined as those of normal production, providing they have no device for supercharging, for which the manufacturer has published a normal catalogue and from which, by the same date, at least 30 rolling chassis have been built, with a commercial denomination well defined and specified".*

No modifications that deviated from the catalogue could be made to the chassis. ("No modification will be tolerated, nor will any system for lightening it"). In addition, none could be made to the hubs, tyre size, transmission, brakes, steering or suspension. As far as the engine was concerned, no changes could be made to the block, cylinder head, bore or stroke dimensions, the system and mechanics of lubrication.

Apart from having to respect a number of minimum cab dimensions, the body was unaffected by the new regulations.

The CSAI first homologated the Lancia Aurelia B20's rolling chassis in the GTI category. Next were the "telaio corto" Alfa Romeo 1900 and the Ferrari 166 MM. All three of them were two-litres, in readiness for the 12th Giro di Sicilia, the first counter in the Italian Championship, scheduled for 9 March 1952. Fiat unveiled their 8V at the Geneva Motor Show, but it was too late for the car to compete in the Sicilian race.

At the end of the island's 1,080 km event, the five works Lancia B20s, which were formally the property of Felice Bonetto, Gino Valenzano, Salvatore Ammendola, Luigi Fagioli and Enrico Anselmi, came second to 10 on the leader board, preceded by the Ferrari 166 Sport of winner Paolo Marzotto. The Ferrari Sport driven by Eugenio Castellotti came third, Ammendola fourth and Franco Bordoni's works Ferrari 166 MM, fourth in the GTI group and the only one to finish. Franco Cortese and his factory Alfa Romeo 1900 C came ninth and fifth in the GTI class, preceding Anselmi's Aurelia and the other 1900Cs, campaigned by Giovanni Rossi and Mario De Giuseppe.

La prova inaugurale del Campionato italiano fu il Giro di Sicilia (9 marzo 1952) dove si impose la Ferrari 166MM di Paolo Marzotto.

The first round in the Italian Championship was the Giro di Sicilia on 9 March 1952, won by Paolo Marzotto in a Ferrari 166MM.

Nel 1951 il percorso della Mille Miglia aveva subito le ennesime modifiche, toccando Forlì, tra Ravenna e Rimini e risalendo a Firenze (da Roma) non più lungo l'Aurelia, ma percorrendo la Cassia, attraverso Viterbo, Radicofani e Siena. Nel 1952 il percorso rimase identico.

The Mille Miglia route was modified for the umpteenth time in 1951 so that the race called in at Forlì, between Ravenna and Rimini, and climbed to Florence from Rome. The event no longer took the Aurelia but the Cassia, through Viterbo, Radicofani and Siena. The same route was used in 1952.

Le due facce della medaglia commemorativa della XIX Mille Miglia (3-4 maggio 1952), Coppa Franco Mazzotti.

The two sides of the commemorative medallion for the XIX Mille Miglia Coppa Franco Mazzotti, held on 3-4 May 1952.

zotto. Dietro ad Ammendola, quarto assoluto, preceduto dalla Ferrari Sport di Eugenio Castellotti, si classificò la Ferrari 166MM "ufficiale" di Franco Bordoni, quarta della classe GTI e unica al traguardo. Franco Cortese, con l'Alfa Romeo 1900 C "ufficiale", si classificò nono assoluto e quinto della GTI, precedendo la Lancia Aurelia di Anselmi e l'altra Alfa Romeo 1900 C affidata a Giovanni Rossi e Mario De Giuseppe.

L'Alfa Romeo, al ritorno tra le vetture a ruote coperte, aveva subito un pesante smacco, così come la Ferrari, ma soprattutto si era dimostrato ancora una volta che le vetture Gran Turismo due litri erano in grado di impensierire le Sport più potenti per la vittoria assoluta, soprattutto in condizioni meteorologiche difficili.

La rivincita era in programma alla IV Coppa Intereuropa che doveva svolgersi il 14 aprile, ma questa fu strategicamente rinviata "essendosi presentate notevoli difficoltà di partecipazione, in rapporto alle condizioni impegnative della gara e la vicinanza di data con un'altra competizione internazionale".

La Mille Miglia era imminente e le tre Case italiane, alle quali si era aggiunta la Fiat, volevano presentarsi al meglio sul palcoscenico bresciano. Oltre all'incognita Mercedes-Benz, vi era quella costituita dalla Jaguar XK120C guidata da Stirling Moss e dalla Nash Healey di Leslie Johnson.

Una misura della tensione crescente e delle pretattiche messe in atto dalle varie squadre può essere desunta dai cambiamenti nella lista dei partenti, peraltro non tollerati dal regolamento di gara che per la XIX Mille Miglia recitava:

«DESIGNAZIONE DEI CONDUTTORI Art. 8. — Il concorrente ha il dovere di designare due conduttori per ciascuna vettura iscritta. La designazione dovrà essere fatta entro il 27 aprile (vedi art. 19). [...]In caso di indisponibilità di un conduttore per il giorno della corsa, un nuovo conduttore potrà essere ammesso dai Commissari Sportivi, a condizione che sia in possesso della relativa licenza internazionale. [...]

SORTEGGIO Art. 19. — Le operazioni di sorteggio avranno luogo il giorno 28 aprile 1952 presso la Sede dell'Automobile Club in Brescia, Piazza della Vittoria, alle ore 11, alla presenza di un Notaio, dei concorrenti interessati, degli Ufficiali della Corsa e secondo le disposizioni di partenza previste dall'art. 17. A sorteggio avvenuto e fissato l'ordine di partenza delle macchine, i conduttori potranno eventualmente essere sostituiti, ma in questo caso **non sarà loro concesso di prendere posto su altra vettura partecipante alla gara**». [in grassetto nell'originale]

Frenetica fu l'attività della Scuderia Ferrari. Temendo un'altra brutta figura nella classe due litri della GTI contro le Lancia, che aveva schierato sei Aurelia "semi-private", l'Alfa, forte di cinque 1900C capitanate da Fangio e Sanesi, e le tre esordienti Fiat 8V iscritte, preferì far correre tra le Sport la 166MM Vignale di Franco Bordoni,[10] estratto inizialmente con il n. 433 tra le GTI fino a due litri, assumendo il n. 533 di Piero Scotti. La seconda 166MM Vignale, che doveva essere guidata da Giovan-

[10]. Franco Bordoni Bisleri correva in coppia con *Geronimo*, pseudonimo sotto il quale si nascondeva Gaetano Cetti Serbelloni, già co-pilota del forte pilota e asso della caccia milanese, alla XVIII Mille Miglia al volante di un'OSCA Mt4.

Back to covered wheel motor racing, Alfa Romeo suffered a humiliating defeat as did Ferrari, but more than anything else the two-litre Gran Turismo *had demonstrated once more that they were able to challenge the more powerful Sport cars for overall victory, especially in bad weather conditions.*

The re-match was on the cards for the IV Coppa Intereuropa, which was to have taken place on 14 April, but was strategically postponed because "notable difficulties presented themselves in relation to the demanding conditions of the race and the closeness of the date to other international competitions"

The Mille Miglia was imminent and the three Italian manufacturers, to which Fiat had been added, wanted to present themselves in the most favourable light on the Brescian stage. Apart from the unknown factor of Mercedes-Benz, others comprised the Jaguar XK120C being driven by Stirling Moss and the Nash Healey with Leslie Johnson at the wheel.

An indication of the growing tension and the speech play of the various teams can be gathered from the changes in the entry lists, although not tolerated by the regulations laid down for the XIX Mille Miglia:

*"*DESIGNATION OF DRIVERS *Art. 8 – Competitors have the duty to designate two drivers for each car entered. The designation must have been made by 27 April (see art. 19). (…) In the case of the unavailability of a driver on race day, a new driver can be admitted by the sports commissioners, on the condition that he is in possession of the relative international licence. (…)*

DRAW *Art. 19 – The operation of the draw will take place on 28 April 1952 at the headquarters of the Automobile Club of Brescia in Piazza della Vittoria at 11 am in the presence of a notary, the competing drivers, race officials and in line with the rules of the start of the race of art. 17. When the draw has been concluded and the starting order fixed, the drivers may be substituted, but in this case* **they will not be permitted to compete in the race driving another car***". (a bold typeface in the original).*

Scuderia Ferrari's preparations were frenetic. They feared doing badly against Lancia in the two-litre GTI class, as their Turin opposition had entered six "semi-private" Aurelias, Alfa Romeo ran five 1900Cs, led by Juan Manuel Fangio and Consalvo Sanesi, and then there were the three Fiat 8Vs. It was preferred to race Franco Bordoni's 166 MM Vignale, for which number 433 was originally drawn in the GTI category for cars of up to two litres, later assuming the number 533 of Piero Scotti. The second 166 MM Vignale, which was to have been driven by Giovanni Bracco with number 458, took 537, which had been assigned to Yvonne Simon. The car was verified and driven by Antonio Brivio, president of the CSAI, together with Pasquale Cassani, the 1951 winner with Luigi Villoresi. The Milanese driver was out of action, recovering from injuries received in a road accident, so Villoresi was replaced by Bracco, who came a brilliant second overall the previous year with an Aurelia B20 and who always raced with Alfonso Rolfo.

Il campione Stirling Moss, destinato a legare indissolubilmente il proprio nome a quello della Mercedes-Benz, figurava già fra i partenti alla Mille Miglia 1952, alla quale prese parte con una Jaguar XK120C, senza tuttavia riuscire a concludere la corsa.

British star Stirling Moss, who would be forever linked to the Mercedes-Benz name, was already among the starters of the 1952 Mille Miglia, but driving a Jaguar XK120C, in which he was unable to complete the course.

ni Bracco con il n. 458, prese il n. 537, già assegnato a Yvonne Simon, e fu verificata e guidata da Antonio Brivio, presidente della CSAI, in coppia con Pasquale Cassani, vincitore nel 1951 con Luigi Villoresi.

Quest'ultimo, degente per un incidente automobilistico, fu sostituito provvidenzialmente da Giovanni Bracco, brillantissimo secondo assoluto con l'Aurelia B20 alla Mille Miglia dell'anno precedente, che corse in coppia sempre con Alfonso Rolfo.

Nella pagina a fronte.
Come sempre numerosi i personaggi e le vetture alla punzonatura della Mille Miglia: da un nutrito schieramento di Lancia Aurelia B20 (in alto, in un raro scatto a colori dell'epoca), alle Alfa Romeo 1900 telaio corto "ufficiali" affidate a Consalvo Sanesi (n. 425) e all'asso argentino Juan Manuel Fangio. Tutti gli occhi furono puntati sull'imponente squadra Mercedes-Benz che portò in Piazza della Vittoria tre 300SL ufficiali (n. 613, n. 623 e n. 626) e per i suoi piloti.

Opposite page.
As always, there were many personalities and cars at Mille Miglia scrutineering: they included a large Lancia Aurelia B20 entry (above in a rare colour shot of the period) and works short wheelbase Alfa Romeo 1900s for Consalvo Sanesi and the Argentinean ace Juan Manuel Fangio. But all eyes were on the imposing factory Mercedes-Benz team, which sent three 300SLs to the Piazza della Vittoria and were numbered 613, 623 and 626.

Una rara immagine a colori della Mercedes-Benz 300SL di Hermann Lang-Erwin Grupp, già punzonata in Piazza della Vittoria.

A rare colour photograph of the Hermann Lang-Erwin Grupp Mercedes-Benz 300SL, which had already been technically inspected in Piazza della Vittoria.

La prima 300SL a prendere il via da Brescia fu quella di Rudolf Caracciola, già vincitore su Mercedes-Benz nel 1931. Appena due minuti prima era scattata la Ferrari 250 Sperimentale di Giovanni Bracco e Alfonso Rolfo, poi giunta prima sul traguardo finale.

The first 300SL to start from Via Brescia was driven away by Rudolf Caracciola, who had already won the Italian road race for Mercedes-Benz in 1931. The Ferrari 250 Sperimentale campaigned by Giovanni Bracco and Alfonso Rolfo had started a couple of minutes earlier and went on to win the race.

Bracco partì a pancia a terra con la sua berlinetta Ferrari 250S Vignale, raggiungendo il controllo di Ravenna, posto a 303 km dalla partenza, nel tempo di 2h05'03" alla media di 145,382 km/h. Precedeva di 5'27" la Mercedes-Benz di Kling e di 5'39" la Ferrari di Paolo Marzotto, seguiti dalle due imprevedibili Aurelia di Fagioli e di Anselmi, dalle due Ferrari barchetta di Biondetti e di Paolo Marzotto e dalla Jaguar di Moss, questi ultimi in evidenti difficoltà per le pessime condizioni atmosferiche.

Kling godeva del vantaggio di essere partito col numero di gara 623, ovvero alle 6h23', a un minuto di distanza da Biondetti, partito col numero 622, con maggiori distacchi da Piero Taruffi (n. 614), Paolo Marzotto (n. 615) e Stirling Moss (n. 619), Gli unici avversari pericolosi alle sue spalle erano Vittorio Marzotto (n. 625) ed Eugenio Castellotti (n. 629). Il compagno di squadra Lang si era invece dovuto ritirare per un incidente.

Il forte pilota tedesco, giunto al controllo di Ravenna, aveva già sorpassato per strada Biondetti e Moss e fu informato sia del vantaggio che aveva su Taruffi e Marzotto, sia del ritardo che aveva accumulato su Bracco. Per colmare questo distacco accelerò la propria marcia, riuscendo a raggiungere e a sorpassare Bracco prima del controllo dell'Aquila, dove arrivò contemporaneamente a Taruffi, percorrendo i 427 km che dividevano i due controlli all'incredibile media di 156,649 km/h e guadagnando la testa della gara con un vantaggio di 8'34" su Eugenio Castellotti.

La velocità di punta raggiungibile dalla Mercedes-Benz 300SL aveva permesso questo notevole exploit, percorrendo la statale Adriatica a medie impensabili, e ingenerò in Stirling Moss, raggiunto e sorpassato da Kling prima ancora di Ravenna, l'impressione che la sua Jaguar fosse di gran lunga inferiore alla vettura tedesca.[11] A Coventry, in vista della 24 Ore di Le Mans, furono presi immediati provvedimenti, modificando completamente l'aerodinamica della XK120C, alla quale fu aggiunta una lunga coda e un nuovo muso che affinava la superficie frontale, a scapito dell'ingresso dell'aria di raffreddamento. Alla gara francese tutte e tre le Jaguar iscritte si ritirarono per surriscaldamento, lasciando via libera alle Mercedes-Benz che trionfarono.

A Giovannino Lurani il compito di narrare restanti fasi della gara:

«Più tardi Castellotti uscì di strada e a Roma passò primo ancora Kling (Mercedes) a 136,100 km all'ora con 5'40" su Taruffi che era seguito da Bracco (Ferrari). Fagioli era quarto assoluto con la Lancia Aurelia e lo seguivano Biondetti, Paolo Marzotto, Moss e Caracciola ormai tagliato fuori dalla corsa per la vittoria. Prima di Firenze si ritirò Taruffi per la rottura di un giunto quando ormai aveva raggiunto Kling,[12]

---

[11] Nel resoconto sulla gara preparato da Bob Berry per Lofty England, si dice testualmente:"Moss stated that he was passed by Kling witout any trouble at all, at a time when the C-type was doing something over 150 mph" "Moss confermò che era stato superato da Kling senza problemi quando stava correndo con la sua [Jaguar] C Type a oltre 200 km/h". (A. Whyte, pag.159)

[12] In realtà al controllo di Siena, dopo 1.154 km di gara, Taruffi era passato con il tempo di 8h46'00" (media generale di 131,635 km/h) con un vantaggio di 1'49" su Kling.

Bracco started in a business like fashion in his Ferrari 250S Vignale sports saloon, making the Ravenna control after 303 km with a time of 2h'5'03" and an average 145.382 km/h. He led Karl Kling and the works Mercedes-Benz 300SL by 5'27" and Paolo Marzotto's Ferrari by 5'39". They were followed by the two unpredictable Aurelias driven by Luigi Fagioli and Enrico Anselmi, the two Ferrari barchettas of Clemente Biondetti and Paolo Marzotto and Stirling Moss in the Jaguar, evidently having difficulty in the bad weather conditions.

Kling had the advantage of starting with race number 623 at 6.23 am, a minute after Biondetti at 6.22 am, and a greater distance from Piero Taruffi (614), Paolo Marzotto (615) and Moss (619). The only dangerous competitors behind the German were Vittorio Marzotto (625) and Eugenio Castellotti (629). His team mate, Hermann Lang, had retired after an accident.

By the Ravenna control, the competitive German driver had already passed Biondetti and Moss and knew of his advantage over Taruffi and Marzotto, as well as his distance from Bracco. Kling accelerated to close the gap and was able to catch the Biella driver and pass him before the Aquila control, where he arrived together with Taruffi, by covering the 427 km between the two controls at an incredible average speed of 156.649 km/h. The Mercedes driver took over the lead and pulled out an 8'34" advantage over Eugenio Castellotti.

It was the impressive top speed of the Mercedes-Benz 300SL that allowed Kling to make such spectacular progress, covering the Adriatic provincial road at an unthinkable average and generated in Moss, who Kling had even overtaken before Ravenna, the impression that the Jaguar was much inferior to the German car.[10] Coventry went into action quickly and immediately modified the XK120C's aerodynamics, in readiness for the 24 Hours of Le Mans. The car was given a long tail and a new nose, which sharpened the front surface, to the detriment of the inflow of cooling air. All three Jaguars entered for the French race retired due to overheating, opening up the road for a Mercedes-Benz triumph.

This is Giovanni Lurani's account of the rest of the Mille Miglia:

"Later, Castellotti went off and Kling went by in the lead at Rome at 136.100 km/h with 5'40" on Taruffi, who was followed by Bracco (Ferrari). Fagioli was fourth with the Lancia Aurelia and was followed by Biondetti, Paolo Marzotto, Moss and Caracciola, by that time out of contention for the win. Taruffi retired with a broken joint before Florence, having caught Kling[11] and Biondetti had to stop as his car had burst into flame. At the Tuscan capital, Kling was still in the lead but Bracco was chipping away at his advantage and got up

Alle 6 e 23 minuti fu la volta dalla seconda Mercedes-Benz 300SL, guidata dall'equipaggio Kling-Klenk, nell'immagine a destra fuori dall'abitacolo dopo l'arrivo. Al collo di Klenk pende il piccolo megafono, usato per comunicare al pilota le note sul percorso.

It was the second Mercedes-Benz 300SL's turn to start at 6.23 am. The car was driven by Kling-Klenk, in the picture on the right outside the cockpit after the finish. Around Klenk's neck is a small loud hailer, which he used so that Kling could hear his pace notes.

---

[10] *Franco Bordoni Bisleri raced together with Geronimo, the pseudonym under which Gaetano Cetti Serbelloni competed. He was already a talented co-driver and ace of the Milanese hunt at the XVIII Mille Miglia, driving an OSCA MT4.*

[11] *Bob Berry wrote in his report to Lofty England on the race: "Moss stated that he was passed by Kling without any trouble at all, at a time when the C-type was doing something over 150 mph". (A. Whyte, page 159).*

Nonostante un promettente avvio che gli aveva permesso di transitare primo sia a metà gara, a Roma, sia al successivo controllo di Firenze, Karl Kling non riuscì a contenere la strepitosa rimonta di Giovanni Bracco, capace di recuperare al pilota tedesco quattro minuti sulla Futa e sulla Raticosa, presentandosi al successivo controllo di Bologna con due minuti di vantaggio.

Despite a promising start, which meant he was in the lead as he crossed Rome at mid-race and at the Florence control, Karl Kling was unable to stop Giovanni Bracco's incredible progress. The Italian was able to take four minutes off the Mercedes on the Futa and Raticosa, arriving at the next control in Bologna with a two minute lead.

e anche Biondetti si dovette fermare per un principio di incendio della macchina. A Firenze Kling era sempre primo ma Bracco stava ricuperando e lo seguiva ormai a soli quattro minuti. Sui passi della Futa e della Raticosa incombeva anche la nebbia e qui Bracco giocò il tutto per tutto. Il biellese guidò al limite e oltre, rischiando a ogni curva, e riuscì ad arrivare a Bologna con due minuti di vantaggio sul campione tedesco. Con il piede a tavoletta, Bracco forzò fino alla fine e riuscì ad aumentare il suo vantaggio sul pilota tedesco che aveva evidentemente speso tutto e che non poté rispondere all'offensiva.

Così, in mezzo a scene di entusiasmo eccezionale, Giovanni Bracco vinse una Mille Miglia che sembrava perduta per Ferrari, e divenne uno dei piloti italiani più popolari. Kling, alla sua prima Mille Miglia, fece ottime cose. Ma non poteva reggere, nelle negative condizioni atmosferiche, il ritmo impresso da Bracco. Fagioli, con la sua corsa prodigiosa, umiliò un poco il suo antico rivale Rudy Caracciola che si piazzò quarto assoluto e terzo della classe massima a quasi 40 minuti dal vincitore».[13]

Che la creatura di Rudy Uhlenhaut fosse la migliore vettura Sport del 1952 lo dimostrarono le vittorie alla 24 Ore e alla Carrera Panamericana; poi arrivò l'annuncio ufficiale del ritiro dalle corse. Commentava in merito Giovanni Lurani:

«Molto scalpore e vivo disappunto ha suscitato la notizia ufficiale che la casa Mercedes non parteciperà a nessuna corsa nel 1953 neppure nella Categoria Sport con le famose vetture 300SL.

La decisione della casa Mercedes è ampiamente giustificata da ottime ragioni di politica interna e commerciale che sono facili ad intuirsi. La riuscitissima "3 litri" germanica, ha avuto una stagione 1952 veramente trionfale e particolarmente fortunata. Verosimilmente non sarebbe stato facile alla grande casa germanica di poter continuare alla stessa stregua a mietere allori nella veniente stagione 1953 senza dover ricorrere alla aleatoria costruzione di nuovi mezzi da corsa.

Volendo dedicarsi alla preparazione di vetture Grand Prix rispondenti alla nuova Formula 1954, era quindi chiaro che un programma sport non sarebbe stato possibile.

Nel 1952 la Mercedes-Benz, giunta seconda alla 1000 Miglia, ha poi vinto a Berna, a Le Mans, al Nürburg Ring e alla Carrera in modo convincente e quindi il suo serto vittorioso nella scorsa stagione è stato certamente eccezionale.

Non possiamo per altro condividere la dichiarazione ufficiale della casa Mercedes-Benz che, comunicando il ritiro dalle corse nel 1953, fra le altre ragioni vere o che si possono comunque intuire fra le righe, afferma di avere dimostrato a sufficienza la sua assoluta superiorità su tutta la produzione sport nel 1952.

---

[13]. G. Lurani, pag.135.

to four minutes behind the German. They drove the Futa and Raticosa passes in fog, and it was there that Bracco gambled everything. He drove on the limit and beyond, taking a risk at every corner, and made Bologna two minutes ahead of Kling. With his foot down to the floorboards, Bracco pushed right to the end and increased his lead over the Stuttgart driver, who had evidently put everything into the race by that time and was unable to respond.

So in the midst of exceptional enthusiasm, Giovanni Bracco won a Mille Miglia that had seemed lost to Ferrari, and became one of the most popular Italian racing drivers. Kling, who was competing in his first Mille Miglia, did well. But he could not handle the bad weather conditions at the speed imposed on the race by Bracco. Fagioli, with his prodigious race, somewhat humiliated his old rival Rudi Caracciola, who came fourth overall and third in the top class at almost 40 minutes from the winner".[13]

Rudolf Uhlenhaut's creation showed itself to be the best Sport car of 1952 by winning the year's 24 Hours of Le Mans and the Carrera Panamericana, after which Mercedes-Benz officially announced its retirement from motor racing.

Of which Giovanni Lurani said:

The official news that Mercedes-Benz would not compete in motor sport in 1953, not even the Sport Category with its famous 300SL, met with a great deal of uproar and disappointment.

The decision is amply justified with optimum internal political and commercial reasons, which are easy to understand. The extremely effective German three-litre had a really triumphant and especially fortunate 1952 season. In all likelihood, it would not have been easy for the great German manufacturer to continue at the same level and claim the winner's garland in the coming 1953 season without recourse to the uncertain con-

Hermann Lang (n. 626) fu costretto al ritiro prima di Roma.

Hermann Lang in car 626 was forced to retire before Rome.

[...]Riconosciamo che Mercedes si è dimostrata la vettura Sport che nel complesso delle corse più importanti (limitando questo complesso alla Mille Miglia, Le Mans e la Carrera, poiché evidentemente né Berna né il Nurburg Ring possono essere considerate delle competizioni di contenuto tecnico e sportivo sufficientemente ampio) è apparsa la più redditizia e quella meglio diretta in corsa con finezza tattica e preparazione tecnica.
[...]È certo che se la Mercedes non avesse completato il suo comunicato con la inopportuna auto-dichiarazione di superiorità acquisita, a nessuno sarebbe venuto in mente di pensare alla nota favola del lupo e dell'uva acerba!»

Sul traguardo di Brescia giunse anche Rudolf Caracciola senza tuttavia riuscire a ripetere la straordinaria prestazione offerta nel 1931. L'asso tedesco chiuse infatti al quarto posto, preceduto anche dalla Lancia Aurelia B20 di Fagioli-Borghi. Karl Kling chiuse invece al secondo posto, distanziato di quasi cinque primi dal vincitore Bracco.

Rudolf Caracciola crossed the Brescia finish line without being able to repeat his outstanding performance of 1931. He came fourth, preceded by the Fagioli-Borghi Lancia Aurelia B20. Karl Kling came second, almost five minutes behind Bracco.

struction of new racing cars. Wishing to dedicate themselves to the preparation of Grand Prix cars that meet the new 1954 Formula, it was, therefore, clear that the sports car racing programme would not be possible. In 1952, Mercedes came second in the Mille Miglia, won at Bern, Le Mans, the Nurburgring and the Carrera in a convincing manner and so its victories last season were, certainly, exceptional.

However, we cannot share the official announcement of Mercedes, which, communicating its decision to retire from racing in 1953, among the other true reasons or those that can be read between the lines, affirm they had sufficiently demonstrated their absolute superiority in all sport production racing in 1952.

(…) We recognise that Mercedes have demonstrated in the Sport Category that in the most important races – limiting those events to the Mille Miglia, Le Mans and the Carrera, because evidently neither Bern nor the Nurburgring can be considered races of sufficiently broad technical content – they appeared the most successful and the best directed, racing with tactical refinement and technical preparation.

(…) It is certain that, if Mercedes had not closed its announcement with the inopportune auto-declaration of the superiority it had acquired, it would not have occurred to anyone to think of the well-known fairy story about the wolf and the sour grape".[13]

[13.] G. Lurani, page 135.

Per i colori Mercedes-Benz, ben altro esito ebbe la Carrera Panamericana, prova conclusiva delle gare per vetture Sport. In Messico, la Casa di Stoccarda trionfò con Karl Kling davanti alla Ferrari di Luigi Chinetti.

The result of the Carrera Panamericana was a completely different story for Mercedes-Benz. The Mexican race was the last round in the Sport Category series and the Stuttgart manufacturer won with Karl Kling, followed by Luigi Chinetti's Ferrari in second place.

La Ferrari 250S di Giovanni Bracco e Alfonso Rolfo taglia vittoriosa il traguardo di Brescia.

The Giovanni Bracco-Alfonso Rolfo Ferrari 250S crosses the Brescia finish line to win the race.

1955

Benché non fosse prevista alcuna partecipazione ufficiale della Mercedes-Benz per la stagione 1953, lo sviluppo del motore 300SL non si arrestò e, lo stesso anno, il 6 cilindri tedesco (M194) raggiunse una potenza massima di 214 CV. Il telaio rimase quello spaziale allestito alla fine del 1951.

Although Mercedes-Benz would not race officially during the 1953 season, development of the 300 SL's engine continued apace. That year, the German six-cylinder M194 was generating a maximum power of 214 hp. The chassis remained the space frame structure, built at the end of 1951.

Il blocco cilindri del motore Mercedes-Benz 300SLR.

The Mercedes-Benz 300SLR's cylinder block.

XXII MILLE MIGLIA COPPA FRANCO MAZZOTTI

L'astensione della Mercedes-Benz dalle corse per l'anno 1953, annunciata nel febbraio,[1] non troncò lo sviluppo della 300SL (W194), mirato a ottenere una maggiore potenza, una migliore stabilità e un'accresciuta finezza aerodinamica.

Per quanto riguarda il conseguimento di un maggior numero di cavalli, proseguirono gli esperimenti con i carburatori Weber. Le prime prove al banco avevano mostrato un guadagno di una quindicina di cavalli rispetto ai circa 170 ottenuti con i Solex e il motore aveva superato di poco i 200 CV con una testa dotata di valvole maggiorate e i carburatori italiani. Il problema fu tuttavia risolto in modo radicale. Come nella prima metà degli anni Venti, la Mercedes-Benz aveva percorso in modo pionieristico la strada dell'uso del compressore nelle vetture prodotte in serie, così nei primi anni Cinquanta sfruttò l'esperienza acquisita nella progettazione di motori aeronautici alimentati a iniezione diretta, impiegandola nell'evoluzione del motore M194 con il guadagno di un'altra quindicina di cavalli, che lo portarono a erogare 214 CV a 5.960 giri/minuto nelle prove di dicembre del 1952.

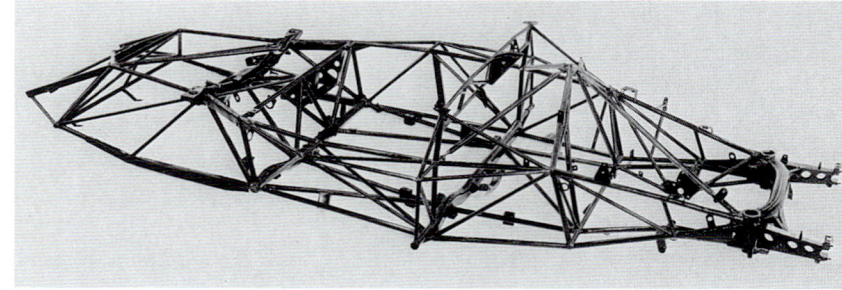

Le corse avevano, poi, messo in luce un eccessivo consumo dei pneumatici e una certa difficoltà a trasmettere a terra i 170 CV della W194. Per risolvere il problema dell'usura ci si orientò sui cerchi da 16" che, tra l'altro, permettevano di alloggiare freni di diametro superiore. Si adottò un nuovo ponte pendolare per abbassare il centro di rollio, accorciando nel contempo il passo. Si portò inoltre il cambio in blocco con il differenziale con l'intenzione di porvi in prossimità il serbatoio dell'olio e la batteria, per aumentare il carico gravante sulle ruote posteriori.

Le prove in galleria del vento suggerirono poi di ridurre le carreggiate anteriori e posteriori e di modificare pesantemente il frontale e le prese d'aria.

Ai primi di dicembre a Untertürkheim, si pensava ancora alla vettura Sport per le gare del 1953, che avrebbe dovuto essere chiamata W198, denominazione poi assegnata alla 300SL prodotta in serie a partire dal 1954.

[1.] Con un supponente annuncio "né abile, né sportivamente fondato ed accettabile", commentava Giovanni Canestrini sulle pagine della «Gazzetta» del 15 febbraio 1953, la Casa di Maranello aveva risposto il giorno prima alla provocazione con questo comunicato: "La Ferrari ha oggi preso in esame, unitamente ai suoi piloti rientrati a Modena dopo la trasferta argentina, il comunicato diramato dalla Mercedes e pubblicato nei giorni scorsi sulla stampa sportiva e politica. Il testo del medesimo è apparso irriguardoso e pertanto, anziché rispondere con argomentazioni e citazioni di fatti, si preferisce far conoscere quanto segue: la Ferrari, unitamente ad Ascari, Villoresi e Farina, è pronta a incontrarsi con i piloti di «quelle vetture sport tedesche che la Mercedes ha definito superiori alla concorrenza internazionale, e in forma tale da ritenere superflua ogni ulteriore dimostrazione». Una o due corse, su qualunque circuito che la Mercedes potrà scegliere, offriranno la possibilità di diramare un esauriente comunicato che confermi o smentisca quello in discussione".

XXIII MILLE MIGLIA COPPA FRANCO MAZZOTTI

Announced in February, Mercedes-Benz's abstention from motor racing in 1953[1] did not stop the development of the 300SL (W194) in the search for increased power, greater stability and more aerodynamic refinement.

Experiments continued with Weber carburettors in the hunt for more potency. The first bench test showed an increment of about 15 hp compared to the approximate 170 hp obtained with the Solex: the engine generated a little over 200 hp with its cylinder head fitted with bigger valves and the Italian carburettors. The problem was resolved in a radical manner. As with the first half of the Twenties, Mercedes pioneered the fitting of superchargers to their production cars, so they exploited the experience they had gathered with direct injection aircraft engines in the early Fifties. It was a system used in the M194 power unit that produced another 15 or so horse power to take power output to 214 hp at 5,960 rpm in tests carried out in December 1952.

Racing had also brought to light an excessive tyre wear rate and a certain difficulty in transmitting the W194's 170 hp to the ground. The engineers went for 16" diameter rims to resolve the tyre problem and that also enabled them to fit bigger diameter brakes. They used a new swing axle to lower the roll centre, shortening the wheelbase at the same time. The gearbox was also brought together en bloc with the differential; in addition, it was decided to locate the oil reservoir close to the battery to increase the load on the rear wheels.

Wind tunnel tests suggested a reduction of the front and rear track and to carry out important modifications to the front area and the air intakes.

Tre rare immagini relative al modello aerodinamico in scala 1:5 della nuova Mercedes-Benz 300SL e dell'unico prototipo allestito.

Three rare pictures of the aerodynamic 1:5 scale model of the Mercedes-Benz 300SL and of the only prototype ever built.

---

[1]. *With a haughty announcement that was "neither skilful, well-founded in sports terms nor acceptable", commented Giovanni Canestrini in La Gazzetta dello Sport of 15 February 1953. Maranello had replied the day before at the provocation of this press release: "Today, Ferrari has examined, together with its drivers returning to Modena after their journey to Argentina, the release issued by Mercedes and published recently in the sports and political press. The text of the same seems disrespectful and, therefore, instead of responding with arguments and citations of fact, the company prefers to make known the following: Ferrari, together with Ascari, Villoresi and Farina, is ready to meet the drivers of 'those German Sport cars that Mercedes has defined superior to the international competition and as such to consider superfluous any further demonstrations'. One or two races on any circuit Mercedes may wish to choose, would offer the chance to issue a comprehensive press release that confirms or denies that which is under discussion".*

Alla realizzazione del primo prototipo, doveva seguire la costruzione di altri quattro esemplari identici, così da affrontare la Mille Miglia del 1953 con un squadra dotata di cinque vetture.

La decisione della Direzione della DBAG di concentrare tutte le forze disponibili per l'esordio in F.1 nel 1954, fece sospendere i programmi sportivi e così il prototipo, che era l'undicesima W194 costruita, rimase un'esemplare unico, anche se influenzò non poco la progettazione della successiva 300SL (W198). Abbiamo ricordato questo progetto abortito per alcuni semplici motivi. In primo luogo ne era previsto l'esordio alla XXI Mille Miglia. Poi perché fu usato come "muletto" per le ricognizioni effettuate dai piloti in preparazione per la XXIII edizione. Ma soprattutto perché giunse in Italia, a fine settembre 1953, per effettuare prove di pneumatici, assieme alla W194 usata da Kling alla Carrera (quella con numero di telaio 8).

Nelle medesime condizioni di carico a bordo (150 litri di benzina e due pneumatici di scorta nel bagagliaio), la W194 n. 11 risultò pesare 1.111 kg, ovvero 64 kg in meno di quanto accusava la gloriosa n. 8 (1.175 kg).

Dopo una percorrenza di 20 giri della pista di Monza la n. 8 aveva consumato 1,9 mm di battistrada dei suoi Pirelli da 15", mentre la n. 11 solo 1,4 mm dei Pirelli da 7,00x16". Con altre marche di gomme l'uso dei cerchi da 16" era sempre risultato vantaggioso.

Ricordando, infine, la "disfida" lanciata da Ferrari alla Mercedes-Benz a metà febbraio, quest'ultima aveva fatto bene a non accettarla, in quanto il miglior tempo fu segnato da Fangio con la n. 11 in 2'07"5 mentre Kling e Lang furono i più veloci con la n. 8, impiegando 2'14" netti. Il miglioramento globale della nuova vettura non permetteva neppure di eguagliare i tempi segnati nelle prove ufficiali del Gran Premio dell'Autodromo, abbinato alla Lotteria Nazionale, svoltesi il 27 e 28 giugno. Alberto Ascari aveva ottenuto la *pole* in 2'05"9 alla guida della barchetta Ferrari 735, precedendo Froilan Gonzalez, con la Lancia D23 con ponte De Dion (2'06"6) e Villoresi con la Ferrari 250MM Pinin Farina coupé (2'06"7), tempi ben migliori di quelli spiccati da Fangio sulla stessa pista tre mesi dopo.

Tuttavia l'ingegner Uhlenhaut impiegò, alla guida della n. 11, il tempo di 2'09"5, peggiore solo di mezzo secondo rispetto a quello fatto segnare da Consalvo Sanesi, collaudatore dell'Alfa Romeo, con la medesima vettura. Questo fatto ci pemette di appezzare la grande importanza rivestita da Uhlenhaut per la Casa tedesca. Aldilà del suo ruolo di abile ingegnere, era in grado di provare le vetture da corsa a ritmi confrontabili con quelli dei piloti "laureati",[2] con l'enorme vantaggio di poter acquisire informazioni in prima persona sul comportamento in pista delle vetture, ben prima che a tale scopo fosse introdotta la telemetria.

La rinuncia della Mercedes-Benz alle gare riservate alla categoria Sport, non fece quindi partecipare la Casa tedesca al Campionato Vetture Sport riservato alle Marche, istituito a partire dal 1953 dalla CSI.

Il regolamento del Campionato così recitava all'articolo 2:

«Il campionato si disputerà su sette prove, fissate dalla CSI al Congresso di ottobre di ciascun anno. Ciascun Automobile Club nazionale non potrà proporre più di una prova di campionato. Verranno prese in considerazione per il campionato quelle prove di almeno 1000 km di percorso e con una classifica generale "alla distanza"».

Nei mesi precedenti la Mille Miglia 1955, anche il prototipo della Mercedes-Benz 300SL in versione '53 fu utilizzato dai piloti titolari per compiere alcune ricognizioni lungo il tracciato di gara.

In the months preceding the 1955 Mille Miglia, the prototype of the 1953 Mercedes-Benz 300SL was used by Stuttgart's works drivers to reconnoitre the race route.

[2.] Tra gli ingegneri progettisti di vetture da competizione, si racconta che solo Giovanni Savonuzzi (Cisitalia) e Andrea Fraschetti (Ferrari) avessero una simile dote.

In early December, Unterturkheim set about thinking again of the Sport Category car for the 1953 season: the racer should have been designated the W198, but that was later given to the 300SL production car, which began rolling out of the plant in 1954.

Once the prototype had been built, another four identical cars were to have followed, so that the company could compete in the 1953 Mille Miglia with five cars.

But the Daimler-Benz AG board decided to concentrate all available effort on its debut in Formula One in 1954 and that meant the suspension of the sports car racing programme, so the prototype – the 11th W194 to be built – remained a one-off, even if it did influence the design of the subsequent 300SL (W198).

We mention this aborted project for a number of simple reasons. First, the car was to have debuted at the XXI Mille Miglia. Then, because it was used as the T-car for driver reconnaissance in preparation for the XXIII race. But most of all because it came to Italy at the end of September 1953 to test tyres, together with the W194 used by Karl Kling at the Carrera with chassis number 8.

In the same load conditions – 150 litres of petrol and two spare tyres in the boot – W194 number 11 weighed 1,111 kg, in other words 64 kg less than the glorious number 8's 1175 kg.

After 20 laps, number 8 had used 1.9 mm of its 15 inch Pirellis' treads, while number 11 had only worn away 1.4 mm of its 7.00 x 16 Pirellis. With other brands of tyre, the use of 16 inch rims was always advantageous. Eventually remembering, the "challenge" launched by Ferrari to Mercedes in mid-February, the German manufacturer did well to not accept it in that the best time was recorded by Juan Manuel Fangio with number 11 in 2'07"5, while Karl Kling and Hermann Lang were faster with number 8, clocking 2'14 dead. The overall improvement of the new car did not even permit an equalling of the times recorded in official practice for the Grand Prix of the Autodrome, an event coupled with the National Lottery, which took place on 27 and 28 June. Alberto Ascari took pole position in a Ferrari 735 with 2'05"9, preceding Jose Froilan Gonzalez in the Lancia D23 with its

La 300SL 1953, siglata W198, in versione definitiva. La decisione presa dalla Mercedes-Benz di concentrare tutti gli sforzi sullo sviluppo delle monoposto di Formula 1 W196, da impiegare nei campionati 1954-1955, precluse alla nuova vettura Sport qualsiasi impiego agonistico.

The definitive version of the 1953 300SL, coded W198. Mercedes-Benz' decision to concentrate all its efforts on the development of the W196 Formula One single-seater, with which it would compete for the 1954 and 1955 championships, precluded racing the Sport Category car.

Le monoposto Mercedes-Benz W196, in versione con parafanghi carenati, apparvero per la prima volta in Formula 1 al Gran Premio di Francia, a Reims, nel 1954. Juan Manuel Fangio (n. 18) e Karl Kling (n. 20) si aggiudicarono senza difficoltà la gara, giungendo al primo e al secondo posto.

The Mercedes-Benz W 196 single-seater with streamlined wings first appeared in Formula One at the 1954 Grand Prix of France at Reims. Juan Manuel Fangio (18) won the race without great difficulty and Karl Kling (20) followed him home in second place.

Questa classifica, seppure riservata alle sole Case e premiata con una coppa dalla CSI, aveva quelle caratteristiche mondiali che ancora mancavano al titolo riservato alle monoposto, in quanto tra le sette gare scelte due si disputavano sul continente americano: la 12 Ore di Sebring e la Carrera Panamericana. La prova italiana per i Campionati del 1953 e dell'anno successivo, entrambi vinti dalla Ferrari, fu la Mille Miglia e tale sarebbe stata anche per il 1955.

La Mercedes-Benz aveva conquistato nel 1954 con Fangio e la W196 il titolo di F.1 nell'anno di esordio della nuova regolamentazione tecnica, grazie sia ai primi posti ottenuti dall'argentino con una Maserati 250F nelle prime due gare valide, sia al ritardo con il quale esordirono le nuove Lancia D50.

Nel 1955 si sarebbe ripresentata in pista, bissando il successo ancora con Fangio, complice sia la morte di Ascari, sia le difficoltà economiche che portarono la Lancia a ritirarsi dalle corse e a cedere i materiali alla Ferrari.

La Casa tedesca decise inoltre di partecipare al Campionato Sport con una vettura il cui motore era strettamente derivato da quello della F.1: la W196 S, meglio nota come 300SLR. Anche se manteneva la sigla commerciale di 300SL, già utilizzata, come visto, per identificare il modello da corsa usato nel 1952, che effettivamente montava organi meccanici derivati da quelli della berlina 300, la nuova denominazione si

Anche in versione a ruote scoperte (utilizzata sui tracciati lenti o medio veloci), la Mercedes-Benz W196 conobbe pochi avversari, aggiudicandosi il titolo mondiale di Formula 1 sia nel 1954 sia nel 1955, sempre con Juan Manuel Fangio.

The open wheel version of the Mercedes-Benz W196 had few worthwhile adversaries and was used for slow and medium fast circuits. The car won the 1954 and 1955 Formula One World Championships, driven by Argentinean ace Juan Manuel Fangio.

De Dion axle (2'06"6) and Gigi Villoresi in a Ferrari 250 MM Pinin Farina coupé (2'06"7), much better times than those of Fangio on the same track three months later.

Yet engineer Uhlenhaut set a time of 2'09"5 in number 11, only half a second down on Consalvo Sanesi, the Alfa Romeo test driver, with the same car. That episode alone enabled one to appreciate the tremendous importance of Uhlenhaut to Mercedes-Benz. Apart from his role as an excellent engineer, he was able to test the racing cars at speeds comparable to those of the top drivers,[2] with the enormous advantage of being able to personally acquire information on the handling of the car on the track, well before telemetry was introduced for the purpose. Renouncing Sport Category races meant Mercedes-Benz did not compete for the Constructors' Sport championship, introduced by the CSI in 1953.

The championship regulations said in article 2:

"The championship will take place over the seven rounds, fixed by the CSI congress in October of each year. No national automobile club may propose more than one round in the championship. The events considered for the championship will be of at least 1,000 kilometres distance and with a general classification 'to the distance'. This classification, even if restricted to manufacturers and for which a CSI cup was given, had those world characteristics that the single-seater title lacked, in that of the seven races selected, two took place on the American continent: the 12 Hours of Sebring and the Carrera Panamericana. The Italian counter for the 1953 championship, as well as for the following year - both won by Ferrari - was the Mille Miglia and that would have been the case in 1955, too.

But Mercedes-Benz had won the 1954 Formula One World Championship with the W196 driven by Fangio in the year of the new technical regulations' debut, as a result of both his victories in the first two championship counters with the Maserati 250 F and the lateness with which the Lancia D50 made its first appearance. In 1955, the German team would take to the track again with Fangio and repeat its success, due to the death of Ascari and the financial difficulties that led Lancia to retire from racing and hand over its material to Ferrari. The German manufacturer also decided to compete in the Sport Championship with a car the engine of which was derived directly from that of its Formula One machine: the W196 S, better known as the 300SLR. Even if it maintained the commercial designation of the 300SL, already used as we have seen to identify the racing

---

[2.] *Among design engineers of racing cars, it is said that only Giovanni Savonuzzi (Cisitalia) and Andrea Fraschetti (Ferrari) were similarly gifted.*

Non paga dei successi in Formula 1, per il 1955, la Mercedes-Benz moltiplicò i propri sforzi allestendo un'automobile da impiegare nelle corse della categoria Sport. Al pari delle monoposto W196 autentiche dominatrici in Formula 1, la 300SLR si rivelò un'automobile inavvicinabile per gli avversari.

Not satisfied with its Formula One successes, for 1955 Mercedes-Benz multiplied its efforts and built a car that would compete in Sport Category races. As with the W196 single-seater, which was dominating Formula One, the 300SLR turned out to be an invincible racer.

riferiva a una vettura con motore a otto cilindri in linea, con comando delle valvole desmodromico e alimentazione a iniezione diretta, come quello della F.1. Anche il telaio, con i freni anteriori collocati entrobordo, riprendeva soluzioni tecniche utilizzate nella monoposto.

Nel 1954, la Casa tedesca aveva posto in catalogo anche una berlinetta 300SL (W198), con il motore a sei cilindri a iniezione, derivato da quello dell'undicesimo prototipo della 300SL (W194) del 1953.

L'operazione era stata richiesta da Max Hoffmann, importatore della Mercedes-Benz per la East Coast statunitense, sicuro di poter sfruttare commercialmente sul mercato statunitense il successo ottenuto dalla 300SL nella Carrera Panamericana. Tale era la sua certezza di venderne almeno 500 esemplari, che la Casa tedesca ne preparò un primo prototipo in tempo per esporlo, assieme a quello della 190 SL, a New York all'International Motor Show ai primi di febbraio del 1954. La produzione del modello definitivo, differente in molti particolari da quello newyorchese, iniziò solo nell'estate, in tempo, tuttavia, per richiederne l'omologazione nella categoria Gran Turismo, istituita dalla FIA con la pubblicazione dell'Allegato J, che dal gennaio 1955 regolamentava l'utilizzo nelle gare riservate alle vetture costruite in serie.[3]

La nuova regolamentazione ripudiava "proprio per iniziativa della nostra Commissione Sportiva", commentava Canestrini, il gruppo «Sport di serie» (o Sport commerciale), meno impegnativo dal punto di vista industriale e che permetteva di contenere "la produzione di serie entro i limiti dei 25 esemplari". Era questa la prima pesante sconfitta che Enzo Ferrari e la sua Casa dovevano subire dalla FIA, in quanto nessuna vettura della Casa di Maranello era in grado di soddisfare i nuovi minimi produttivi richiesti.[4] Magra soddisfazione derivava dal fatto che alcuni organizzatori avessero introdotto nel 1955, probabilmente per *par condicio*, una classe da oltre 2.000 fino a 2.600 cc e quest'ultima costituisse la massima cilindrata ammessa in molte gare valide anche per i Campionati nazionali, escludendo di fatto le Marche straniere concorrenti della Ferrari.[5]

"Fangio con sei giri di allenamento ha dichiarato che non teme nessuno", così titolava una giornalista sulla «Gazzetta» nell'imminenza della gara bresciana che così proseguiva:

«Fangio, interpellato, ha dichiarato che non teme nessuno; ha provato sei volte l'intero percorso che ritiene molto bello anche se terribilmente impegnativo: non concede un attimo di respiro; si sente handi-

---

[3]. La nuova regolamentazione era stata approvata nella riunione della CSI dell'ottobre del 1954. Le vetture di serie erano state suddivise in tre gruppi: il Gruppo I comprendente le vetture da turismo di serie normali (per le quali era richiesta la produzione minima annua di 1.000 esemplari); il Gruppo II: vetture Gran Turismo "saranno ammesse in tale gruppo le vetture di serie normali munite di carrozzeria speciale" (richiesta una produzione annua minima di 100 esemplari); Gruppo III: vetture di serie speciali: verranno comprese in questo Gruppo le vetture da turismo di serie normali e le vetture da Gran Turismo che abbiano subito modifiche alla parte meccanica o che siano munite di carrozzeria speciale. Dopo 28 anni di discussioni trovavano finalmente una sistemazione definitiva nelle competizioni, e internazionalmente accettata, le vetture di normale produzione. La Daimler-Benz 300SL ottenne l'omologazione nel gruppo Gran Turismo di serie il 15 febbraio 1955 e fu ammessa alle manifestazioni nella GT a partire dal 13 marzo successivo

[4]. Solo a maggio 1955, nell'imminenza della Mille Miglia, la Ferrari presentò al Salone di Torino la 250 GT Europa, che fu omologata a partire dall'ottobre 1955 e poté essere impiegata nella categoria GT solo nel corso della stagione 1956.

[5]. È il caso della VII Coppa Intereuropa, gara internazionale riservata alle GT e cha aveva assunto l'importanza di Campionato internazionale in un sola prova. Il limite di cilindrata permetteva infatti la partecipazione alle Lancia Aurelia B20 GT di 2.451cc, la vettura italiana omologata di maggior cilindrata, ma non alle Mercedes-Benz 300SL.

model that competed in 1952, which comprised mechanical components derived from those of the 300 saloon, the new denomination referred to a car with an eight cylinders in line engine, with desmodromic valves and direct fuel injection, like the Formula One car. The chassis, which had inboard front brakes, was also used for the single-seater.

In 1954, the German manufacturer had added to its catalogue a 300SL sports saloon (W198) with a fuel injected six-cylinder engine derived from the 11th prototype of the 300SL (W194) of 1953. The project was undertaken at the request of Max Hoffmann, the Mercedes-Benz importer for the east coast of the United States, as he was sure it would be commercially successful to exploit the 300SL's victory in the Carrera Panamericana in the American market. He was so certain he could sell at least 500 of the cars that Mercedes prepared a first prototype in time to exhibit it, together with the 190SL, at the International Motor Show in New York in early February 1954. The production of the definitive model, different in many details to the car shown in New York, did not begin until the summer, but it was still in time to request homologation in the Gran Turismo *Category, instituted by FIA with the publication of Appendix J, which regulated the use of production cars in racing from January 1955.*[3]

The new regulations repudiated "precisely for the initiative of our Sporting Commission", Canestrini commented, the "Production Sports" or Commercial Sport group, which was less demanding from the industrial point of view, and that permitted the inclusion of the wording "the series production up to a limit of 25 examples". That was the first major defeat to which Enzo Ferrari and his company were subjected by FIA, in that no Maranello car satisfied the new production minimum.[4] *Little satisfaction was derived from the fact that some organisers had introduced in 1955, probably for* par condicio, *a class for cars of over 2,000 cc and up to 2,600 cc; the latter constituted a car's maximum cubic capacity for admission to many races that counted toward the national championships, excluding, in actual fact, foreign constructors who were Ferrari competitors.*[5]

"After six training laps, Fangio said he fears no-one", was the heading by one Gazzetta *journalist as the Brescian race drew closer, and continued:*

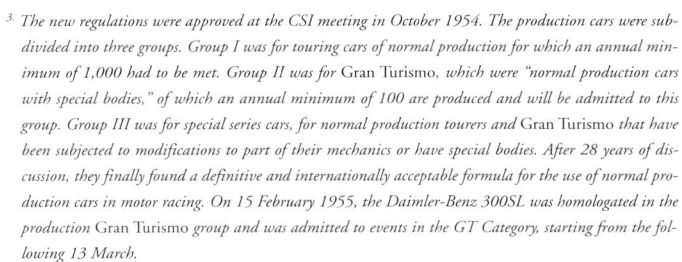

[3.] *The new regulations were approved at the CSI meeting in October 1954. The production cars were subdivided into three groups. Group I was for touring cars of normal production for which an annual minimum of 1,000 had to be met. Group II was for* Gran Turismo, *which were "normal production cars with special bodies," of which an annual minimum of 100 are produced and will be admitted to this group. Group III was for special series cars, for normal production tourers and* Gran Turismo *that have been subjected to modifications to part of their mechanics or have special bodies. After 28 years of discussion, they finally found a definitive and internationally acceptable formula for the use of normal production cars in motor racing. On 15 February 1955, the Daimler-Benz 300SL was homologated in the production* Gran Turismo *group and was admitted to events in the GT Category, starting from the following 13 March.*

[4.] *It was only in May 1955 with the Mille Miglia imminent that Ferrari introduced the 250 GT Europa at the Turin Motor Show. The car was homologated in October 1955 and could not compete in the GT category until the 1956 season.*

[5.] *It was the case of the important VII Coppa Intereuropa, an international race for GT cars and that had assumed the importance of a single event international championship. The cubic capacity limit permitted the participation of the 2,451 cc Lancia Aurelia B20 GT, the Italian car with the biggest cubic capacity to be homologated, but not the Mercedes-Benz 300SL.*

La Mercedes-Benz 300SLR montava un motore 8 cilindri in linea, 3 litri (2.982 cc), doppio albero a camme in testa, direttamente derivato da quello di Formula 1, in grado di erogare 310 CV a 7.400 giri/minuto. Sotto, il motore della 300SL (W198) era derivato da quello della W194, ma dotato dell'impianto di iniezione diretta. L'immagine illustra uno dei primi motori con ancora la leva del cambio lunga e piegata.

The Mercedes-Benz 300SLR boasted an eight-cylinder in line engine of three litres (2,982 cc) with twin overhead camshafts and was derived directly from that of the F1 car. The new Sport Category racer put out 310 hp at 7,400 rpm. Below, the engine of the 300 SL (W198) was derived from that of the W194, but was given a direct fuel injection system. The picture shows one of the model's first engines, with the gear lever still long and bent.

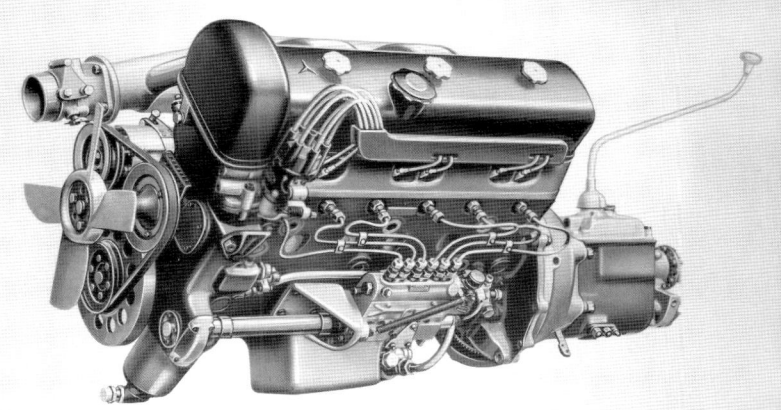

In ricordo del campione Tazio Nuvolari, scomparso l'11 agosto 1953, già dal '54, il tracciato della Mille Miglia fu modificato per consentire agli equipaggi di toccare anche Mantova, città natale del grande "Nivola" (Brescia veniva ora raggiunta da Cremona passando proprio per Mantova). L'edizione 1955 si corse sullo stesso tracciato dell'anno precedente.

The great Tazio Nuvolari or "Nivola" as he was affectionately known, died on 11 August 1953, from 1954 the Mille Miglia route was modified in his memory to include Nuvolari's home town of Mantua, so that competitors passed through his birthplace, drove on to Cremona and finished in Brescia. The route of the 1955 race remained the same.

cappato perché i suoi più diretti e pericolosi avversari partiranno dopo di lui; ritiene di avere a disposizione una macchina molto buona; correrà senza riferimenti fino a Roma e poi in base alle segnalazioni della Casa.
Stirling Moss ha provato quattro volte il percorso; considera la sua macchina "formidabile": trova il percorso eccellente tranne sulla Raticosa ove il fondo stradale non è in buone condizioni; ha trovato difficoltà nel rendere confortevole l'abitabilità della macchina; la inclinazione del cristallo attenua troppo poco il risucchio di aria.
Il tecnico di corsa della Casa tedesca [Neubauer] ha dichiarato che i piloti correranno secondo un piano prestabilito, sia quelli delle macchine ufficiali, sia quelli delle altre; per questa sera, alle 17, ha riunito tutti i corridori in albergo per le ultime disposizioni di dettaglio».[6]
La forza della squadra tedesca consisteva non solo nella bontà della vettura, peraltro al suo esordio agonistico, ma anche nella meticolosa preparazione organizzata da Alfred Neubauer. Importantissima era la perfetta conoscenza del percorso.
«Per la Mercedes correvano il campione del mondo Manuel Fangio, che non era ancora riuscito a vincere la Mille Miglia, Stirling Moss, Karl Kling e Hans Herrmann; per la Ferrari Piero Taruffi, Umberto Maglioli, Paolo Marzotto, [Sergio] Sighinolfi ed Eugenio Castellotti».[7]
Juan Manuel Fangio doveva corrervi nel 1949 con una Simca Gordini, ma poi non aveva preso la partenza. Nel 1950 era giunto terzo assoluto con una Alfa Romeo 6C 2500 Competizione, mentre nel 1951 nuovamente non aveva preso la partenza anche se il numero di gara era il 433, successivo a quello della Jaguar XK120 di Moss, ritiratosi per un'uscita di strada a pochi chilometri dal via.
Nel 1952 Kling era giunto secondo assoluto, Fangio 22° assoluto con l'Alfa Romeo 1900 "corto", mentre Moss con la Jaguar XK120C si era ritirato tra Siena e Firenze, dopo essere passato quinto assoluto al controllo. L'asso inglese e la sua Jaguar furono colpiti nuovamente dalla sfortuna nel 1953, così come Kling che era primo al controllo di Roma alla media di 154,857 km/h con l'Alfa Romeo 6C 3000 CM analoga a quella di Fangio che, passato in testa a Firenze, aveva dovuto rallentare la sua marcia per guai meccanici, arrivando secondo assoluto alle spalle del vincitore Giannino Marzotto.
Nel 1954 nessuno dei piloti Mercedes-Benz aveva partecipato alla corsa bresciana, per cui Hans Herrmann era l'unico ad aver mai partecipato alla Mille Miglia, mentre il favorito, anche per l'esperienza acquisita, era Fangio, seguito da Kling e quindi da Moss nei pronostici.

[6.] Gabre Gabric Calvesi, *Fangio con sei "giri" di allenamento ha dichiarato che non teme nessuno*, in «La Gazzetta dello Sport», 30 aprile 1955.
[7.] G. Canestrini, pag. 165.

"When Fangio was asked, he said he fears no-one; he lapped the whole route six times and believes it is very good, even if terribly demanding: it does not allow for a moment of respite; he feels handicapped because his closest and most dangerous adversaries will start after him; he believes he has a very good car and will race without a point of reference as far as Rome and then on the basis of the signs put out by his manufacturer. Stirling Moss has practiced on the route four times and considers his car 'formidable': he finds the route excellent except for the Raticosa, because the road surface is not in good condition; he found difficulty in making the car comfortable; the inclination of the windscreen does not sufficiently reduce the airflow.

The manager of the German team (Neubauer) said the drivers will race in line with a pre-established plan, both the works cars and the others, and a meeting of all the drivers will take place in the hotel this evening at 5 pm to discuss last arrangements in detail".[6]

The strength of the German team consisted not only of the effectiveness of the cars, which were making its racing debut, but also of the meticulous organisational preparation of Alfred Neubauer. But knowledge of the route was also extremely important.

The German team's drivers were world champion Juan Manuel Fangio, who had not previously been able to win the Mille Miglia, Stirling Moss, Karl Kling and Hans Herrmann; for Ferrari, Piero Taruffi, Umberto Maglioli, Paolo Marzotto, Sergio Sighinolfi and Eugenio Castellotti.[7]

Juan Manuel Fangio was to have competed in the race in 1949 with a Simca Gordini, but then he did not start. He came third in 1950 in an Alfa 6C 2500 Competizione, but he did not start again in 1951 even if his race number was 433, immediately after that of Stirling Moss's Jaguar XK120C, which he retired after going off a few kilometres after the start. In 1952, Karl Kling came second and Fangio 22nd driving a "short wheelbase" Alfa Romeo 1900, while Moss retired his Jaguar XK120 between Siena and Florence, after having gone through the time control in fifth place. The British ace and his Jaguar were dogged by bad luck once more in 1953, as was Kling, who was first at the Rome time control at an average speed of 154.857 km/h driving an Alfa Romeo 6C 3,000 CM. Fangio drove a similar car but, having taken the lead at Florence, had to slow down due to mechanical problems and came second behind winner Giannino Marzotto. No Mercedes-Benz drivers competed in the Brescian marathon in 1954, as a result of which Hans Herrmann was the only one who had never competed in the Mille Miglia. Meanwhile, predictions said Fangio was the favourite, followed by Kling and then Moss.

[6]. *Gabre Gabric Calvesi*, Fangio, with six laps of practice said he did not fear anyone; in La Gazzetta dello Sport, 30 April 1955.
[7]. G. Canestrini, page 165.

L'enorme potenziale della Mercedes-Benz fu chiaro a tutti non appena le "Frecce d'Argento" entrarono in Piazza della Vittoria a Brescia per le verifiche tecniche. Quattro 300SLR scintillanti catalizzarono l'attenzione del pubblico. La XXII Mille Miglia stava per iniziare nel segno della "Stella a tre punte".

The enormous potential of the Mercedes-Benz 300SLRs became clear to everyone as soon as the Silver Arrows entered the Piazza della Vittoria in Brescia for scrutineering. The four scintillating Stuttgart cars attracted the attention of everyone: the XXII Mille Miglia was about to start under the spell of the three-pointed star.

La locandina ufficiale della XXII Mille Miglia (30 aprile-1° maggio 1955).

The official poster for the XXII Mille Miglia of 30 April-1 May 1955.

In Casa Mercedes-Benz grande attesa era anche riservata alle 300SL (W198) schierate nella Categoria Gran Turismo oltre 1.300, dove si sarebbero confrontate con le Lancia Aurelia B20, le Alfa Romeo 1900 SS, le Fiat 8V e le Aston Martin DB/2. La 300SL n. 417 era affidata all'equipaggio John Fitch -Kurt Gesell.
La prima delle 300SLR ad abbandonare la pedana di viale Venezia fu la n. 658, guidata dal Campione del mondo in carica di Formula 1, Juan Manuel Fangio.

Mercedes-Benz also had high hopes of its 300SLs, code named W198 and entered them in the over 1,300 cc GRAN TURISMO category, where they would come up against the Lancia Aurelia B20s, the Alfa Romeo 1900 SSs, the Fiat 8Vs and the Aston Martin DB 2s. The 300SL number 417 was driven by John Fitch and Kurt Gesell.

The first 300SLR to drive off the Viale Venezia ramp was number 658, with Formula One world champion Juan Manuel Fangio at the wheel.

L'equipaggio della Mercedes-Benz più atteso era senz'altro quello composto da Stirling Moss e Denis Jenkinson con la 300SLR n. 722.

The most keenly awaited Mercedes-Benz crew was that of Stirling Moss and Denis Jenkinson in 300SLR no. 722.

Lasciamo la cronaca della gara a Giovanni Canestrini:

La posta in gioco era altissima e si sapeva che nei tratti più veloci la gara sarebbe stata disputata, dagli assi che vi erano impegnati, sul filo dei 230-270 chilometri orari. Se ne ebbe subito la conferma quando gli altoparlanti annunciarono che la Ferrari di Paolo Marzotto aveva raggiunto Verona a 198 di media. Poco dopo si venne a sapere che lo stesso Marzotto aveva subito uno spettacolare incidente stradale a causa del distacco del battistrada della ruota posteriore sinistra, senza subire o determinare, miracolosamente, altri danni che quelli alla vettura. Questo annuncio mise naturalmente in allarme gli esperti e in ansia gli spettatori. Si sapeva che cosa significasse il distacco di un battistrada e se ne presumevano le origini: velocità troppo elevate e pneumatici troppo sollecitati, forse anche a causa della temperatura ambiente che – dato il tempo favorevole – era moderatamente calda. Si sarebbe ripetuto l'incidente occorso a Marzotto? E che velocità si sarebbero raggiunte sull'Adriatica?

A prendere il comando della corsa era stato lo scatenato Castellotti che toccò Ravenna (km 303) a 192,500 chilometri orari, con Stirling Moss a 2', e Taruffi a poco meno di 3' Herrmann e Kling erano già staccati di 5' e 7' rispettivamente. Fangio era a circa 9' dal fortissimo lodigiano, il quale a sua volta subiva due distacchi di battistrada, il secondo dei quali a Ponte S. Giorgio, dove decideva di abbandonare la lotta. In soli 400 chilometri la Ferrari aveva già perduto metà dei suoi effettivi; ma avanzava Piero Taruffi, mentre le 4 litri di Carini e di Sighinolfi (Ferrari) lamentavano distacchi di battistrada, pur montando pneumatici di marca e tipo diversi da quelli montati dalle Ferrari di Marzotto e Castellotti.

Né la Ferrari di Taruffi né quella di Maglioli rivelavano debolezze alle gomme, e il romano transitava da Pescara (km 630) a 190 di media, avendo Moss a soli 13", Herrmann a poco più di 2', Kling a 6'30", Fangio a poco meno di 9' e Maglioli a 12'.

We shall let Giovanni Canestrini tell the story of the race:
"The stakes were extremely high and we knew that the race would be fought out on the faster sections by the aces at around 230-270 km/h. That was immediately confirmed when the loudspeakers announced that Paolo Marzotto's Ferrari had reached Verona at an average speed of 198 km/h. Soon afterwards, we heard Marzotto had been involved in a spectacular accident after his car's left rear tyre threw its tread. Miraculously, he was uninjured. That announcement, naturally, alarmed the experts and made the spectators anxious, One knew the significance of a thrown tread and speeds that were too high, tyres under too much stress and perhaps the high ambient temperature – given that the weather was moderately hot – were presumed to be at the root of the problem. Would Marzotto's accident be repeated? And what speeds would they reach on the Adriatic?
The explosive Castellotti took the lead and reached Ravenna (303 km) at 192.500 km/h, with Stirling Moss second 2' down, Taruffi at just under 3' followed by Herrmann and Kling at 5' and 7' behind respectively. Fangio was about 9' away from the fast Lodi driver, but Castellotti's tyres also threw treads, the second of which was on the Ponte S. Giorgio bridge, where he decided to give up the fight. In just 400 kilometres Ferrari had already lost half its team, but Taruffi moved on while the four-litre cars of Carini and Sighinolfi (Ferrari) also suffered loss of treads even though they had tyres of a different brand and type to the Ferraris of Marzotto and Castellotti.
Neither the Ferrari of Taruffi nor that of Maglioli experienced tyre trouble and the Roman driver crossed Pescara (630 km) at an average of 190 km/h, with Moss at only 13" behind him, Herrmann at little more than 2' down, Kling at 6'30", Fangio just under 9' and Maglioli at 12'.

Nel 1955, Fangio era ormai alla sua quarta partecipazione alla Mille Miglia. Alla massacrante maratona aveva già infatti preso parte sia nel 1950 con l'Alfa Romeo 6C2500 Competizione, sia nel 1952 (dopo essersi iscritto nel '51 senza tuttavia prendere il via), con un'Alfa Romeo 1900 telaio corto e l'anno successivo con una delle tre Alfa Romeo 6C3000CM ufficiali schierate dalla Casa.
Tre minuti più tardi fu la volta della 300SLR di Karl Kling (n. 701).

Fangio competed in the Mille Miglia for the fourth time in 1955. He had already attempted to win the gruelling race in 1950 with an Alfa Romeo 6C 2500 Competizione (he was entered for the 1951 but did not start) in 1952 with a short wheelbase Alfa 1900 and the following year with one of the three works Alfa Romeo 6C 3000 CMs, Three minutes later, it was Karl Kling's turn to be flagged.

Oltre a Moss-Jenkinson, fotografati nell'abitacolo della loro Mercedes-Benz, il plotone delle "Stelle d'Argento" era completato dalla 300SLR di Hans Herrmann e Hermann Eger (n. 704).

After Moss-Jenkinson, pictured in the cockpit of their Mercedes-Benz, the Silver Arrows team was competed by the 300SLR of Hans Herrmann and Hermann Eger in no. 704.

Dopo una sfuriata iniziale della Ferrari di Castellotti, le Mercedes-Benz iniziarono a imporre la propria legge con Moss che non tardò a issarsi in cima alla classifica.

After the electrifying start of Castellotti's Ferrari, it was the Mercedes-Benz that began to impose their will on the race, with Moss soon at the top of the leader board.

L'unica Ferrari che riuscì a ben figurare fu la 118 LM di Umberto Maglioli e Luciano Monteferraio, poi terzi a Brescia con oltre quaranta minuti di distacco.

The only Ferrari that managed to do well was the 118 LM of Umberto Maglioli and Luciano Monteferraio. The two crossed the Brescia finish line in third place, more than 40 minutes behind the winners.

A partire da sinistra, in alto: la Mercedes-Benz 220 di Zedlitz-Diemer; la Mercedes-Benz 300SL di Fitch-Gesell (n. 417) e le 300SLR di Juan Manuel Fangio (n. 658), Karl Kling (n. 701) e di Moss-Jenkinson (n. 722), vincitori della corsa.

From the left above: the Mercedes-Benz 220 of Zedlitz-Diemer, the Fitch-Gesell 300SL (417) and the 300SLRs of Juan Manuel Fangio (658), Karl Kling (701) and Stirling Moss-Denis Jenkinson (722), who won the race.

Fra le granturismo della Mercedes-Benz, la migliore in gara risultò quella di Fitch-Gesell (n. 417), che tagliò il traguardo a Brescia al quinto posto assoluto con il tempo di 11 ore 29'21", riportando la vittoria nella categoria Granturismo, oltre al primo posto di classe.

The best of the Mercedes-Benz Gran Turismo was crewed by Fitch-Gesell (417), which came fifth with a time of 11 hours 29'21" to win the GT category and its class.

L'attacco di Moss era cominciato deciso e violento e Taruffi dovette cedere prima del controllo dell'Aquila, passando peraltro da quello di Roma, tra gli incoraggiamenti calorosi e fragorosi dei suoi amici e ammiratori romani, con soltanto 1'52" di distacco. Ma, tra L'Aquila e Roma, s'erano andate sviluppando parecchie riprese offensive, che portarono un certo scompiglio nella classifica. Perdisa (Maserati) era passato al 4° posto, dietro Herrmann.
Al controllo di Roma Moss, che aveva sempre al fianco il giornalista Jenkinson, iniziava sicuro il suo viaggio di ritorno, seguito ancora da Taruffi, Herrmann, Kling, Fangio e Perdisa nell'ordine, tutti nello spazio di 10'. Si sapeva però che la tabella di marcia di Taruffi prevedeva il suo attacco dopo la capitale. A Viterbo, dopo un rapidissimo rifornimento, Taruffi aveva pressoché annullato il distacco da Moss; sennonché poco dopo doveva abbandonare per la rottura della pompa dell'olio, secondo la versione ufficiale. Per Ferrari rimaneva dunque, in corsa, già staccato di oltre 30' a Siena, il solo Umberto Maglioli. Lungo la tortuosissima Futa doveva ritirarsi Herrmann, mentre Fangio passava al 2° posto, con un distacco ormai incolmabile di oltre 27' seguito da Maglioli e da Giardini sulla Maserati di litri 2. E Stirling Moss, malgrado quattro uscite di strada, fortunatamente controllate dall'estroso e solidissimo pilota, poteva regalare alla Mercedes la seconda vittoria nella Mille Miglia, avendo distaccato Fangio di poco meno di 32'. Le altre posizioni non mutavano per cui Maglioli giungeva 3°, seguito dal sorprendente Giardini con la Maserati di 1 litri 2, e poi dall'americano Fitch[8] e da Sighinolfi. Anche Gendebien, al volante di una Mercedes, aveva bravamente concluso la sua Mille Miglia, al 7. posto, lontano».[9]
La vittoria alle Mille Miglia alla media record di 157,651 km/h, poneva la Casa tedesca al secondo posto ex-aequo con la Jaguar, prima a Sebring, nella classifica della coppa CSI, dietro alla Ferrari che aveva vinto a Buenos Aires. La gara successiva si sarebbe svolta a Le Mans e fu un'immane tragedia, ben nota al Lettore. Meno noto fu il gravissimo incidente che avvenne al Tourist Trophy nel corso della quinta prova del Campionato.

[8.] Lo statunitense John Cooper Fitch, nato a Indianapolis nell'agosto del 1917, è il discendente dell'omonimo inventore il cui nome è legato alla nascita dei battelli a vapore. Pilota da caccia nella seconda guerra mondiale, fu uno dei pochi abbattitori di jet germanici prima di venire a sua volta abbattuto e fatto prigioniero nel 1945 a due mesi dalla fine della guerra. Terminato il conflitto, Fitch vinse il primo campionato organizzato dallo Sports Car Club of America (SCCA) nel 1951 e fu assoldato da Briggs Cunnigham per la sua spedizione a Le Mans nel 1952, dove fu notato da Neubauer e Uhlenhaut che, dopo una prova sul circuito del Nürburgring, gli affidarono una W194 spider per la Carrera del 1952. Pur terminando la gara, fu escluso dalla classifica finale per una riparazione effettuata in regime di parco chiuso. Nel 1956 e l'anno successivo fu il team manager della squadra istituita dalla General Motors per il ritorno alle competizioni con la Corvette.
[9.] G. Canestrini, pagg.165-167.

Moss's attack started decisively and violently and Taruffi had to lose the lead before the Aquila control passing through Rome to the accompaniment of warm and thunderous encouragement of his Roman friends, only 1'52" down. But many attacks took place between Rome and Aquila, which sparked off a certain confusion on the leader board. Perdisa (Maserati) had moved into fourth place behind Herrmann.

At the Rome control Moss, who was partnered by British journalist Denis Jenkinson, began his return journey with confidence, still followed by Taruffi, Herrmann, Kling, Fangio and Perdisa in that order, all within a span of 10'.

We knew, however, that Taruffi's plan included his attack beyond the capital. After some fast refuelling, he would have more or less made up his distance from Moss by Viterbo if he had not had to retire due to a broken oil pump, according to the official version of the event. So only Maglioli was left in the race for Ferrari, but he was over 30' behind the leader at Siena. Herrmann had to retire along the extremely tortuous Futa, while Fangio moved into second place with a deficit by now insurmountable of over 27', followed by Maglioli and Giardini (Maserati two-litre). And despite going off under control four times, the inventive and extremely reliable Stirling Moss was able to give Mercedes-Benz its second Mille Miglia victory, having pulled out just under 32' on Fangio. The other positions did not change, so that Maglioli came third, followed by a surprising Giardini with the two-litre Maserati and the American John Fitch[8] and Sighinolfi. Gendebien also did well to finish in seventh place at the wheel of a Mercedes".[9]

The Mille Miglia win, achieved at an average speed of 157.651 km/h, put Mercedes-Benz in second place in the CSI Cup competition, equal with Jaguar, who came first at Sebring, and behind Ferrari, who had won in Buenos Aires. The following race would be at Le Mans and was a major tragedy. Less well known was the serious accident during the Tourist Trophy, which was the fifth round in the championship. This is how Auto Italiana reported it:

"They were still on the second lap and coming up to the Cockranstown corner, when Jim Mayers' Cooper hit

Ben cinque dei primi dieci posti in classifica assoluta furono occupati da vetture della Casa di Stoccarda. Oltre alle due 300SLR di Moss e Fangio, rispettivamente prima e seconda, le 300SL Granturismo di John Ficht, Olivier Gendebien e Salvatore Casella (nella foto con il numero 445), si piazzarono al quinto, al settimo e al decimo posto. Il tempo di 10 ore 7' e 48" fatto segnare da Moss e Jenkinson a oltre 157 km/h di media rappresentava il record assoluto per la Mille Miglia.

No fewer than five of the first 10 places were taken by Mercedes-Benz cars. The two 300SLRs of Moss and Fangio came first and second respectively, the 300SL GRAN TURISMO of John Fitch, Olivier Gendebien and Salvatore Casella - in the picture with number 445 - took fifth, seventh and tenth places.

The Moss-Jenkinson time was 10 hours 7'48" at an average speed of over 157 km/h, a record that was never broken.

[8.] Born in Indianapolis in August 1917, American John Cooper Fitch is a descendent of an inventor of the same name, who was associated with the creation of steamboats. A fighter pilot in the Second World War, he was one of the few to shoot down German jet aircraft before being downed himself and taken prisoner in 1945, two months before war's end. After the conflagration, Fitch won the first championship organised by the Sports Car Club of America (SCCA) in 1951 and was recruited by Briggs Cunningham for the trip to Le Mans in 1952. There, he came to the notice of Neubauer and Uhlenhaut, who, after a test drive at the Nurburgring, assigned him a W194 roadster for the 1952 Carrera. Although he finished the race, he was excluded from the final results for a repair carried out in parc fermé. In 1956/7, Fitch was the manager of a team set up by General Motors for its return to racing with the Corvette.

[9.] G. Canestrini, pages 165-167.

Una delle due Mercedes-Benz 300SLR coupé allestite dalla Casa di Stoccarda in vista della Carrera Panamericana 1955, poi soppressa dal Governo Messicano.

One of the two Mercedes-Benz 300 SLRs prepared by the Stuttgart manufacturer for the 1955 Carrera Panamericana, which was then cancelled by the Mexican government.

Ad attendere Stirling Moss e Denis Jenkinson all'arrivo fu, tra gli altri, il direttore sportivo Alfred Neubauer, nella foto fra i due "eroi".

Among those waiting for Stirling Moss and Denis Jenkinson to finish the race was motor sport director Alfred Neubauer, photographed between his two victorious heroes.

Così veniva raccontato l'incidente sulle pagine di «Auto Italiana»: «Si era ancora al secondo giro quando nell'affrontare la curva di Cochranstown, la Cooper di Jim Mayers urtava un terrapieno ai margini della strada incendiandosi. Il sopraggiungere di altre sei vetture provocava inevitabilmente una spettacolare collisione. La Franzer Nash dell'inglese Ken Wharton, che stando alla versione più attendibile, fu la prima macchina trovatasi nella situazione di dover evitare i rottami della Cooper, nonostante l'estremo tentativo di superare l'ostacolo senza danni capottava prendendo fuoco a sua volta. Mentre quest'ultimo riusciva a sottrarsi dalle fiamme il Mayers periva miseramente».

Moriva per l'esplosione della propria Connaught AL/SR anche William T. "Bill" Smith, mentre Richard Mainwaring si rovesciava con la propria Elva-Climax Mk.I, rimanendo ucciso per la frattura della colonna vertebrale.

Il Governo messicano aveva tuttavia già deciso, dopo il tragico incidente di Le Mans, di non far disputare la Carrera, per la quale la Mercedes-Benz, si racconta, aveva approntato due 300SLR coupé.

Dopo cinque gare disputate e la vittoria della Mercedes-Benz al TT, la Casa tedesca si trovava al secondo posto in classifica nel Campionato, preceduta di tre punti dalla Ferrari. Mancava la sesta gara per ritenere valido il Campionato.

La CSAI, dopo l'incidente di Le Mans, aveva deciso di non fare effettuare più "gare su strada" e di limitare a due litri la massima cilindrata delle vetture Sport ammesse alle gare di velocità.[10] Che ciò non fosse sufficiente a far diventare meno pericolose le gare lo si vide alla Coppa d'Oro delle Dolomiti, dove perse la vita in un incidente Piero Valenzano, alla guida di una Maserati A6 GCS, aprendo la strada alla vittoria di Olivier Gendebien e della Mercedes 300SL, non toccata dai dettati della legge della CSAI in quanto vettura Gran Turismo.[11]

Ritornando sulle proprie decisioni,[12] la CSI concesse la validità mondiale alla Targa Florio e la nostra CSAI permise l'ammissione alla gare delle Sport oltre due litri, modificando il Regolamento particolare di gara e escludendo, invece, sia le Sport fino a 750 cc sia le Turismo speciale fino a 1.300 cc, ovvero le minime cilindrate inizialmente ammesse.

Insinuava *Nibbio*, ovvero Giovanni Lurani:

«Molti bene informati ritengono che questo "decreto di espulsione" sia stato invece "energicamente suggerito" da Neubauer, direttore di corsa della squadra Mercedes, giustamente preoccupato del grave problema dei sorpassi sul tortuoso circuito delle Madonie».[13]

Sul circuito siciliano vinsero senza ombra di dubbio la Mercedes-Benz 300SLR e Stirling Moss. La vittoria finale nella Coppa CSI andò così alla Casa tedesca.

[10.] Nelle corse in salita italiane "che, per le caratteristiche del percorso, siano esclusivamente tali e siano comunque di lunghezza limitata" le Sport continuarono, tuttavia a correre senza rispettare il limite di cilindrata.

[11.] Gendebien si ripeteva, poi, nella "maratona" Liegi-Roma-Liegi e nella "Stella alpina", sempre alla guida della sua 300SL, vettura che non aveva ancora trovato avversari validi.

[12.] Ogni Automobile Club nazionale aveva, infatti, diritto all'organizzazione di una sola prova del Campionato.

[13.] *Nibbio* (Giovanni Lurani), *Non si poteva pensarci prima?*...in Auto Italiana, 1955, no. 29, pag.61.

an embankment at the side of the road and burst into flame. The arrival of other cars inevitably sparked off a spectacular collision. According to the most reliable report, British driver Ken Wharton's Frazer Nash was the first car to find itself in the situation of having to avoid the Cooper wreckage and despite an extreme attempt to get through the obstruction without damage, his car rolled over and caught fire itself. While Wharton was able to get out of his blazing wreckage, Mayers perished miserably".
William T. "Bill" Smith died when his Connaught AL/SR exploded, while Richard Mainwaring overturned his Elva-Climax Mk1 and died of a fractured vertebra.
The Mexican government had decided that, after the tragic Le Mans accident, it would not allow the Carrera to take place, for which Mercedes said it had prepared two 300SLR coupés.
After five races and Mercedes' victory at the TT, the German manufacturer was in second place in the championship, preceded by Ferrari with a three point advantage. There was only the sixth counter in the series to go.
After the Le Mans disaster, the CSAI decided not to run any more road races and to limit the maximum cubic capacity of the Sport Category cars to two litres[10]. It became clear at the Coppa d'Oro delle Dolomiti those measures were not enough to reduce the danger of such races. Piero Valenzano lost his life in a Maserati A6GCS in the Dolomites, opening up the road to victory for Olivier Gendebien and his Mercedes-Benz 300SL, which remained unaffected by the dictates of the CSAI in that it was a Gran Turismo car[11].
Going back on its decision,[12] the CSI conceded world status to the Targa Florio and Italy's CSAI allowed Sport Category cars of over two litres to enter the race, modifying one of the race regulations. They excluded Sport cars of up to 750 cc and special tourers of up to 1300 cc, the smallest cubic capacities, which had previously been permitted to compete.
Nibbio, alias Giovanni Lurani, insinuated:
"Many well informed people believe that this 'decree of expulsion' had been 'energetically suggested' by Neubauer, racing team director, who was justifiably worried about the serious problem of overtaking on the tortuous Madonie circuit".[13]
Stirling Moss and the Mercedes-Benz 300SLR won again. So victory in the Targa Florio finale and the CSI Cup went to the German manufacturer.

Alfred Neubauer ritira uno dei numerosi trofei destinati alla Mercedes-Benz, durante la cerimonia di premiazione.

At the prize presentation, Alfred Neubauer accepted one of the numerous trophies won by Mercedes-Benz.

Nel 1955, anche la Coppa delle Dolomiti fu appannaggio di una vettura della Casa di Stoccarda. Ad aggudicarsela fu infatti la Mercedes-Benz 300SL di Olivier Gendebien davanti alla Ferrari 500 Mondial di Eugenio Castellotti.

The 1955 Coppa delle Dolomiti was also won by Mercedes-Benz. Honours went to Olivier Gendebien in a 300SL, ahead of Eugenio Castellotti's Ferrari 500 Mondial.

---

[10]. In the Italian hillclimbs "which, for the characteristics of the route be exclusively that, and that they be, anyway, of limited length", the Sport Category cars continued to race without respecting the cubic capacity limit.

[11]. Gendebien then repeated his performance in the Liege-Rome-Liege marathon and the Stella Alpina at the wheel of his 300SL, a car that had not yet found worthy opposition.

[12]. Every national automobile club had the right to organise only one round in the championship.

[13]. Nibbio (Giovanni Lurani), Couldn't they have though of it before?...in Auto Italiana, 1955, no. 29, page 61.

1956

XXIII MILLE MIGLIA COPPA FRANCO MAZZOTTI

Ricorda Giovanni Canestrini: «Dopo la nefasta giornata di Le Mans, in quasi tutti i paesi, con finalità e stili diversi, s'erano messe in moto sia le autorità sportive che quelle politiche. E le reazioni erano state differenti. La più drastica fu quella dell'American Automobile Association, erede dell'AC d'America, la quale rinunciò definitivamente, *sic et simpliciter*, a qualsiasi attività sportiva e, di conseguenza, ai poteri sportivi che le provenivano dalla sua appartenenza alla Fédération Internationale de l'Automobile. Questa rinuncia fu soprattutto determinata dalle possibili conseguenze giuridiche e finanziarie che un disastro come quello verificatosi a Le Mans avrebbe potuto creare.

In Gran Bretagna le reazioni furono di poco conto; più marcate invece, naturalmente, in Francia e in Germania. In Italia, soprattutto per l'intervento spiccatamente ostile di buona parte della stampa politica, il governo si vide costretto a riconsiderare tutta la situazione sportiva automobilistica, anche perché gran parte di questa attività si svolgeva sulla rete stradale ordinaria. Bisogna però dire che le autorità amministrative, seguendo l'esempio di quelle francesi, avevano considerato con una certa larghezza di vedute la situazione e dato una interpretazione molto lata alla legge. Venne creata una sottocommissione politica per la compilazione e l'approvazione del calendario delle manifestazioni sportive automobilistiche, alla presidenza della quale venne chiamato il sottosegretario agli interni Ariosto.[1] Un bresciano, come tutti i bresciani, attaccato alla sua città e alle sue grandi tradizioni sportive proprio nel campo degli sport motoristici.

Parecchie gare su strada, fra le quali l'indimenticabile « Stella Alpina », vennero eliminate dal calendario: fuori d'Italia scomparve la Carrera Panamericana, dopo cinque sole edizioni. Il punto debole di cui anche noi della Mille Miglia dovevamo riconoscere l'esistenza era quello sul quale avevamo tante volte discusso tra di noi: l'eccessivo numero delle vetture ammesse alla manifestazione e le elevate potenze e relative velocità di punta, raggiunte ormai dalle macchine di maggior cilindrata (categoria Sport), spesso più elevate di quelle delle vetture di F.1.

In sede di approvazione del regolamento della XXIII Mille Miglia (1956), organizzatori e autorità sportive italiane sudarono sette camicie per superare ostacoli e obiezioni, specialmente da parte dell'opinione pubblica; ma finalmente la gara venne iscritta in calendario e venne approvato un nuovo regolamento nel quale il percorso rimaneva praticamente immutato. Veniva però introdotto il criterio di aprire le iscrizioni (non superiori a 400 macchine) ai soli corridori "invitati" e accettati dagli organizzatori, compresi quelli iscritti come "seconde guide"».[2]

Il percorso della Mille Miglia 1956 rimase invariato rispetto a quello dell'edizione precedente.

The route of the 1956 Mille Miglia was the same as the 1955.

---

[1]. Egidio Ariosto, deputato socialdemocratico, fu sottosegretario ai Trasporti nel I Governo Scelba (10.02.1954-02.07.1955) e nel successivo I Governo Segni (06.07.1955-15.05.1957).
[2]. G. Canestrini, pag.167-168.

XXIII MILLE MIGLIA COPPA FRANCO MAZZOTTI

Giovanni Canestrini recalls: "After that horrendous day at Le Mans, both the sports and political authorities became active, even if in different ways and with diverse conclusions. The reactions were different, too. The most drastic was by the American Automobile Association, heir to the AC of America, which definitively renounced sic et simpliciter *any form of sports activity* and, as a consequence, the sporting power it derived from its membership of the Fédération Internationale de l'Automobile. That repudiation was, more than anything else, determined by the possible legal and financial consequences a disaster of the kind that took place at Le Mans could create In the U.S.

"The reaction in Great Britain was hardly felt; it was more marked, naturally, in France and Germany. In Italy, especially due to the sharply hostile intervention of most of the political press, the government was forced to reconsider the entire motor sport situation, also because a great deal of Italian motor racing took place on the public road network. One must, however, say that the administrative authorities, who followed the French example, had considered the situation with a certain far-sightedness and gave a very broad interpretation of the law. A political sub-committee was created for the compilation and approval of a calendar of motor sport events, to the presidency of which the under-secretary of the Interior Ministry, Egidio Ariosto,[1] was appointed. He was a Brescian – and, like all Brescians he was strongly attached to his city and its great sporting traditions, especially in the field of motor racing.

Many road races, among them the unforgettable Stella Alpina, were eliminated from the calendar: outside Italy, the Carrera Panamericana disappeared after just five events. The weak point, of which we of the Mille Miglia must also recognise the existence, is a subject we have discussed many times among ourselves: the excessive number of cars admitted to the event and the relative top speeds the cars of the largest cubic capacity (Sport Category) could reach, often higher than F1 cars.

In the hope of receiving approval of the XXIII Mille Miglia's regulations (1956), the Italian organisers and sports authorities worked extremely hard to overcome obstacles and objections, especially by public opinion: the race finally took its place in the calendar and a new regulation was approved in which the route remained practically unchanged. The concept was introduced of opening entries (no more than 400 cars) only to drivers 'invited' and accepted by the organisers, including those entered as "second drivers".[2]

[1.] Egidio Ariosto, Social Democratic Member of Parliament, was Under-Secretary for Transport in the Scelba government (10 February 1954-2 July 1955) and in the subsequent first Segni administration (6 July 1955-15 May 1957).
[2.] G. Canestrini, pages 167-168.

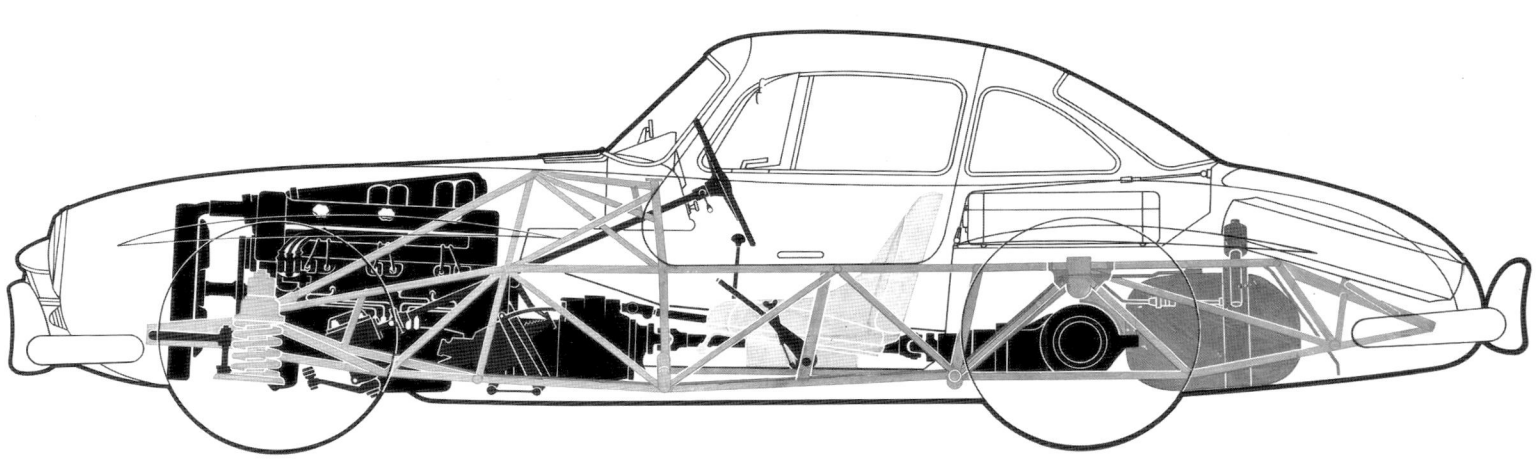

La vista in trasparenza longitudinale della Mercedes-Benz 300SL (W198) consente di apprezzare l'essenziale e leggero telaio oltre alla distribuzione dei principali organi meccanici.

This transparent longitudinal cutaway of the Mercedes-Benz 300SL (W198) shows the essential and light chassis, as well as the distribution of the car's main mechanical components.

Al VII Rallye Internazionale del Sestrière (24-25 febbraio 1956), valido per il Campionato d'Europa Turismo, si affermò l'equipaggio Shock-Moll, vincitori anche della classifica finale della Coppa indetta dalla FIA.

The VII Rallye Internationale del Sestrière on 24-25 February 1956, which was a round in the European Touring Championship, was won by Shock-Moll. They also topped the final points table of the FIA Cup competition.

La Mercedes-Benz si ritirò nuovamente dalle competizioni, ma delle 300SL, alcune con la carrozzeria totalmente in alluminio, giunsero in mano a diversi forti piloti. Una di queste, già nel 1955, era stata utilizzata dal pilota tripolino Salvatore Casella, Campione italiano del 1952 per la classe fino a 750 cc Sport al volante di una Stanguellini. Casella, dopo il decimo posto assoluto (e terzo della categoria GT) alla Mille Miglia del 1955, aveva vinto l'assoluto alla Vermicino-Rocca di Papa, una tradizionale cronoscalata laziale giunta quell'anno alla 22.ma edizione, battendo di due secondi l'inedita Alfa Romeo 2.000 condotta da Consalvo Sanesi, alla sua prima e unica uscita in gara.

Nel 1956, anche dopo la vittoria dell'equipaggio Shock-Moll[3] al VII Rallye Internazionale del Sestrière, l'esempio di Casella era stato seguito da Guido Cestelli-Guidi, fresco Campione d'Italia della Turismo normale oltre 1.300 cc con un'Alfa Romeo 1900 TI, da Giovanni Pignatelli e da Armando Zampiero,[4] che si erano dotati della vettura tedesca nel tentativo di contrastare nel Campionato nazionale GT oltre 2.000 cc le Ferrari 250 GT finalmente omologate.

Alle "Torricelle", altra classica cronoscalata italiana che si disputava alla periferia di Verona, si affermò Zampiero, precedendo Pignatelli senza nessuna Ferrari in partenza. Al Giro di Sicilia apparvero le Ferrari di Gendebien, che aveva lasciato la Mercedes-Benz, e dell'italiano Vittorio Colocci. Sul traguardo di Palermo, dopo 1.088 km, era il belga a giungere quarto assoluto e primo delle GT, precedendo di oltre mezz'ora la Fiat 8V Zagato di Alfonso Vella (sesto assoluto e primo delle 2.000 GT) e la Mercedes-Benz di Zampiero (settimo assoluto e secondo nella classe oltre 2.000 GT) di più di un'ora.

[3.] Walter Shock vinse il titolo europeo rally, ripetendo il successo ottenuto da Werner Engel e dalla Mercedes-Benz nell'anno precedente. Il Campionato europeo Gran Turismo (rally) era stato istituito dalla CSI nel 1953.

[4.] Non trova conferma la notizia da più fonti riportate di una vittoria di Zampiero nel Campionato italiano GT fino a 3.000 cc nel 1955. Si affermò, anche per la politica protezionistica della CSAI, la Lancia Aurelia B20 Zagato di Duccio Gatta, cognato di Gianni Lancia.

La Mercedes-Benz di Guido Cestelli Guidi in azione durante la XVI Vermicino-Rocca di Papa del 24 giugno 1956.

Guido Cestelli Guidi's Mercedes-Benz in action during the XVI Vermicino-Rocca di Papa on 24 June 1956.

Mercedes-Benz had retired once more from motor racing. But the 300SLs, some with bodies completely in aluminium, fell into the hands of a number of famous drivers. One of the cars was raced in 1955 by the Tripoli racer Salvatore Casella, 1952 Italian Champion in the up to 750 cc class of the Sport Category at the wheel of a Stanguellini. After coming 10th overall and third in the GT category of the 1955 Mille Miglia, Casella won the 22nd Vermicino-Rocca di Papa outright, a traditional Lazio hillclimb, beating the Alfa Romeo 2000 driven by Consalvo Sanesi, in his first and last race by two seconds.

In 1956, after Shock-Moll[3] won the VII International Rally of Sestrière, Casella's example was followed by Guido Cestelli-Guidi, newly crowned Italian over 1300 cc normal production touring car champion driving an Alfa Romeo 1900TI, Giovanni Pignatelli and Armando Zampiero,[4] who acquired the German cars in an effort to compete against the finally homologated Ferrari 250 GTs in the over 2,000 GT national championship.

Zampiero won and Pignatelli came second in the Torricelle, another Italian hillclimb classic that took place on the outskirts of Verona, without a single Ferrari at the start. A Ferrari driven by Olivier Gendebien, who had left Mercedes-Benz, and Vittorio Colocci appeared at the Giro di Sicilia. After 1,088 kilometres of racing, the Belgian drove the Rossa into fourth place overall and won the GT class, more than half an hour ahead of the Fiat V8 Zagato of Alfonso Vella (sixth on the leader board and first in the 2,000 GT) and Zampiero's Mercedes, which had a deficit of over an hour to come seventh overall and second in the over 2,000 GT class. The Ferraris did not turn out for the Consuma hillclimb, won by a Lancia Aurelia B20 GT driven by Edoardo Lualdi Gabardi with a time of 7'00"9; second and third were the 300SLs of Zampiero and Cestelli-Guidi, 6 and 16 seconds respectively behind the winner.

Next was the XXIII Mille Miglia. Auto Italiana *reported the race like this:*

[3.] Walter Shock later won the European Rally Championship, repeating the success of Werner Engel and Mercedes-Benz of the previous year. The European Gran Turismo *(rally) Championship was instituted by the CSI in 1953.*

[4.] There was no confirmation of Zampiero's victory in the up to 3,000 cc of the Italian Championship in 1955, even though news of it was carried by a number of sources. Even if for the protectionist policy of the CSAI, the winner was the Lancia Aurelia B20 Zagato driven by Duccio Gatta, Gianni Lancia's brother-in-law.

Stirling Moss, vincitore della Mille Miglia 1955 (nella foto a destra intento a discutere con Peter Collins), fu di nuovo al via della classica bresciana, sempre in coppia con il fidato Denis Jenkinson, ma questa volta al volante di una Maserati 350 S. Alle spalle di Collins si riconosce il fotografo Bernard Cahier.

Stirling Moss, winner of the 1955 Mille Miglia (right) shown here talking to Peter Collins, was at the start of the Brescian classic again in 1956, co-driven once more by Denis Jenkinson and driving a Maserati 350 S. Photographer Bernard Cahier can be seen behind Collins.

Le Mercedes-Benz al via de la Mille Miglia 1956 furono quasi tutte 300SL. Fra queste, anche quella di Wolfgang Seidel e Helmut Glöckler (n. 454) e la n. 502 dello sfortunato equipaggio Busch-Piwco.

Almost all the Mercedes-Benz cars that competed in the 1956 Mille Miglia were 300SLs. Among them was the Wolfgang Seidel-Helmut Glockler car (454) and the unlucky Busch-Piwco, number 502.

Nel Gruppo Serie speciale da Turismo e Gran Turismo, classe oltre 2.000 cc, si rinnovò la sfida fra Mercedes-Benz e Ferrari. Sulle vetture tedesche figuravano Riess-Eger (n. 443), von Trips-Straub (n. 446) e Pollet-Flandrak (450). La Ferrari si affidò alle 250 GT Scaglietti, una delle quali (n. 448) di Giuliano Giovanardi-Giorgio Meier.

The Mercedes-Benz-Ferrari challenge was renewed once more in the Turismo *and* Gran Turismo *Special Series Group for cars of over 2,000 cc. The Stuttgart cars were driven by Riess-Eger (443), von Trips-Straub (446) and Pollet-Flandrak (450). Ferrari put its money on the 250 GT Scagliettis, one of which was no. 448 in the hands of Giuliano Giovanardi and Giorgio Meier.*

Alla salita della Consuma, assenti le Ferrari GT, era l'Aurelia B20 GT di Edoardo Lualdi Gabardi a precedere con il tempo di 7'00"9 le 300SL di Zampiero e di Cestelli-Guidi, rispettivamente, di 6 e 16 secondi. Poi giunse l'appuntamento della XXIII Mille Miglia. Questa la cronaca della gara da «Auto Italiana»: «L'attenzione dell'automobilismo internazionale era rivolta intensamente alla categoria oltre 2.000 cc turismo di serie speciali e gran turismo, perchè colà era attesissimo lo scontro violento fra l'industria italiana e tedesca, che si contendono il mercato internazionale soprattutto nella produzione delle vetture destinate al grande turismo. La Mercedes aveva in campo una vasta equipe di clienti largamente assistiti ed aveva anche inviato in Italia per consigli e per i rifornimenti lo ing. Neubauer, Kling, nonché numerosi autofurgoni carichi di tutto il necessario. Gli equipaggi al volante delle Mercedes erano quattordici, tre dei quali avevano in dotazione le 220 A, mentre tutti gli altri erano a bordo delle famose 300SL. Tra i piloti di rilievo: Riess, Gunzler, Von Trips, Seidel, Busch, Metternich, Einsiedel. In ultima analisi uno squadrone, anche composto di clienti, alcuni dei quali dipendenti della Mercedes medesima.
Inoltre le Mercedes-Benz 300SL, che avevano a lungo provato, erano state ancora migliorate nei confronti di quelle, che già avevamo viste in Italia nelle precedenti Mille Miglia. Nella stessa classe erano schierate nove Lancia «Aurelia», una BMW e una Salmson. Le Ferrari erano cinque ma, fra queste, una sola poteva dirsi veramente inviata in campo dalla Casa: quella dei piloti Gendebien-Washer, che già lo scorso anno avevano corso al volante della Mercedes-Benz. Macchina similare, ma privata, avevano Giovanardi e Meyer, il secondo recente vincitore dei campionati nazionali delle università. La Ferrari 250

"The attention of international motor racing was concentrated with great intensity on the over 2,000 cc special production and Gran Turismo cars, because a violent clash was extremely likely between the Italian and German manufacturers, who were battling for the international road car market, especially in the production of Gran Turismo cars. Mercedes-Benz fielded a vast team of extensively serviced customers and had also sent engineer Alfred Neubauer to Italy to provide advice and servicing, plus Karl Kling and numerous vans loaded

with everything needed to perform those duties. There were 14 crews competing in Mercedes cars, three of which had the 220 A and the others the famous 300SL. Some of the better-known drivers included Riess, Gunzler, von Trips, Seidel, Busch, Metternich and Einsiedel. In the final analysis, a big team also made up of customers, some of whom were employees of the German car manufacturer.

Moreover, there were the Mercedes 300SLs, which practiced for a long time, and were further improved on those we had already seen in Italy in previous Mille Miglias. Nine new Lancia Aurelias, a BMW and a Salmson were competing in the same class. There were five Ferraris, of which it could only be said that the one truly sent by the manufacturer to compete was that of drivers Gendebien-Washer, who campaigned a Mercedes last year. Similar but privately entered cars were driven by Giovanardi and Meyer, the latter the recent winner of the national university championship. The Ferrari 250 Tipo Sicilia had a 2,985 cc, V12 engine, which could probably generate between 220 and 250 hp.

Naturally, all the predictions were in the Germans' favour, partly because the appearance of the sole works Ferrari smacked a little of an experiment. That conviction (or forecast, if one will) seemed to be confirmed immediately by the early progress of the race, which saw von Trips excel from the outset. All the Mercedes crews ran in a compact group to the maximum of their mechanical ability, and as early as Desenzano Gunzler's eagerness sent him off the road in his 220A, while the Terzi-Castiglioni Aurelia had to retire at Verona. The first overview of the situation became clear at Ravenna: von Trips led his class at an average speed of 170.597 km/h, followed by fellow Mercedes driver Riess, who was over three minutes behind him. Gendebien was down eight minutes, chased by five Mercedes. The German manufacturer lost the car driven by Busch, who went off at Montemarciano. Unfortunately, the 'second', Piwko, lost his life in the accident. Von Trips was still in the lead at Pescara, followed by Riess. Gendebien was 18 minutes behind the leader, with the same four Mercedes still on his tail. The average speed of von Trips was 165.257 km/h. At Scafa, about 10 kilometres beyond

Nel medesimo raggruppamento erano inoltre presenti la Mercedes-Benz 300SL di von Metternich-von Einsiedel (n. 504) e la Ferrari 250 GT Scaglietti di Gendebien-Washer (n. 505) che, grazie al quinto posto assoluto finale, si aggiudicò la vittoria di categoria.

In the same grouping was the Mercedes-Benz 300SL driven by von Metternich-von Einsaidel (504) and the Gendebien-Washer Ferrari 250 GT (505), which won its category as a result of its fifth place overall.

tipo «Sicilia» aveva una cilindrata di 2.985 cc ed un motore a 12 cilindri a V capace di erogare probabilmente dai 220 ai 250 cavalli.

Naturalmente, tutti i pronostici erano per i colori germanici, anche perchè l'esibizione dell'unica Ferrari ufficiale aveva un po' il sapore dell'esperimento. Tale convinzione (o previsione, che dir si voglia) appariva subito confermata dall'andamento delle operazioni, che vedevano Von Trips primeggiare sin dalle prime battute. Tutti gli equipaggi marciavano compatti al massimo delle possibilità meccaniche e già a Desenzano l'ardore agonistico di Gunzler lo portava fuori strada con la sua 220 A. A Verona era l'Aurelia di Terzi-Castiglioni, che doveva ritirarsi. Il primo quadro generale della situazione lo si aveva a Ravenna: Von Trips comandava la classe alla media di km 170,597, seguito dal compagno di marca Riess ad oltre tre minuti. Gendebien era ad otto minuti, tallonato da altre cinque Mercedes. A Montemarciano la Casa perdeva un'altra vettura: quella di Busch, uscito di strada. Nell'incidente il «secondo» Piwko purtroppo perdeva la vita. A Pescara Von Trips era sempre al comando, seguito da Riess. Gendebien, con alle calcagna quattro Mercedes, aveva diciotto minuti di svantaggio. La media di Von Trips era di km. 165,257. A Scafa – dieci chilometri circa oltre Pescara – Von Trips usciva di strada e per lui la Mille Miglia era finita. Riess prendeva quindi il comando ed all'Aquila passava primo alla media di km. 158,753. Gendebien aveva quattordici minuti di ritardo ed era secondo con la solita muta dei tedeschi alle calcagna. A Roma Riess era sempre il primo e la sua media era di 148,065. Gendebien imperturbabile al secondo posto con quasi un quarto d'ora di distacco. Giovanardi sulla Ferrari rimaneva in sesta posizione come già al controllo precedente. Dopo Roma, Gendebien metteva in evidenza le sue spiccate qualità di fondista resistentissimo e senza forzare iniziava la sua marcia di avvicinamento a Riess. Infatti il pilota germanico veniva gradatamente avvicinato e prima di Firenze superato. Nella capitale della Toscana quindi la situazione era la seguente: 1° Gendebien (Ferrari) in 9 ore 7'41" media km. 128.281,

Oltre alle Mercedes-Benz 300SL, sempre nel Gruppo vetture Serie speciale Turismo e Gran Turismo, erano presenti anche tre Mercedes-Benz 220A. La n. 509 era dell'equipaggio Erwin Bauer e Eugen Grupp; concluse al 25° posto.

As well as the Mercedes-Benz 300SLs, there were also three 220 As in the TURISMO and GRAN TURISMO Special Series Group. Car 509 driven by Erwin Bauer and Eugen Grupp finished 25th.

Pescara, von Trips went off and that ended his Mille Miglia for him. So Riess moved into the lead and passed through Aquila in front at an average 158.753 km/h. Gendebien was 14 minutes behind the Mercedes driver in second place, with the same pack of Germans close snapping at his heels. Riess was still in command at Rome and his average was 148.065. The imperturbable Gendebien held second with a deficit of almost a quarter of an hour. Giovanardi and his Ferrari remained in sixth place, which was his position at the previous control. After Rome, Gendebien showed his unquestioned ability as a long distance driver. He resisted strongly and, without forcing it, made his bid to catch Riess. The Belgian gradually wound in the German driver and overtook him before Florence. So this was the situation in the Tuscan capital: 1st Gendebien (Ferrari) in 9h7'41" at an average 128.281 km/h; 2nd Riess (Mercedes-Benz) over a minute behind the leader, then the silver Mercedes 300SLs of Metternich, Siedel, Pollet and Bongiasca. Mantovani's Aurelia was in seventh place, ahead of Bauer's Mercedes.

Gendebien further increased his advantage over Riess to about four minutes between Florence and Bologna. The average was 122.714 km/h. Making a last minute dash, Riess suddenly gave in and

Due Mercedes-Benz 300SL al passaggio da San Benedetto del Tronto. Mentre von Trips-Straub (n. 446) furono costretti al ritiro prima di transitare a Roma, Pollet-Flandrak (n. 450) conclusero la corsa all'ottavo posto assoluto.

Two Mercedes-Benz 300SLs going through San Benedetto del Tronto. While von Trips-Straub (446) were forced to retire before Rome, Pollet-Flandrak (450) finished the race in eighth place.

Metternich, Siedel and Pollet tried in vain to make up time. At the finish in Brescia's Via Rebuffone, Gendebien was about seven minutes ahead of Metternich's Mercedes, with an average 127.765 km/h. In the differentiated classification, Gendebien won the over 2,000 cc Gran Turismo class and, therefore, was the overall winner of the general classification for that car, as well as fifth on the race leader board. Bauer's Mercedes won the over 2,000 special production touring car class, preceding Nataloni's Aurelia".[5]

After the Giro di Sicilia, the second round in the Italian GT Championship for cars of over two-litres, came the 420 kilometre VI Trofeo della Sardegna over a Cagliari-Sassari-Cagliari route, which was closed to normal traffic. Camillo Luglio won in a Ferrari 250 GT, helped by fuel injection trouble with the Mercedes of Zampiero, who had led at Sassari by little more than

[5.] Savino Mariani, *Al seguito della dura prova lungo l'arco della XXIII Mille Miglia*, in Auto Italiana, 1956, no. 13.

Al decimo posto concluse invece la Mercedes-Benz di Riess-Eger.

The Riess-Eger Mercedes-Benz came 10th.

2° Riess (Mercedes) ad oltre un minuto, quindi seguivano le argentee 300SL di Metternich, Pollet, Siedel e Bongiasca. L'Aurelia di Mantovani era in settima posizione davanti alla Mercedes di Bauer.
Tra Firenze e Bologna, Gendebien aumentava il vantaggio a quattro minuti circa su Riess. La media era di km 122 e 714. Nell'ultima volata Riess cedeva di schianto ed invano Metternich, Siedel, Pollet cercavano di ricuperare lo svantaggio. Gendebien al Rebuffone aveva circa sette minuti di vantaggio sulla Mercedes di Metternich: la media era salita a km 127.765. Nella classifica differenziata Gendebien era vincitore della classe Gran Turismo oltre 2.000cc e quindi anche vincitore assoluto della classifica generale di tali vetture, nonché quinto assoluto in classifica generale. La Mercedes-Benz di Bauer si aggiudicava invece il settore delle macchine da turismo di serie speciali oltre 2.000, precedendo l'Aurelia di Nataloni».[5]

La seconda prova del Campionato italiano GT oltre 2.000, dopo il Giro di Sicilia, era VI Trofeo della Sardegna, una corsa disputata sul percorso Cagliari-Sassari-Cagliari di 420 km chiusi al traffico. Vinse la classe Camillo Luglio con la Ferrari 250 Europa GT, favorito dai guai al sistema d'iniezione della Mercedes-Benz di Zampiero che precedeva l'avversario a Sassari di poco più di due minuti, ma nel ritorno a Cagliari impiegava cinque minuti in più dell'andata. Quarto di classe, preceduto dall'Aurelia di Mennato Boffa, si classificava Cestelli-Guidi al volante di una 300SL poco più che normale, almeno a giudicare dai tempi segnati dieci giorni prima alla IV giornata dei primati di Castelfusano. Il pilota romano aveva impiegato 38"3 a percorrere il miglio da fermo ed era stato cronometrato a 224,599 km/h di media sul miglio lanciato.

Che le 300SL impiegate in Italia non fossero particolarmente a punto[6] lo si vide alla terza prova di campionato: la XXIII Vermicino-Rocca di Papa, vinta da Giuliano Giovanardi con la sua fiammante 250 GT, precedendo Luglio,[7] Nataloni (Aurelia), Zampiero e Cestelli-Guidi. Zampiero aveva accusato sul traguardo un distacco di oltre 23" dal modenese.

Sulle rampe della Bolzano-Mendola, successiva gara di campionato, fra i dodici partenti della classe oltre 2.000 GT, Luglio faceva registrare il miglior tempo con la sua nuova "250 GTI"[8] carrozzata da Zagato, precedendo le Ferrari di Edoardo Lualdi Gabardi e di Giuliano Giovanardi. Quarto era Zampiero, quin-

---

[5]. Savino Mariani, *Al seguito della dura prova lungo l'arco della "XXIII Mille Miglia"*, in «Auto Italiana», 1956, n.13.

[6]. L'innovazione rappresentata dall'iniezione non era certo gradita all'epoca dai preparatori, i migliori dei quali, almeno in Italia, erano abituati a giostrarsi con i getti, gli spilli e i freni aria dei normali carburatori. Sempre rimanendo in Italia e per esperienza personale, solo ai primi anni Settanta con la diffusione dei banchi dinamometrici, da un lato, e di vetture della categoria Turismo dotate di motori a iniezione, dall'altro, i nostri "stregoni" iniziarono a destreggiarsi con questo tipo di impianto di alimentazione.

[7]. Il pilota genovese era all'esordio con la sua nuova vettura teminata da Zagato appena in tempo per la gara e con la carrozzeria ancora grezza.

[8]. Questa la denominazione della vettura come appariva nelle pagine pubblicitarie dell'epoca della Zagato.

Indiscusso protagonista della XXIII edizione della Mille Miglia fu Eugenio Castellotti con la Ferrari 290 MM, che si rese protagonista di un'entusiasmante corsa, cogliendo una brillante affermazione.

The unquestioned star of the XXIII Mille Miglia was Eugenio Castellotti in a Ferrari 290 MM, who put in an outstanding effort to take a brilliant victory.

Agosto 1956. La Marathon de la Route 1956, già Liegi-Roma-Liegi, era una delle gare di regolarità più vecchie in Europa, essendo nata nel 1931, ma non raggiunse Roma, bensì Zagabria, a causa delle nuove disposizioni italiane in merito alle gare su strade aperte al traffico. Fu vinta dall'equipaggio Mairesse-Génin con 9' di penalità.

August 1956: the Marathon de la Route, previously the Liege-Rome-Liege, was one of the oldest endurance races in Europe, having begun in 1931. The 1956 event did not go to Rome but to Zagreb, due to the new Italian law prohibiting racing on roads open to traffic. The event was won by Mairesse-Génin with a 9' penalty.

two minutes: but on the way back to Cagliari he lost five minutes. Preceded by Mennato Boffa's Aurelia, Cestelli-Guidi was fourth in class in a 300SL, having taken a little longer than normal judging by the times he had set 10 days earlier in the IV Day of Records at Castelfusano. The Roman driver had taken 38"3 to cover the standing start mile and was timed at 224.599 km/h on the flying mile.

That the 300SLs used in Italy were not particularly well tuned [6] could be seen from the third round in the championship, the XXIII Vermicino-Rocca di Papa. Giuliano Giovanardi won the race in his fiery 250 GT, ahead of Camillo Luglio, [7] Nataloni (Aurelia), Zampiero and Cestelli-Guidi. As he crossed the finish line, Zampiero was over 23" behind the Modena driver.

On the ramp of the Bolzano-Mendola, the next championship counter, Luglio recorded the best time among the 12 over 2,000 GT starters in his new, Zagato-bodied 250 GTI,[8] leading home Edoardo Lualdi Gabardi's and Giovanardi's Ferraris. Fourth was Zampiero, fifth Cestelli and Arnaldo Bongiasca (300SL) was eighth, ahead of Alberto Cacciari (300SL).

The Mercedes star was no longer in the ascent by then, as Luglio showed by winning his class at both the X Coppa d'Oro delle Dolomiti – a race that covered distance of 303.8 kilometres, which took place on 8 July 1956 – and the 705 kilometre VIII Giro delle Calabrie on 29 July.

There were two more races to go after the Giro delle Calabrie: the VIII Coppa Intereuropa on the Monza combination road circuit and the Six Hours of Castelfusano on that area's roads. The provisional championship table saw the Genoa driver Camillo Luglio in first place with 30 points, six ahead of Zampiero in second, but a victory with at least eight starts was worth eight points, although only the best five results counted towards the championship.

[6.] The fuel injection innovation was certainly not welcomed at the time by the tuners, the best of whom – at least in Italy – were used to manipulating the jets, needles and air brakes of normal carburettors. In Italy and for personal experience, the Italian "wizards" only began to cope with that kind of fuel system in the early Seventies with the diffusion of dynametric benches on the one hand and Turismo category cars with injection engines on the other.

[7.] The Genoa driver was making his debut with his new car, which was finished by Zagato in time for the race – even though the body was still unpainted.

[8.] That is the denomination of the car as it appeared at the time in Zagato advertisements.

La sfida fra Mercedes-Benz e Ferrari, risoltasi ancora una volta a favore della Casa di Maranello, si ripresentò in occasione della Coppa d'Oro delle Dolomiti (8 luglio 1956). Le vetture tedesche ottennero comunque il secondo e il terzo posto nella categoria GT oltre 2.000, rispettivamente con Armando Zampiero (n. 72) e Kurt Zeller (n. 73).

The battle between Mercedes-Benz and Ferrari at the Coppa d'Oro delle Dolomiti on 8 July 1956 ended in favour of Maranello once more. This time the German cars came second and third in the over 2,000 cc GT Category, driven by Armando Zampiero (72) and Kurt Zeller (73) respectively.

to Cestelli, mentre Arnaldo Bongiasca (300SL) era ottavo davanti ad Alberico Cacciari (300SL).

La stella della Mercedes-Benz era ormai tramontata, come dimostrava Luglio, vincendo la sua classe sia alla X Coppa d'Oro delle Dolomiti (lunga 303.8 km e disputata l'8 luglio 1956), sia all'VIII Giro delle Calabrie (sulla distanza di 705 km) del 29 luglio.

Dopo il Giro delle Calabrie rimanevano due gare da disputare: la VIII Coppa Intereuropa sul tracciato stradale di Monza e la Sei Ore di Castelfusano sul circuito stradale omonimo. La classifica provvisoria vedeva in testa il genovese Camillo Luglio con trenta punti, con un vantaggio di sei su Zampiero secondo, ma una vittoria con almeno otto partenti valeva otto punti e per il Campionato contavano solo i cinque migliori risultati.

A Monza, al termine delle prove ufficiali, la situazione appariva chiara e sfavorevole[9] a Zampiero. Luglio aveva stabilito il miglior tempo in 2'03"6, alla media di 167,476 km/h, distaccando di un secondo esatto il compagno di scuderia Paolo Lena alla guida di un'altra Ferrari 250 GT. Zampiero aveva segnato il terzo tempo in 2'05"2 (media 165,335 km/h) davanti alla Mercedes-Benz 300SL di Seidel (2'08"5), alla Ferrari Zagato di Miro Galluzzi (2'13"1), alla Mercedes-Benz di Cacciari (2'14"9) e alla Ferrari di Vittorio Ottavio Randaccio (2'19"5). Dei sette piloti ammessi alla partenza, Randaccio non prendeva il via e così i partenti si riducevano a sei, dei quali solo cinque italiani, con il primo di questi che avrebbe guadagnato cinque punti e il secondo tre. Il Campionato italiano era quindi ancora aperto con altre due gare da disputare.

Riprendiamo la cronaca dell'emozionante gara da «Auto Italiana» «La partenza alle macchine del IV raggruppamento che raccoglie le vetture fino a 2.000 cc. ed oltre avviene alle ore 12,30 sotto una pioggia dirotta, al segnale del direttore di corsa dott. Mugnai; sono rimasti in gara 19 concorrenti, non essendosi presentati, dei 24 ammessi: Tedeschi, Buffa, Caneparo, Randaccio e Maggiorelli. Piove sempre.

Subito sin dalle prime battute appare evidente come le Ferrari 3000 cc di Luglio e di Lena, i quali nelle prove avevano fatto registrare i due migliori tempi (2'03"6/10 Luglio e 2'04" e 6/10 Lena) e le Mercedes-Benz 300SL di Zampiero e Seidel, erano destinate a fare corsa a sé nella oltre due litri. Infatti già al quinto giro, questi piloti si trovano al comando del rombante carosello; in testa Luglio in 1'30"3/10, media 149,956, seguito da Seidel ad 1" e da Zampiero a 2". Il giro più veloce nelle prime tornate è di Luglio al settimo in 2'12"7/10, media km/h 155 e 990. Hanno abbandonato per noie meccaniche varie:

[9.] La Ferrari godeva del vantaggio di un peso omologato minore (1.050kg) contro i 1.200 kg della Mercedes-Benz in alluminio. È anche probabile che la vettura di Maranello disponesse di una quindicina di cavalli in più, in quanto il motore 128 della 250GT era arrivato ad erogare nel 1956-57 circa 240 CV nei motori più competitivi.

At the end of official practice at Monza, the situation clearly seemed unfavourable[9] to Zampiero. Luglio set the fastest time of 2'03"6 at an average speed of 167.476 km/h, exactly one second ahead of his team mate, Paolo Lena, at the wheel of another Ferrari 250 GT. Zampiero put up the third fastest time of 2'05"2 (average 165.335 km/h), followed by the Mercedes-Benz 300SL of Seidel (2'08"5), the Ferrari Zagato driven by Miro Galluzzi (2'13"1), Alberico Cacciari's Mercedes (2'14"9) and Vittorio Randaccio (2'19"5) in another Ferrari. Of the seven drivers admitted, Randaccio did not start, so those that did dropped to six cars, of which only five were Italians, the first of whom would have earned five points and the second three. So the Italian Championship was still open – with two more races to go.

Auto Italiana *takes up the story:*

"The start of the IV grouping that brought together cars of up to 2,000 cc and over took place at 12.30 in heavy rain on the signal of race director Dr. Mugnai; 19 of the 24 competitors were still in the race, Tedeschi, Buffa, Caneparo, Randaccio and Maggiorelli not having taken to the grid. It continued to rain.

Right from the start, it seemed clear that the 3,000 cc Ferraris of Luglio and Lena were destined to race each other in the over two-litre, having set the two fastest times (2'03"610 by Luglio and 2'04"6/10 by Lena) in practice, plus the Mercedes 300SL of Zampiero and Seidel. In fact, as early as the fifth lap those drivers were at the head of a thunderous carousel, Luglio in the lead with 11'30" 3/10, average 149.956, followed by

---

[9]. Ferrari enjoyed the advantage of a lower homologated weight (1,050 kg) against the 1,200 kg of the aluminium Mercedes. It is also probable that the Maranello car had about 15 hp more, in that the 128 engine of the 260 GT was generating about 240 hp in 1956/7.[9] Ferrari enjoyed the advantage of a lower homologated weight (1,050 kg) against the 1,200 kg of the aluminium Mercedes. It is also probable that the Maranello car had about 15 hp more, in that the 128 engine of the 260 GT was generating about 240 hp in 1956/7.

La Ferrari 250 GT Zagato di Camillo Luglio vincitrice della Categoria Gran Turismo all'ultima edizione della corsa dolomitica.

Camillo Luglio's Ferrari 250 GT Zagato, winner of the GRAN TURISMO Category of the last Dolomiti race.

Galluzzi, Ribaldi e Fezzardi. La media tende a salire, tanto è vero che Lena all'ottavo giro, batte il giro record di Luglio: 157,294. La pioggia tende a cessare e questo concorre a rendere più veloce la gara. Lena infatti, migliora ancora il proprio record al 12° giro con 2'10"6/10, media km/h.158,499.

Al 15° giro, Armando Zampiero, supera Luglio, che aveva mantenuto la testa in questi primi quindici giri e passa al comando della corsa aumentando il suo vantaggio nei giri successivi. Le posizioni al quindicesimo giro sono le seguenti: 1. Zampiero in 33'36" e 3/10; 2. Luglio a 7"; 3. Lena a 12". Armando Zampiero migliora ancora il giro record: Km/h. 159,722, che verrà in seguito eguagliato anche da Lena. Al 23° giro, Luglio, che inseguiva Zampiero, ha uno sbandamento sulla curva parabolica ed è costretto a perdere leggermente terreno nei confronti del rivale.

La lotta fra la Mercedes di Zampiero e la Ferrari di Luglio, rimane vivacissima sino alla fine ed al termine dell'ora di gara, il trentino risulterà vincitore con circa 100 metri di vantaggio nei confronti del ferrarista. Lena sarà terzo, mentre Wolfgang Seidel non risulterà mai in lizza per le prime posizioni. A Zampiero va il merito di aver battuto sebbene su altro percorso, la velocità record della corsa: km 155,711, mentre a Luglio rimane la soddisfazione di aver compiuto il giro più veloce alla media di km/h. 162,225».[10]

Lo scarto dei risultati portò Luglio a 33 punti, ormai praticamente irraggiungibile da Zampiero che era salito con la vittoria solo a 26 punti. La precedente vittoria di Mairesse-Genin, con Gendebien e la Ferrari terzi, alla "Marathon de la route 1956"[11] non poteva illudere più nessuno, come avrebbe confermato qualche settimana dopo il Tour de France con la vittoria di Alfonso De Portago con la Ferrari, davanti a Stirling Moss (Mercedes-Benz 300SL), Gendebien (Ferrari) e René Cotton (Mercedes-Benz 300SL).

Il Campionato italiano conduttori oltre 2.000GT si concluse a Castelfusano con la vittoria di De Portago davanti a Luglio e a Giuseppe Musso (Mercedes 300SL).

Anche nel Trofeo della Montagna, per la classe oltre 2.000GT, Zampiero non fu fortunato: giunse solo terzo dietro a Edoardo Lualdi (Ferrari), vincitore, e a Giuliano Giovanardi (Ferrari).

[10.] Gianni Marin, *Due note di cronaca*, in «Auto Italiana», 1956, n.25.
[11.] La competizione aveva perduto la denominazione Liegi-Roma-Liegi poiché la capitale italiana era stata esclusa dal tracciato di gara a seguito delle limitazioni a correre su strtada aperta, introdotte in Italia dopo la sciagura di Le Mans.

La Ferrari 250GT Zagato di Camillo Luglio sbanda a causa dell'asfalto viscido durante la Coppa Intereuropa del 1956, lasciando via libera alla Mercedes-Benz 300oSL di Zampiero che si lanciò verso la vittoria finale.

Camillo Luglio's Ferrari 250GT Zagato skids on the slippery asphalt during the 1956 Coppa Intereuropa, leaving the way clear for Zampiero and his Mercedes-Benz 300SL to charge on to final victory.

Seidel at 1" and Zampiero at 2". The fastest of the early laps was recorded by Luglio in seventh at 2'12" 7/10, average 155.990 km/h. Galluzzi, Ribaldi and Fezzardi dropped out with mechanical trouble. The average began to rise, to the point that Lena in eighth place beat Luglio's record: 157.294. The rain tended to stop and made the race faster. In fact, Lena improved even more on his record on the 12th lap, recording 2'10" 6/10, average 158.499 km/h.

On the 15th lap, Armando Zampiero overtook Luglio, who had held the lead for those first 15 tours, subsequently increasing his advantage in the laps that followed. The situation after 15 laps was the following: 1. Zampiero in 33'36" and 3/10, 2. Luglio at 7", 3. Lena at 12". Zampiero further improved on his record, clocking 159.722 km/h, which would later also be equalled by Lena. On the 23rd, Luglio, who was following Zampiero, spun at the Parabolica and was forced to lose ground slightly on his rival.

The battle between the Zampiero Mercedes and Luglio's Ferrari remained extremely lively until the end and after an hour's racing the Trento driver was the winner; he had about 100 metres advantage over the Ferrarist; Lena was third, while Wolfgang Seidel was never in contention for a top place. To Zampiero goes the merit of having beaten – even if on another track – the record speed of the race: 155.711, while Luglio retains the satisfaction of having set the fastest lap of an average 162.225".[10]

Discarding results gave Luglio 33 points, by now almost unreachable by Zampiero, whose score had climbed to only 26 points after his victory. The previous win by Mairesse-Genin with Gendebien and the Ferrari third in the 1956 Marathon de la Route[11] *could deceive no-one any more, as was confirmed a few weeks later after the Tour de France with the victory of Alfonso De Portago in a Ferrari, ahead of Stirling Moss (Mercedes 300SL), Olivier Gendebien (Ferrari) and René Cotton (Mercedes 300SL).*

The over 2,000 cc GT class Italian drivers' championship concluded at Castelfusano with victory by De Portago, ahead of Luglio and Giuseppe Musso (Mercedes 300SL).

Zampiero was also unlucky in the over 2,000 GT class of the Trofeo della Montagna, coming only third behind winner Edoardo Lualdi Gabardi (Ferrari) and second placed Giuliano Giovanardi (Ferrari).

[10]. Gianni Marin, Due note di cronaca, *in* Auto Italiana, 1956, no. 25.
[11]. The race had lost the denomination Liege-Rome-Liege, because the Italian capital was excluded from the new route following the limitation of racing on open roads introduced in Italy after the Le Mans accident.

La Mercedes-Benz di Zampiero, futuro vincitore, all'inseguimento della Ferrari 250 GT di Paolo Lena, durante le prime fasi di gara.

Zampiero's Mercedes, the eventual winner, chasing Paolo Lena's Ferrari 250 GT in the early stages of the Monza race.

1957

XXIV MILLE MIGLIA COPPA FRANCO MAZZOTTI

Il 9 e 10 ottobre 1956 si era riunita a Parigi la Commission Sportive Internationale della FIA e aveva approvato il nuovo testo dell'Allegato J, che sarebbero state in vigore il 1 gennaio 1957:

«Le vetture d'ora innanzi sarebbero state suddivise come segue:
Categoria I: Turismo (minimo di fabbricazione 1.000 esemplari costruiti in 12 mesi consecutivi per qualsiasi cilindrata)
    1. Gruppo: Vetture da Turismo di serie normali
    2. Gruppo: Vetture da Turismo di serie preparata
    3. Gruppo: Vetture da Turismo speciali
Categoria II: Gran Turismo (minimi di costruzione):
vetture con carrozzeria chiusa o trasformabile: 100 esemplari costruiti in 12 mesi consecutivi; vetture con carrozzeria aperta: 200 esemplari costruiti in 12 mesi consecutivi).
    1. Gruppo: Vetture da Gran Turismo di serie normali
    2. Gruppo: Vetture da Gran Turismo di serie preparata
    3. Gruppo: Vetture da Gran Turismo speciali

Il manifeso ufficiale della XXIV Mille Miglia.

The official poster of the XXIV Mille Miglia.

Per queste due categorie, la distinzione fra il primo e il secondo gruppo è la seguente:
SERIE NORMALI: vetture conformi al modello consegnato dalla Casa Costruttrice.
SERIE PREPARATA: vetture per le quali sono autorizzate modifiche o aggiunte leggermente maggiori di quelle concesse dall'art. 259 dell'attuale regolamento [del 1955].
SERIE SPECIALI: vetture derivanti dalle precedenti ed alle quali possono essere apportate modifiche molto importanti.
I modelli analoghi ma con prestazioni differenti (ossia i modelli del medesimo o e cilindrata) potranno d'ora innanzi essere tutti classificati nel medesimo gruppo rispettando però il minimo di costruzione».

Ritornando al principio del minimo di produzione, la CSI voleva ridurre il regime di anarchia e di confusione che aveva caratterizzato i primi due anni di applicazione dell'Allegato J, entrato in vigore il 1° gennaio 1955. Si era infatti assistito ad arbitrarietà e assurdi nell'interpretazione del termine "di serie", ovvero conforme "al modello consegnato dalla Casa Costruttrice" che il Lettore può facilmente capire, esaminando le classifiche, ad esempio, della Mille Miglia. Inoltre vetture costruite in numerosa serie, come l'italiana Fiat 1100TV non poteva essere considerata nella categoria Turismo in quanto già vi era stata inclusa la Fiat 1100 normale, che l'aveva cronologicamente preceduta.

Ancora una volta numerose le Mercedes-Benz 300SL alla partenza della Mille Miglia: William G. Graham (n. 423), Lanz-Sägesser (n. 419), Martenson-von Einseidel (n. 428) e Bongiasca-Bongiasca (n. 429).

Once again, there were numerous Mercedes-Benz 300SLs at the start of the Mille Miglia: they were crewed by William G. Graham (423), Lanz-Sägesser (419), Martenson-von Einseidel (428) and Bongiasca-Bongiasca (429).

XXIV MILLE MIGLIA COPPA FRANCO MAZZOTTI

On 9 and 10 October 1956 a meeting of FIA's International Sporting Commission took place in Paris, where a new wording was approved for Appendix J, which would come into effect on 1 January 1957.
From now on, the cars will be sub-divided in the following manner:
"Category I; Touring (minimum of 1,000 produced in 12 consecutive months in any cubic capacity).

    Group 1: Normal production touring cars.
    Group 2: Modified normal production touring cars.
    Group 3: Special Touring cars.

Category II: Gran Turismo (minimum construction: cars with closed or transformable bodies: 100 examples built in 12 consecutive months; cars with open bodies, 200 built in 12 consecutive months).

    Group 1: Normal production Gran Turismo cars.
    Group 2: Modified normal production Gran Turismo cars.
    Group 3: Special Gran Turismo cars.

For these two categories, the distinction between the former and the latter groups is the following:
NORMAL PRODUCTION: cars that conform to the model delivered by the manufacturer.
MODIFIED NORMAL PRODUCTION: cars for which modifications or additions are authorised that are slightly greater than those permitted by art. 259 of the current regulations (1955).
SPECIAL PRODUCTION: cars derived from the previous examples, to which substantial modifications may be made.
Similar models, but with different performance levels (namely models of the same cubic capacity), may, from now onwards, all be classified in the same group respecting, however, the construction minimums".
Returning to the principal of minimum production, the CSI wanted to reduce the levels of anarchy and confusion that had characterised the first two years of application of Appendix J, which came into effect in 1 January 1955. Arbitrary and absurd interpretations were seen in terms of "normal production", in other words that conform "to the model consigned by the manufacturer", which the reader could easily understand, by

Passaggio della Mercedes-Benz 300SL dell'equipaggio italiano Cestelli Guidi-Musso al salto di San Benedetto del Tronto e, in basso, dell'altra vettura tedesca di William G. Graham.

The Italian duo Cestelli Guidi-Musso in their Mercedes-Benz 300SL at the start of San Benedetto del Tronto and, below, the same model with William G. Graham at the wheel.

Nella pagina a fronte.
La Ferrari fu, nel bene e nel male, la protagonista indiscussa della Mille Miglia 1957. Le vetture della Casa di Maranello si aggiudicarono sia la vittoria assoluta con Piero Taruffi su una 315 S, sia il primo posto nella categoria Gran Turismo, grazie alla 250 GT di Olivier Gendebien (n. 417). Tuttavia, proprio la Ferrari di De Portago-Nelson fu causa del disastroso incidente che sancì la fine della Mille Miglia.

Opposite page.
For better or worse, Ferrari was the undisputed protagonist of the 1957 Mille Miglia, The Maranello cars won the race with Piero Taruffi at the wheel of a 315 S barchetta (535). They also took the GRAN TURISMO category, thanks to the sterling effort of Olivier Gendebien in a 250 GT (417). But the Ferrari of De Portago-Nelson caused the fatal accident that spelt the end of the Mille Miglia.

Non vi furono, ovviamente, problemi per le Mercedes-Benz 300SL[1] nel rientrare nella nuova categoria Gran Turismo e non si volle contare in modo pignolo il numero di autotelai identici di Ferrari 250GT prodotte, omologata "sulla parola".[2]
Per tali motivi la situazione sportiva dell'anno precedente rimase immutata nella GT. Commentando i risultati di quella tragica Mille Miglia, così scriveva Giovanni Lurani:
«La vittoria delle potenti vetture Sport di Ferrari, appare, per altro, quasi appannata, se così si può dire, dalla prestazione clamorosa, della Ferrari Gran Turismo di Gendebien che pur disponendo di quasi 150 Hp. di meno, è arrivata a meno di 8 minuti dalla vettura vincitrice assoluta, segnando anche una media complessiva, inferiore di meno di due chilometri e vincendo il G.P. Nuvolari!... Questa prova eccezionale che conferma ampiamente ed esalta la già magnifica affermazione del 1956, dimostra come proprio nei Gran Turismo, si possa forse trovare la autentica panacea delle magagne regolamentari che affliggono attualmente le leggi sportive e che promuovono la costruzione di quelle macchine inadoperabili e fine a se stesse, che sono le nostre odierne vetture sport, aderenti alle amene norme della C.S.I. Ma non è questo il luogo né il tempo più adatto per discutere l'opportunità di una regolamentazione né l'eventualità di renderla la massima espressione di una gara della cui essenza stessa oggi si discute.
Una delle prestazioni maiuscole della corsa, è stata questa della Ferrari GT. di Gendebien che capeggia una nutrita serie di altre analoghe Ferrari che hanno letteralmente spazzato il campo da ogni avversario, finendo addirittura in quattro negli ambitissimi primi dieci posti assoluti. Risultato d'assieme magnifico confermato dallo stesso andamento della gara, che le ha viste sempre dominatrici incontrastate nonostante vi fosse in corsa una decina di Mercedes 300SL di cui alcune, come quella di Seidel-Glockler, particolarmente ben preparate ed assistite».[3]

[1]. Secondo Michael Riedner sarebbero state costruite 166 Mercedes-Benz 300SL nel 1954, 835 l'anno successivo, 305 nel 1956 e 70 nel 1957.
[2]. Dalle ricerche di Jess Pourret, proseguite da John Starkey, risulterebbe che la Ferrari abbia prodotto in totale solo 94 autotelai del modello 250 GRANTURISMO (così recita la sua fiche di omologazione) a passo lungo (2.600 mm) con numeri di telaio compresi tra 0357GT e 1523GT, dei quali solo 15, dei 17 telai prodotti nel biennio 1955-56, con il passo lungo e altri nove nel periodo 1956-57 (oggi denominati "Tour de France" I serie). In totale, quindi, furono costruite solo 25 vetture Ferrari 250 GRANTURISMO in circa una trentina di mesi, nonostante il regolamento prescrivesse almeno "100 esemplari costruiti in 12 mesi consecutivi". Le altre erano del tipo 250 Europa GT (così la denominazione riportata nella relativa fiche di omologazione) dall'identico autotelaio che non differiva altro che nei carburatori (erano utilizzabili o 3 Weber 36 DCZ o IF4C, mentre nella GRANTURISMO erano ammessi i Weber 36, 38 o 40 senza indicazione del tipo) e nei rapporti al ponte (7/34, 7/32, 8/34, 9/34 e 9/33 contro 7/32, 8/34, 8/32, 9/34, 9/33, 9/32 e 9/31). Comunque al 28,1,1957, data di consegna a Mariano Lubich della sua cosiddetta 250 GT berlinetta TdF, erano stati realizzati in totale 71 esemplari di queste due distinte vetture, in quanto dotate di diverse denominazioni secondo il certificato di omologazione della CSI, a partire dal 17.7.54.
[3]. G. Lurani, *1000 Miglia*, in «Auto Italiana Sport», 1957, n.5 (nuova serie).

examining the results of, for example, the Mille Miglia. In addition, cars built in large series, like the Fiat 1100TV in Italy, could not be considered for the Touring category, because the normal Fiat 1100 had chronologically preceded it and was already included in that segment.

The Mercedes-Benz 300SL,[1] obviously, had no problem in re-entering the new Gran Turismo category and one did not wish to pedantically count the exact number of rolling chassis Ferrari had produced of the 250 GT, a car homologated by word of mouth.[2]

For that reason, the competitive situation of the previous year remained unchanged in the GT category. This is what Giovanni Lurani said of this tragic Mille Miglia:

"The victory of the potent Ferrari Sport cars seems, however, to have been almost dulled, if one can put it that way, by the clamorous performance of the Ferrari Gran Turismo of Gendebien, which, while producing almost 150 hp less, finished under eight minutes from the overall winning car, set a global average of less than two kilometres more than the winner and won the G.P. Nuvolari! This exceptional performance, which amply confirms and exalts the already magnificent affirmation of 1956, shows how one can, possibly, find in Gran Turismo the authentic panacea of the regulation flaw that currently afflicts the sporting laws and that promotes the construction of those cars unfit for use and ends in themselves, which are our sports cars today, complying with the agreeable norms of the C.S.I. But this is neither the right place nor the time to discuss the suitability of the regulation, nor the eventuality to render it the maximum expression of a race, the very essence of which is being discussed today

One of the greatest performances in the race was by the Ferrari GT of Gendebien, who lead an ample pack of other similar Ferraris and which literally swept the field of every adversary, four of them, no less, finishing in the coveted first 10 places overall. An altogether magnificent result, repeating the same progression of the race that has always seen them as the unquestioned dominators, despite the fact that there were about 10 Mercedes 300SLs in the event, of which some, such as the Seidel-Glockler car, were particularly well prepared and serviced".[3]

Un'immagine emblematica: Alfred Neubauer, istruttore per a parte teorica del IX corso di perfezionamento piloti organizzato a Monza ai primi d'aprile del 1957 dalla SAR svizzera, sulla linea di partenza. Con il numero 3 la prima Ferrari 250 Europa GT costruita, di proprietà della Scuderia Francorchamps con al volante Michel Ringoir.

An symbolic picture: Alfred Neubauer on the Monza start line as an instructor in the theoretical part of the IX racing drivers' refinement course at Monza, organised in early April 1957 by SAR of Switzerland. Car number 3 was the first Ferrari 250 Europa GT ever built and was owned by Scuderia Francorchamps: Michel Ringoir is at the wheel.

[1.] According to Michael Riedner, 166 Mercedes-Benz 300SLs were built in 1954, 835 the following year, 305 in 1956 and 70 in 1957.

[2.] From research by Jess Pourret continued by John Starkey, Ferrari only produced a total of 94 rolling chassis of the long wheelbase (2,600 mm) 250 GRANTURISMO – that is what its homologation fische say – with chassis numbers between 0357GT and 1523GT, of which just 15 of the 17 chassis made in 1955/6 had the long wheelbase and another nine in the period 1956/7 – today called the Tour de France I series. So in total, only 25 Ferrari 250 GRANTURISMOS were built in about 30 months, despite the fact that the regulation prescribed at least "100 examples built in 12 consecutive months". The others were of the 250 Europa GT type, which is the denomination in the homologation fische, with identical rolling chassis that were no different, except for the carburettors (either three Weber 36 DCZ or IF4C were usable, while the GRANTURISMO had the Weber 36, 38 or 40 without type indication) and the axle ratios (7/34, 8/34, 8/32, 9/34, 9/33, 9/32 and 9/31). However, by 28.1.1957, the date the so-called 250 GT TdF sports saloon was delivered to Mariano Lubich, a total of 71 had been built, of which there were two distinct cars in that they had different CSI homologation papaers, starting from 17.7.54.

[3.] Giovanni Lurani, 1000 Miglia, in Auto Italiana Sport, 1957, no. 5 (new series).

Tutte le Mercedes-Benz alla Mille Miglia

All the Mercedes-Benz at the Mille Miglia

N. No	Equipaggio Crew	Tipo di vettura Car	Passaggio a Roma Rome control	Tempo impiegato Time taken	Classifica generale General Classific.	Classif. di classe Class placing
1930 Classe B / *Class B*						
128	Rudolf Caracciola - Christian Werner	SSK	6h33'00"	17h20'17	6°	1°
1931 Classe 5 / *Class 5*						
87	Rudolf Caracciola - Wilhelm Sebastian	SSKL	6h23'25"	16h10'10	1°	1°
105	Tonino Maino - Gildo Strazza	SSK			ritirato/*retired*	
122	Hans Stuck - Paula von Recnizek	SSK			non partito/*did not start*	
137	Carlo Pintacuda - X	SSK			non arrivato/*did not arrive*	
142	Federico Caflisch - X	SSK			non arrivato/*did not arrive*	
1932 Classe 5 / *Class 5*						
90	Albert Broschek - Wilhelm Sebastian	SSK	5h45'58"		ritirato/*retired*	
1933 Classe 5 / *Class 5*						
95	Clifton Penn Hughes - George Thomas	SS	6h44'13"	18h38'10	24°	2°
96	Manfred von Brauchitsch - Willy Zimmer	SSKL			ritirato/*retired*	
1952 Categoria Sport Internazionale, classe oltre 2000 cc / *Racing Sports Category, class over 2000 cc*						
613	Rudolf Caracciola - Paul Kurrle	300SL	7h05'00"	12h48'25"	4°	3°
623	Karl Kling - Hans Klenk	300SL	6h45'55"	12h14'17"	2°	2°
626	Ermann Lang - Erwin Grupp	300SL			ritirato/*retired*	
1955 Gruppo Diesel / *Diesel Cars Group*						
03	Egon Drexel - Ugo Loss	180D			ritirato/*retired*	
04	Helmut Retter - Wolfgang Larcher	180D	8h52'58"	16h52'25"	201°	1°
06	Bruno Mondini - Arrigo Bagaioli	180D			non arrivato/*did not arrive*	
09	Karl Reinhardt - Wulf Winsnewski	180D	9h01'53"	17h12'14"	214°	2°

N. / No	Equipaggio / Crew	Tipo di vettura / Car	Passaggio a Roma / Rome control	Tempo impiegato / Time taken	Classifica generale / General Classific.	Classif. di classe / Class placing
Gruppo Diesel / Diesel Cars Group						
010A	Arturo Masera - Pasquale Cardinali	180D	9h09'10"	17h23'30"	220°	3°
011A	Emile Butjens - Gustave Gosselin	180D	9h37'55"	17h56'52"	240°	5°
Gruppo Turismo di Serie speciale, classe oltre 1300 cc / Special Touring Category, class over 1300 cc						
331	Leopold Zedlitz - Wolfgang Diemer	220	7h51'00"	15h33'13"	131°	11°
Gruppo Gran Turismo, classe oltre 1300 cc / Gran Turismo Category, class over 1300 cc						
400	V. Festi	300SL	DNA			
417	John Fitch - Kurt Gesell	300SL	5h50'34"	11h29'21"	5°	1°
428	Olivier Gendebien - Jacques Washer	300SL	5h49'50"	11h36'00"	7°	2°
443	Heinrich Sauter	300SL			non arrivato/*did not arrive*	
445	Salvatore Casella	300SL	6:04:09	12:11:15	10°	3°
Gruppo Sport, classe oltre 2000 cc / Racing Sports Category, class over 2000 cc						
658	Juan Manuel Fangio	300SLR	5h13'20"	10h39'33"	2°	2°
701	Karl Kling	300SLR	5h13'20"		ritirato/*retired*	
704	Hans Herrmann - Hermann Eger	300SLR	5h07'06"		ritirato/*retired*	
722	Stirling Moss - Denis Jenkinson	300SLR	5h03'02"	10h07'4"	1°	1°

1956

Gruppo vetture serie speciale da Turismo e Gran Turismo, classe da oltre 1600 a 2000 cc
Special Touring and Gran Turismo Cars Category, class from 1600 to 2000 cc

N.	Equipaggio	Tipo di vettura	Passaggio a Roma	Tempo impiegato	Classifica generale	Classif. di classe
347	Michel Bianco - Jean-Loup Pellecuer	180	8h06'28"	16h06'15"	121°	26°

Gruppo vetture serie speciale da Turismo e Gran Turismo, classe oltre 2000 cc
Special Touring and Gran Turismo Cars Category, class over 2000 cc

N.	Equipaggio	Tipo di vettura	Passaggio a Roma	Tempo impiegato	Classifica generale	Classif. di classe
443	Fritz Riess - Hermann Eger	300SL	5h54'10"	13h06'31"	10°	5°
444	Rainer Günzler	220A			ritirato/*retired*	
445	Helmut Retter	220A			ritirato/*retired*	
446	Wolfgang von Trips - Horst Straub	220A	6:57:16		ritirato/*retired*	

N. / No	Equipaggio / Crew	Tipo di vettura / Car	Passaggio a Roma / Rome control	Tempo impiegato / Time taken	Classifica generale / General Classific.	Classif. di classe / Class placing
	Gruppo vetture serie speciale da Turismo e Gran Turismo, classe oltre 2000 cc *Special Touring and Gran Turismo Cars Category, class over 2000 cc*					
448	E. Ruttgens	300SL			ritirato/*retired*	
450	Jacques Pollet - Paul Flandrak	300SL	6h19'28"	12h38'24"	8°	4°
452	Alberico Cacciari - Franco Bordoni	300SL			ritirato/*retired*	
454	Wolfgang Seidel - Helmut Glöckler	300SL	6h19'28"	12h38'24"	7°	3°
455	Arnaldo Bongiasca - Mario Bongiasca	300SL	6h42'48"	13h26'05"	16°	6°
457	Armando Zampiero - Lucillo Sacchiero	300SL	9h23'02"		retirato/*retired*	
500	Guido Cestelli-Guidi	300SL	7h31'24"		ritirato/*retired*	
501	Fernando de Mascarenhas - Manuel J. Palma	300SL	6h58'55"	13h49'12"	31°	10°
502	Helmut Busch - Wolfgang Piwco	300SL			ritirato/*retired*	
504	Paul Metternich - Wittigo von Einsiedel	300SL	6h16'10"	12h36'38"	6°	2°
509	Erwin Bauer - Eugen Grupp	220A	6h49'00"	13h42'20"	25°	9°
549	J. Mascarenhas - Manuel J. Palma	300SL			non arrivato/*did not arrive*	

1957

Gruppo Turismo preparato e Turismo speciale, classe oltre 2000 cc
Improved Touring and Special Touring Cars Category, class over 2000 cc

N. / No	Equipaggio / Crew	Tipo di vettura / Car	Passaggio a Roma / Rome control	Tempo impiegato / Time taken	Classifica generale / General Classific.	Classif. di classe / Class placing
411	Helmut Retter - Walter Larcher	220A	6:51:28	13:59:22	57°	3°

Gruppo Gran Turismo, classe oltre 2000 cc
Gran Turismo Cars Category, class over 2000 cc

N. / No	Equipaggio / Crew	Tipo di vettura / Car	Passaggio a Roma / Rome control	Tempo impiegato / Time taken	Classifica generale / General Classific.	Classif. di classe / Class placing
419	Eugenio Lanz - W. Sägesser	300SL			ritirato/*retired*	
421	Rene Cotton - Alain Simone	300SL			ritirato/*retired*	
423	William G. Graham	300SL			ritirato/*retired*	
424	Agostino Di Stefano	300SL			non arrivato/*did not arrive*	
425	Guido Cestelli-Guidi - Giuseppe Musso	300SL			ritirato/*retired*	
428	Bengt O. Martenson - Wittigo von Einseidel	300SL			ritirato/*retired*	

N. No	Equipaggio Crew	Tipo di vettura Car	Passaggio a Roma Rome control	Tempo impiegato Time taken	Classifica generale General Classific.	Classif. di classe Class placing
	Gruppo Gran Turismo, classe oltre 2000 cc **Gran Turismo** *Cars Category, class over 2000 cc*					
429	Arnaldo Bongiasca - Mario Bongiasca	300SL				ritirato/*retired*
432	Alberico Cacciari - Hans Bauer	300SL				ritirato/*retired*
437	Piero Scotti - Adalberto Parenti	300SL	7h14'15"			ritirato/*retired*
438	Philip Rendez	300SL				non arrivato/*did not arrive*
440	Wolfgang Seidel - Helmut Glöckler	300SL				ritirato/*retired*

BIBLIOGRAFIA

Volumi/*Books*

ANFIA, *Automobile in cifre 1995*, Torino, Codex, 1995

Pino Allievi (a cura di), *Ferrari racconta*, 1, supplemento mensile alla "La Gazzetta dello Sport", Milano, RCS, 18 marzo 1988

Nino Balestra e Cesare De Agostini, *Cisitalia Catalogue Raisonné 1945-1965*, Milano, Automobilia, 1991

William Boddy, *Continental Sports Cars*, Londra, Foulis, 1951

Giovanni Canestrini, *Mille Miglia*, Roma, ACI- L'Editrice dell'Automobile, 1967

Giovanni Canestrini, *Una vita con le corse*, Bologna, Calderini, 1962

Lino Cascioli-Carlo Mariani, *Storia fotografica dell'automobilismo italiano. Dalle origini all'ultimo Campionato Mondiale di Formula Uno. Le vetture, i campioni, le vittorie dell'ingegno e dell'audacia*, Roma, Newton Compton, 1983

R.M. Clarke (a cura di), *Le Mans. The Bentley & Alfa years 1923-1939*, Cobham, Brooklands, 1998.

Luigi Fusi, *Alfaromeo. Tutte le vetture dal 1910*, Milano, Emmeti, 1978

Michel Hay, *Blower Bentley. Bentley 41/2 Litre Supercharged*, Southampton, Number One Press, 2001

Beverly Rae Kimes, *The Star and the Laurel*, Montvale, Mercedes-Benz of North America, 1986

Mike Lawrence et al., *Mille Miglia 'The Alfa & Ferrari Years' 1927-51*, Cobham, Brooklands, 1999

Karl Ludvigsen, *Mercedes-Benz Renn-und Sportwagen*, Gerlingen, Bleicher, 1993 (1 ed. 1981)

Karl Ludvigsen, *Mercedes-Benz Quicksilver Century*, Londra, Transport Bookman, 1995

Giovanni Lurani, *La storia delle Mille Miglia*, Novara, De Agostini, 1979

Michele Marchianò, *Ferrari by Zagato*, Milano, Giorgio Nada Editore, 1988

Günther Molter, *Rudolf Caracciola. Titan am Volant*, Stoccarda, Motorbuch, 1995.

Alfred Neubauer, *Speed was my life*, Londra, Barrie & Rockliff, 1960, (ed. orig. *Männer, Frauen und Motoren*, Monaco, Martens, 1958).

Luigi Orsini e Franco Zagari, *Maserati, una storia nella storia*, vol.I, Milano, Emmeti, 1980

Werner Oswald, *Mercedes-Benz Personenwagen 1886-1945*, vol.1, Stoccarda, Motorbuch, 2001

Laurence Pomeroy, *The Grand Prix Car*, vol.I, Londra, Motor Racing Publications, 1959 (III ed.)

Jess G. Pourret, *La Légende. Ferrari 250GT Compétition*, Parigi, EPA, 1977

Antoine Prunet, *La leggenda Ferrari. Ferrari "le granturismo"*, Milano, LDA, 1980

RACI, *Annuario dell'automobilismo1928-29*, Roma, Reale Automobile Club d'Italia, 1928

Michael Riedner e Günther Engelen, *Mercedes-Benz 300 SL vom Rennsport zur Legende*, Stoccarda, Motorbuch, 1989

Gianni Rogliatti, *Ferrari Ecurie Garage Francorchamps*, Milano, Giorgio Nada Editore, 1992

Francesco Santovetti (a cura di Giorgio Marzolla e Andrea Santovetti), *Vermicino-Rocca di Papa. Una corsa castellana*, Milano, Giorgio Nada Editore, 1997

Giulio Schmidt-Franco Varisco-Pepi Cereda, *Le corse ruggenti. La vera storia di Enzo Ferrari pilota*, Milano, Libreria dell'Automobile, 1988.

John Starkey, *Ferrari 250 GT Berlinetta "Tour de France"*, Dorchester, Veloce, 1997

Andrew Whyte, *Jaguar Sports Racing & Works Competition Cars To 1953*, Sparkford, Haynes Publishing, 2002 (I ed. 1982)

Riviste/*Magazines*

«Auto Italiana»

«La Gazzetta dello Sport»

«L'Automobile Belge»

I LIBRI DELLA GIORGIO NADA EDITORE DISPONIBILI NEL SITO - *THE GIORGIO NADA EDITORE BOOKS AVAILABLE ON THE WEB*
WWW.GIORGIONADAEDITORE.IT - WWW.LIBRERIADELLAUTOMOBILE.IT

AUTO / *CARS*
- ABARTH 595/695 / E. Deganello e R. Donati
- ABARTH 850 TC e 1000 / A. e E. Deganello
- ABARTH L'UOMO - LE MACCHINE / L. Greggio
- ABARTH THE MAN, THE MACHINES (GB) / L. Greggio
- ALFA ROMEO ALFETTA / G. Catarsi
- ALFA ROMEO DUETTO / G. Madaro
- ALFA ROMEO DUETTO / (GB) G. Madaro
- ALFA ROMEO GIULIA / G. Catarsi
- ALFA ROMEO GIULIA GT / B. Pignacca
- ALFA ROMEO GIULIETTA 50° ANNIVERSARIO / A.T. Anselmi
- ALFA ROMEO GIULIETTA - GOLDEN ANNIVERSAY (GB) / A.T. Anselmi
- ALFA ROMEO GIULIETTA SPIDER / G. Derosa
- ALFA ROMEO GIULIETTA SPRINT / G. Catarsi
- ALFA ROMEO GUIDA ALL'IDENTIFICAZIONE / M. Tabucchi
- GUIDE TO IDENTIFICATION OF ALFA ROMEO CARS (GB) / M. Tabucchi
- LEGGENDARIE ALFA ROMEO / L. Greggio
- ALFA ROMEO AR 51-52 "ALFA MATTA" / F. Melotti e E. Checchinato
- FANTASTIQUES ALFA ROMEO (FR) / L. Greggio
- ASA. L'EPOPEA DELLA FERRARINA / F. Varisco
- AUTOBIANCHI A112 e A112 ABARTH / D. Biffignandi
- AUTOBIANCHI BIANCHINA / L. Pittoni
- LA SIGNORA DEGLI ANELLI - L'EPOPEA DELLE AUTO UNION DA GP / P. Vann
- BERTONE 90 ANNI / 90 YEARS (IT/GB) / L. Greggio
- EDOARDO BIANCHI (IT/GB) / A. Gentile
- BIZZARRINI. UN TECNICO VOTATO ALLE CORSE / W. Goodfellow
- BIZZARRINI. A TECHNICIAN DEVOTED TO MOTOR RACING (GB) / W. Goodfellow
- CITROEN 2CV / G. Catarsi
- CITROEN DS / G. Catarsi
- CINQUANT'ANNI DI MITO FERRARI / A. Curami
- FERRARI A LE MANS / S. Cassano
- FERRARI BY VIGNALE (IT/GB) / M. Massini
- FERRARI 1947-1997 IL LIBRO UFFICIALE - DE LUXE
- FERRARI 1947-1997 THE OFFICIAL BOOK - DE LUXE (GB)
- FERRARI 1947-1997 IL LIBRO UFFICIALE - ED. TRADE
- FERRARI 1947-1997 THE OFFICIAL BOOK - TRADE ED. (GB)
- FERRARI 1947-1997 DAS OFFIZIELLE BUCH (D)
- FERRARI 250 GTO K. / Blumel e J. Pourret
- FERRARI F355 WORLD TOUR (IT/GB) / C. Fiorani
- FERRARI FORMULA / G. Schmidt
- FERRARI GUIDA ALL'IDENTIFICAZIONE / S. Bellu
- FERRARI L'UNICO / G. Rancati
- FERRARI L'UNICO / ED. SPECIALE IN SETA / G. Rancati
- FERRARI MODELLINI 1/43 / J. M. D. Lastu
- F40 DA CORSA / S. Cassano
- FERRARI PININFARINA / E. Cornil
- FERRARI BY PININFARINA - TECHNOLOGY AND BEAUTY (GB) / E. Cornil
- STORIA DELLA SCUDERIA FERRARI / P. Casamassima
- FERRARI LA STORIA DEL MITO / A. Curami e L. Acerbi
- FRECCE ROSSE LA FERRARI ALLA MILLE MIGLIA / G. Marzotto, S. Cassano, G. Cancellieri
- RED ARROWS FERRARI AT THE MILLE MIGLIA (GB) / G. Marzotto, S. Cassano, G. Cancellieri
- LEGENDARY/LEGGENDARIE FERRARI 250 (IT/GB) / G. Rogliatti
- FERRARI. GRANTURISMO, SPORT E PROTOTIPI PININFARINA / E. Cornil
- CHALLENGE 2000 (IT/GB) / A. Bianchetti e M. Vitali
- CHALLENGE 2001 (IT/GB) / A. Bianchetti e M. Vitali
- L' ALTRO FERRARI LUCI E OMBRE SULL' UOMO DI MARANELLO / D. Castellarin
- ALLA DESTRA DEL DRAKE / F. Gozzi
- MEMOIRS OF ENZO FERRARI'S LIEUTENANT (GB) / F. Gozzi
- AUTOMOBILI FIAT / A. T. Anselmi
- FIAT CAMPAGNOLA / A. Sannia
- FIAT 500 TOPOLINO / M. Bossi
- FIAT 508 BALILLA / A. Amadelli
- FIAT 500 / E. Deganello
- FIAT 500 GUIDA AL RESTAURO / I. Grossi e M. Lo Vetere
- FIAT DINO / J-P. Gabriel
- FIAT 600 E MULTIPLA / G. Madaro
- FIAT 124 SPIDER COUPE, ABARTH / G. Derosa
- UNA GRANDISSIMA FIAT: LA 519 / G. Marzolla
- FIAT X1/9 / A. Gabellieri
- FIAT 850 COUPÉ E SPIDER / G. Catarsi
- LA FIAT VA ALLA MILLE MIGLIA / G. Cancellieri e M. Marchianò
- DESIGN BY GIUGIARO 1968-2003 (IT/GB) / P. Vann
- ISO RIVOLTA THE MAN, THE MACHINES (GB) / W. Goodfellow
- DA ISO A ISORIVOLTA IL FASCINO DI UN MARCHIO / F. Campetti
- JAGUAR E TYPE / M. Makaus
- LANCIA ARDEA E APPIA / S. Puttini
- LANCIA BETA MONTECARLO / B. Vettore
- LA LANCIA / W. O. Weernimk
- LANCIA FULVIA HF E TUTTE LE ALTRE FULVIA Berlina Coupé e Sport / E. Altorio
- LANCIA DA COMPETIZIONE / G. Reggiani
- RACING LANCIAS (GB) / G. Reggiani
- LANCIA FULVIA, FLAVIA, FLAMINIA / S. Puttini
- LANCIA AURELIA GT / F. Bernabò
- LANCIA STRATOS TRENT'ANNI DOPO / A. Curami
- LANCIA STRATOS 30 YEARS LATER (GB) / A. Curami
- LA SCOMMESSA DI GIANNI LANCIA / V. Moretti
- LAND ROVER DEFENDER, RANGE, DISCOVERY, FREELANDER / A. Pierotti
- GUIDA LAND ROVER 2003 / A. Pierotti
- GUIDA LAND ROVER 2004 / A. Pierotti
- GUIDA LAND ROVER 2005 / A. Pierotti
- ARCHIVIO MASERATI / FALDONE (IT/GB)
- MASERATI DA COMPETIZIONE / G. Reggiani
- RAGING MASERATIS (GB) / G. Reggiani
- NEL SEGNO DEL TRIDENTE TUTTE LE MASERATI MODELLO PER MODELLO 1926-2003 / M. Tabucchi
- MASERATI THE GRAND PRIX, SPORTS AND GT CARS 1926-2003 (GB) / M. Tabucchi
- MINI IL DESIGN SIMBOLO DI UNA GENERAZIONE / LJK Setright
- MERCEDES - BENZ & MILLE MIGLIA (IT/GB) / A. Curami
- MERCEDES SL / M. Batazzi
- OPEL KADETT / P. Ferrini
- PININFARINA ARTE E INDUSTRIA 1930-2000 / A. Prunet
- LA SAGA DEI PORSCHE AUTOBIOGRAFIA DI FERRY PORSCHE / F. Porsche
- PORSCHE & MILLE MIGLIA (IT/GB) / A. Curami
- PORSCHE 911. IL MITO DI STOCCARDA / Paul Frère
- PORSCHE 356 / M. Batazzi
- IL GRANDE LIBRO DELLA PORSCHE 356 / D. M. Conradt
- PORSCHE 911 GLI ANNI CLASSICI 1963-1989 / M. Borella
- PORSCHE 911 40 ANNI DI EVOLUZIONE TECNICA 1963-2003 / W. Sigmund e J. Austen
- STANGUELLINI PICCOLE GRANDI AUTO DA CORSA / L. Orsini e F. Zagari
- STANGUELLINI BIG LITTLE RACING CARS (GB) / L. Orsini e F. Zagari
- TRIUMPH SPITFIRE E GT6 / E. Olivati
- ZAGATO 1919-2000 (IT/GB) / M. Marchianò e J. Marshall
- ZAGATO 1990-2000 (IT/GB) / J. Marshall
- ZAGATO FULVIA SPORT COMPETIZIONE (IT/GB) / B. Vettore e C. Stella

VARIA - SPORT - PILOTI / *GENERAL - RACING – DRIVERS*
- MICHELE ALBORETO UN CAMPIONE PER AMICO (IT/GB) / R. Gurian e E. Barchiesi
- ASCARI UN MITO ITALIANO / C. De Agostini e G. Cancellieri
- AUTO DI CARTA vol. 1 / M. Akira
- AUTO DI CARTA vol. 2 / M. Akira
- AUTO DI CARTA vol. 3 / M. Akira
- AUTO DI CARTA vol. 4 / M. Akira
- AUTOMOBILE GLOSSARIO DELLO STILE / M. Turinetto
- AUTO PER GIOCO – STORIA DELLE AUTO A PEDALI ITALIANE E NON / PEDAL CARS (IT/GB) A. Lavit e L. Soldano
- BIREL 40 ANNI DI STORIA E TECNICA DEL KART / R. Perrone

I LIBRI DELLA GIORGIO NADA EDITORE DISPONIBILI NEL SITO - THE GIORGIO NADA EDITORE BOOKS AVAILABLE ON THE WEB
WWW.GIORGIONADAEDITORE.IT - WWW.LIBRERIADELLAUTOMOBILE.IT

- BIREL 40 YEARS OF KART - TECHNOLOGY AND HISTORY (GB) / R. Perrone
- CARLO CHITI SINFONIA RUGGENTE/ ROARING SINFONIA (IT/GB) / O. Orefici
- CASTELLOTTI UN CUORE RUBATO / C. De Agostini
- CASTELLOTTI A STOLEN HEART (GB) / C. De Agostini
- DALL'AERODINAMICA ALLA POTENZA IN FORMULA 1 / E. Benzing
- FORMULA 1 '98 ANALISI TECNICA/TECHNICAL ANALYSIS (IT/GB) / G. Piola
- FORMULA 1 2000 ANALISI TECNICA / G. Piola
- FORMULA 1 2000 TECHNICAL ANALYSIS (GB) / G. Piola
- FORMULA 1 2001 ANALISI TECNICA / G. Piola
- FORMULA 1 2001 TECHNICAL ANALYSIS (GB) / G. Piola
- FORMULA 1 2002/2003 ANALISI TECNICA / G. Piola
- FORMULA 1 2002/2003 TECHNICAL ANALYSIS (GB) / G. Piola
- FORMULA 1 2003/2004 ANALISI TECNICA / G. Piola
- FORMULA 1 2003/2004 TECHNICAL ANALYSIS (GB) / G. Piola
- KAISER SCHUMMY / P. D'Alessio
- I DATI DELLA FORMULA UNO / E. Mapelli
- LA "SPORT" E I SUOI ARTIGIANI / A. Curami
- MANUALE DEL DISCO FRENO / J. P. Pompon
- MARTINI RACING STORY (IT/GB) / P. D'Alessio
- LA SAGA DEI MARZOTTO / C. De Agostini
- MILLE MIGLIA RACE THE POSTWAR YEARS (GB) / A. Curami
- MILLE MIGLIA 1947-1957 / A. Curami
- NUVOLARI LA LEGGENDA RIVIVE / C. De Agostini
- NUVOLARI THE LEGEND LIVES ON (GB) / C. De Agostini
- QUANDO CORRE NUVOLARI / V. Moretti
- MINIAUTO&COLLECTORS no. 1 (IT/GB)
- MINIAUTO&COLLECTORS no. 2 (IT/GB)
- MINIAUTO&COLLECTORS no. 3 (IT/GB)
- MINIAUTO&COLLECTORS no. 4 (IT/GB)
- MINIAUTO&COLLECTORS no. 5 (IT/GB)
- MINIAUTO&COLLECTORS no. 6 (IT/GB)
- MINIAUTO&COLLECTORS no. 7 (IT/GB)
- MINIAUTO&COLLECTORS no. 8 (IT/GB)
- MINIAUTO&COLLECTORS no. 9 (IT/GB)
- MINIAUTO&COLLECTORS no. 10 (IT/GB)
- MINIAUTO&COLLECTORS no. 11 (IT/GB)
- MINIAUTO&COLLECTORS no. 12 (IT/GB)
- MODEL CARS MADE IN ITALY 1900-1990 (IT/GB) / P. Rampini
- MITICO GIRO DI SICILIA / P. Fondi
- MONZA UNA GRANDE STORIA - A GLORIOUS HISTORY (IT/GB) / P. Montagna
- MOTORI AD ALTA POTENZA SPECIFICA + CDROM / G. A. Pignone e U.R. Vercelli
- MOTORI A DUE TEMPI DI ALTE PRESTAZIONI / M. Clarke
- POLVERE E GLORIA LA COPPA D'ORO DELLE DOLOMITI / G. Cancellieri e C. De Agostini
- RUOTE IN DIVISA UN SECOLO DI VEICOLI MILITARI ITALIANI / B. Pignacca
- SCUDERIA MEDIOLANUM. TRA MEMORIA E PRESENTE / G. Langmann
- SENNA E CLARK / F. Vandone
- L'ULTIMO AYRTON / M. Giacon e D. Mitidieri
- TOURING CAR WORLD 2003 (GB) / F. Ravaioli
- TOURING CAR WORLD 2004 (GB) / F. Ravaioli
- TOURING CAR WORLD 2005 (GB) / F. Ravaioli
- TRATTORI CLASSICI ITALIANI / W. Dozza
- TRATTORI CLASSICI NEL MONDO / N. Baldwin
- TRATTORI TESTACALDA ITALIANI / W. Dozza
- LEGGENDARI TRATTORI AGRICOLA / A. Morland
- UNA CURVA CIECA VITA DI A. VARZI / G. Terruzzi
- VILLORESI. IL GIGI NAZIONALE / C. De Agostini
- VERMICINO ROCCA DI PAPA / F. Santovetti
- ELIO ZAGATO STORIE DI CORSE E NON SOLO / E. Zagato

MOTO / MOTORCYCLES
- BIMOTA 25 ANNI DI ECCELLENZA / G. Sarti
- BIMOTA 25 YEARS OF EXCELLENCE (GB) / G. Sarti
- DUCATI STORY TUTTA LA STORIA DELLA GRANDE MOTO ITALIANA / J. Falloon
- DUCATI SCRAMBLER DESMO E MARK III / M. Clarke
- EFFETTO MOTO DINAMICA E TECNICA DELLA MOTOCICLETTA / G. Cocco
- HOW AND WHY MOTORCYCLE DESIGN AND TECHNOLOGY (GB) / G. Cocco
- GARELLI 80 ANNI DI STORIA / D. Agrati e R. Patrignani
- GILERA QUATTRO TECNICA E STORIA / M. Colombo
- GUIDA AL RESTAURO. MOTO E SCOOTERS D'EPOCA / M. Clarke
- INNOCENTI LAMBRETTA / V. Tessera
- INNOCENTI LAMBRETTA THE DEFINITIVE HISTORY (GB) / V. Tessera
- VIDEO LAMBRETTA STORY
- IL GRANDE LIBRO DELLE MOTO DA REGOLARITA' / R. Trisoldi, R. Biza, V. Righini
- IL GRANDE LIBRO DEL MOTOCROSS / M. Chierici
- KTM LA REGINA DELLA REGOLARITA' / F. F. Ehn
- LE DERIVATE TUTTE LE GARE PER MOTO DI SERIE ANNI '70 / C. Porrozzi
- MILANO-TARANTO / C. Porrozzi
- MOTO BOLOGNESI DEGLI ANNI '20 - BOLOGNA MOTORCYCLE OF THE '20 (IT/GB)
  A. Campigotto, M. Grandi, E. Ruffini
- MOTO MONDIAL RIMETTERSI IN MOTO THE HISTORY (IT/GB) / G. Perrone
- MOTO G.D. L'AQUILA A 2 TEMPI / E. Ruffini
- MOTO GILERA / B. Pignacca e P. Conti
- MOTO GILERA SATURNO / B. Pignacca
- MOTO GUZZI 80 ANNI DI STORIA / M. Colombo
- 80 YEARS OF MOTO GUZZI MOTORCYCLES (GB) / M. Colombo
- MOTO GUZZI DA CORSA 1921-1940 / S. Colombo
- MOTO GUZZI DA CORSA 1941-1957 / S. Colombo
- MOTO GUZZI FALCONE / M. Colombo
- MOTO GUZZI GUZZINO / M. Chierici
- MOTO MM ALLA RICERCA DELLA PERFEZIONE / G. Tozzi
- MOTO MV AGUSTA (ITA) / M. Colombo e R. Patrignani
- MOTO MV AGUSTA (GB) / M. Colombo e R. Patrignani
- MOTO SERTUM / M. Colombo
- MORBIDELLI DALLA 50 ALLA 500 UNA STORIA MONDIALE / C. Porrozzi
- RESTI TRA NOI DIALOGHI SULLA MOTO / R. Patrignani
- SCOOTERS MADE IN ITALY / V. Tessera
- IL FENOMENO STREETFIGHTER / G. Scialino
- IL GRANDE LIBRO DELLE MOTO GIAPPONESI ANNI 70 / G. Sarti
- IL GRANDE LIBRO DELLE MOTO ITALIANE ANNI 70 / G. Sarti
- TI PORTERO' A BRAY HILL / R. Patrignani
- VALENTINO ROSSI IL GENIO DELLA MOTO / M. Oxley
- LA VESPA… E TUTTI I SUOI VESPINI / S. Biancalana e M. Marchianò
- VESPA: FROM ITALY WITH LOVE (GB) / S. Biancalana e M. Marchianò
- VIDEO VESPA STORY
- VIDEO VESPA STORY (GB)

EDIZIONI LIMITATE IN PELLE / LIMITED LEATHER BOUND EDITIONS
- ABARTH L'UOMO - LE MACCHINE / L. Greggio
- ABARTH THE MAN, THE MACHINES (GB) / L. Greggio
- ALLA DESTRA DEL DRAKE / F. Gozzi
- MEMOIRS OF ENZO FERRARI'S LIEUTENANT (GB) / F. Gozzi
- FRECCE ROSSE LA FERRARI ALLA MILLE MIGLIA / G. Marzotto, S. Cassano, G. Cancellieri
- RED ARROWS FERRARI AT THE MILLE MIGLIA (GB) / G. Marzotto, S. Cassano, G. Cancellieri
- PININFARINA ARTE E INDUSTRIA 1930-2000 / A. Prunet
- PININFARINA ART AND INDUSTRY 1930-2000 / A. Prunet
- POLVERE E GLORIA LA COPPA D'ORO DELLE DOLOMITI / G. Cancellieri e C. De Agostini

LEGENDA:
(IT/GB) = Testo italiano/inglese - Italian/English Text
(GB) = Testo inglese - English Text
(D) = Testo tedesco - German Text
(FR) = Testo francese - French Text

Finito di stampare presso
CastelliBolis S.p.A. di Bergamo
nel mese di aprile 2005